"十四五"职业教育国家规划教材

轨道工程测量技术

徐　刚　李冬松　肖福星　主　编

霍君华　曹英浩　才西月　车　媛　副主编

人民交通出版社股份有限公司
China Communications Press Co.,Ltd.

内 容 提 要

本书为"十四五"职业教育国家规划教材、高等职业教育交通运输数字化系列教材。教材主要内容包括绪论、水准测量、角度测量、小区域控制测量、全站仪与 GPS 技术、测量误差基本知识、地形图测绘与应用、轨道线路测量、高速铁路精密控制网复测、高速铁路轨道施工测量、GRP 轨道基准网测量、无砟轨道施工精调作业等。

本书可作为高职、中职院校城市轨道交通工程技术及相关专业教材,也可作为行业从业人员的培训教材,以及从事相关专业的工程技术人员的参考资料。

本书配有二维码,读者可通过扫码查看相关视频、动画资源。教师可通过加入"职教轨道教学研讨群"(QQ:129327355)进行教学交流与研讨。

图书在版编目(CIP)数据

轨道工程测量技术 / 徐刚,李冬松,肖福星主编. —北京 : 人民交通出版社股份有限公司,2018.12

高等职业教育交通运输数字化系列规划教材

ISBN 978-7-114-14178-2

Ⅰ. ①轨… Ⅱ. ①徐… ②李… ③肖… Ⅲ. ①轨道(铁路)—工程测量—测量技术—教材 Ⅳ. ①U213.2

中国版本图书馆 CIP 数据核字(2018)第 047786 号

"十四五"职业教育国家规划教材
高等职业教育交通运输数字化系列教材

书 名:	轨道工程测量技术
著 作 者:	徐 刚 李冬松 肖福星
责任编辑:	肖 鹏 任雪莲
责任校对:	孙国靖 张 贺
责任印制:	刘高彤
出版发行:	人民交通出版社股份有限公司
地 址:	(100011)北京市朝阳区安定门外外馆斜街 3 号
网 址:	http://www.ccpcl.com.cn
销售电话:	(010)59757973
总 经 销:	人民交通出版社股份有限公司发行部
经 销:	各地新华书店
印 刷:	北京科印技术咨询服务有限公司数码印刷分部
开 本:	787×1092 1/16
印 张:	15
字 数:	360 千
版 次:	2018 年 12 月 第 1 版
印 次:	2024 年 8 月 第 6 次印刷
书 号:	ISBN 978-7-114-14178-2
定 价:	45.00 元

编审委员会

序

《国务院关于加快发展现代职业教育的决定》(国发〔2014〕19号)明确指出:"高等职业教育承担着优化高等教育结构和人力资源结构的重要使命"。2016年,辽宁省交通高等专科学校承担了教育部《高等职业教育创新发展行动计划(2015—2018年)》骨干专业建设任务,几年来,我校高等职业教育交通运输类专业始终坚持走内涵发展道路,密切产学研合作,形式以"设计勘察、预算招标、施工管理、现场检测、竣工验收"五个能力培养为核心,对交通产业转型升级,形成了"产教融合、同步升级、层级递进"的高职人才培养模式。对接职业岗位需求,构建"技能型岗位、技术型岗位、复合型岗位"三级递进的专业培养目标;对接岗位工作内容开发"基本素质课程、通用职业课程和岗位职业课程"三级递进课程体系;对接职业岗位技能设计"基本技能训练、专项技能训练和综合技能训练"三级递进实践教学体系;对接职业成长规律设计"基本素质教育、职业素质养成、社会能力培养"三级递进的素质教育过程。适应现代交通产业发展,培养复合式、创新型、发展型技术技能型人才的需要。

本套数字化教材是交通运输高等职业教育骨干专业的重要成果之一,是全体专业教师、一线工程技术人员共同的智慧和劳动成果。该教材实现了纸质教材与数字化资源的完美结合,具有以下特色:

(1)教材从岗位核心能力入手,突出专业化与岗位技术相适应,明确了人才的培养方向,更加适应高职技术教育改革的教学理念。

(2)教材注重学习者的认知逻辑和学习效能,从知识、技能的逻辑性入手,用浅显生动的语言描述配以丰富的资源展示,使学习者学习轻松、运用自如。

(3)教材与数字化资源配套使用,对教与学双向辅助,有效地保证学习者对资源的有效检索和运用,形成了以学习者为中心的教育形式。

(4) 教材紧跟生产技术一线, 符合行业标准和技术规范, 融合新技术、新工艺, 再现真实环境下的岗位核心技能, 具有较强的实践指导性。

辽宁省交通高等专科学校校长

2018 年 4 月

前　言

轨道交通建设离不开工程测量工作的支撑,工程测量是贯穿工程建设全过程的一项极其重要的技术性工作。工程测量技能是施工一线工程技术人员必备的岗位能力。培养适应社会需要、面向生产和管理第一线的理论功底扎实、实践动手能力强、具有较强创新意识、适应岗位工作需要的高技能工程测量人才,是高等职业教育者义不容辞的责任。

随着科学技术的快速发展,测量手段发生了巨大变革,工程测量技术有了突飞猛进的发展。现代化的激光电子测量仪器和卫星导航测量仪器将逐渐替代传统的光学测量仪器,测量仪器正在向智能化方向发展,工程测量工作将是一种高新技术下的测量工作。测量工作的精度越来越高,原来复杂的工程测量工作将变得简单化,测量工作的劳动强度越来越小。传统工程测量教材的知识更新迫在眉睫。

我国高等职业教育发展迅猛,工程测量课程的教学经验越来越丰富,项目式教学方法和理论实践一体化教学方法是工程测量课程教学最佳的教学方法之一。但适应这些教学方法的工程测量教材紧缺。

基于以上原因,编者对工程测量的知识进行了重新梳理,结合多年教学和实践经验,本着"满足大纲,精选内容,推陈出新"的原则,在参阅大量中外文献并广泛征求同行意见的基础上精心编写了本教材,在力求内容精练的基础上,突出基本技能的训练及实用性。本教材注重工程测量新技术的应用,以项目方式编排。每个任务开篇均设"学习目标""任务描述",并在各项目后有针对性地安排了课后思考题,以利于培养和提高学生的工程测量职业技能。本教材为数字化教材,书中配有二维码,读者可通过手机扫描二维码观看相关教学资源。

全书共分十二个项目,前七个项目系统介绍了测量学的基础理论和方法以及土木工程测量技术的要求和应用,后五个项目重点讲解了轨道工程测量技术的理论知识和技术应用。主要内容包括:绪论、水准测量、角度测量、小区域控制测量、全站仪与 GPS 技术、测量误差基本知识、地形图测绘与应用、轨道线路测量、高速铁路精密控制网复测、高速铁路轨道施工测量、GRP 轨道基准网测量、无砟轨道施工精调作业。同时本教材还对测量的新仪器、新技术、新方法作了介绍,使读者在掌握基本测量理论的基础上,能利用最新的仪器设备和理论知识来解决工程实践问题。

本教材由辽宁省交通高等专科学校徐刚、李冬松和沈阳市市政工程设计研究院有限公司肖福星担任主编,辽宁省交通高等专科学校霍君华、曹英浩、才西月、车媛担任副主编。

本教材可作为高等职业教育的城市轨道工程专业、道桥类专业、工程测量技术等专业的教材,也可作为相关专业各层次人员的自学或培训用教材或参考书。

在本教材编写和出版的过程中,得到了人民交通出版社股份有限公司编辑及参编人员的大力支持,参考了同行的多部著作和论文(已在参考文献中列出)。沈阳市市政工程设计研究院也给予了大力支持,在此一并表示衷心感谢。

由于编者水平所限,时间仓促,书中疏漏之处在所难免,敬请专家和读者不吝赐教,以便重印或再版时修订。

编 者
2018 年 5 月

目　　录

项目一 绪 论

任务一 轨道工程测量的发展及任务

学习目标：

(1) 掌握测量学、测定、测设的概念。

(2) 了解学习轨道工程测量的意义及作用。

(3) 能够对轨道工程测量有初步的认识，对后续课程的学习打好基础和铺垫。

任务描述：

测量学是研究获取反映地球形状、地球重力场、地球上自然和社会要素的位置、形状、空间关系、区域空间结构的数据的科学和技术。轨道工程测量是测量学的一个重要分支，是现代高速铁路精确施工的重要手段。本任务要求学生掌握测量学、测定、测设的概念，同时对轨道工程测量有初步的认识。

相关知识：

一、测量学简介

测量学是研究获取反映地球形状、地球重力场、地球上自然和社会要素的位置、形状、空间关系、区域空间结构的数据的科学和技术，其内容包括测定和测设。测定是将实地测量对象描绘成图或获得数据的过程，供科学研究和国民经济建设、规划、设计部门使用；测设是将图纸上设计好的各种工程建筑物、构筑物标定到地面上，作为施工的依据，又称放样。测量和绘图总称为测绘。根据研究的具体对象及任务的不同，传统上又将测量学分为以下几个主要分支学科：

(1) 大地测量学：是研究和确定地球形状、大小、重力场、整体与局部运动和地表面点的几何位置以及它们的变化的理论和技术的学科。其基本任务是建立国家大地控制网，测定地球的形状、大小和重力场，为地形测量和各种工程测量提供基础起算数据；为空间科学、军事科学及研究地壳变形、地震预报等提供重要资料。按照测量手段的不同，大地测量学又分为常规大地测量学、卫星大地测量学及物理大地测量学等。

1

（2）地形测量学：是研究较小区域地球表面各类物体形状和大小的基本理论、技术与方法的测绘学科，主要内容包括普通测绘仪器的构造、性能、检验校正和使用，图根控制网的建立，碎部测量，地形测量、误差分析和观测值数据处理，地形图的测绘与使用等。

（3）摄影测量学与遥感：是研究利用电磁波传感器获取目标物的影像数据，从中提取语义和非语义信息，并用图形、图像和数字形式表达的学科。其基本任务是通过对摄影像片或遥感图像进行处理、量测、解译，以测定物体的形状、大小和位置进而制作成图。根据获得影像的方式及遥感距离的不同，本学科又分为地面摄影测量学、航空摄影测量学和航天遥感测量等。

（4）工程测量学：是研究工程建设中勘测设计、施工管理与运行各阶段所进行的各种测量工作的学科。工程测量技工程建设的对象分为矿山、建筑、水利、道桥、铁路、电力管道安装、地质勘探和国防工程等领域。工程测量的内容主要有工程控制网建立、地形测绘施工放样、设备安装和变形观测等方面。随着科学技术的发展，在工程测量中，电子计算机、电磁波测距、摄影测量和遥感技术等都得到了广泛的应用。

自中华人民共和国成立以来，随着国民经济建设和国防建设的发展，我国测绘事业进入一个蓬勃发展的崭新阶段，短期内取得了不少成就。多年来，完成了全国范围的大地控制网，统一了全国的平面坐标和高程系统，在进行工矿、农国水利、城市、文通等经济建设中，测绘了各种大比例尺地形图，并进行了大量的工程测量工作。我国的测绘工作者克服了艰难险阻，精确测定了珠穆朗玛峰的高程为8844.43m（2005年5月22日国家测绘局公布）；1980年国家大地坐标系的建成和我国天文大地网的整体平差举世瞩目；在对青藏高原、南极科考以及人造地球卫星的发射等工作方面，测绘人员都做出了卓越的贡献。我国的测绘仪器制造业近年来生产的大地测量、航空摄影测量仪器等，已达到国外同类型仪器的先进水平。20世纪60年代以来，近代光学、电子技术、电子计算机技术、人道卫星和航天技术的迅猛发展，为测量科学技术开辟了广阔的道路。

在轨道、道路、桥梁、隧道等工程的设计、施工和运营阶段，测量学是至关重要的一环。为此，作为从事与测量相关的技术人员，应认真学好本门课程，为将来走向工作岗位打下良好基础。

二、世界高速铁路发展概况

根据国际铁路联盟定义，高速铁路是指使既有线路直线化、轨距标准化，营运速率达到200km/h的铁路系统，或者修建新的高速线路，营运速度达到250km/h以上的铁路系统。在我国，客运专线是专供客运列车行驶、速度达到250～350km/h以上的高速铁路系统。

1825年，世界上第一条铁路在英国诞生。由于铁路有着其他交通运输工具所不具有的速度快、运输效率高的优势，在相当长的一段历史时期内担任着各国主要交通运输工具的角色。20世纪70年代，全球受到能源危机、环境恶化、交通安全等问题的困扰，各国更加深入地认识到铁路的使用价值。高速铁路以其运营速度快、运输能量大、能源消耗低、环境污染小等一系列的技术优势，更加适应现代社会经济发展的需求。

1964年，新干线开通运营，日本继而成为高速铁路发展最早、最快和里程最多的国家，世界铁路发展也进入新时代。高速铁路以安全可靠、技术创新、服务优质等特点为铁路的发展带来了新的机遇，为国民经济发展带来了强大动力。受此影响，世界发达国家大力发展高速铁路，百年铁路重振雄风，传统铁路再展新姿，铁路发展进入了一个崭新的阶段。

高速铁路的发展大体经历了三个阶段:从20世纪60年代至80年代末的高速铁路发展初期,90年代中期在欧洲形成的高速铁路修建热潮,20世纪90年代后期至今的第三次高速铁路建设浪潮。

高速铁路发展初期,日本东海道、山阳、东北与上越新干线开始建设并投入运营。法国1981年开通了TGV东南线,1989年开通了TGV大西洋线。意大利在1970年开始建设罗马—佛罗伦萨高速铁路,1987年建成,初期列车速度为180km/h,1992年提高到250km/h。在德国,汉诺威—维尔茨堡铁路和曼海姆—斯图加特铁路于1991年投入运营,运行速度为280km/h。这一时期建成高速铁路近3000km,高速铁路的发展被推上一个新台阶。

由于高速铁路采用了新技术,大大提升了铁路运输的竞争力,逐渐扩大了铁路旅客运输在市场中所占的份额,经济效益开始好转,运输能力紧张的问题得到缓解,并且能节省能源,降低对环境的污染,使铁路沿线地区经济得到发展,促进了相关产业的建设,使得国家既有设施得到整治并从中受益。

受到日本和法国所取得成就的影响,西班牙、比利时、荷兰、瑞典和英国等国争相研究并开始修建高速铁路,第二次高速铁路建设的高潮于20世纪90年代形成。日本又修建了东北新干线、北陆新干线、九州新干线、北海道新干线等5条新干线,总长达1440km。法国的高铁建设稳步推进,于1993年开通了TGV北方线,1994年开通了TGV东南延伸线,1996年开通了TGV巴黎地区联络线。德国汉诺威—柏林铁路也于1998年投入运营。

1992年西班牙引进了法、德两国技术,建成了马德里至塞维利亚高速铁路。之后又开工建设马德里—巴塞罗那高速线。瑞典通过改造线路开行X2000摆式列车实现高速运输。1986年,意大利制订了一项高速铁路网长期发展计划,用两条高速线构成T字形、全长1300km的高速铁路网骨架。比利时和荷兰等国也在建设高速铁路,其中比利时的布鲁塞尔—法国边境的高速线于1997年12月开通。这一时期建成高速铁路约1500km,部分国家出现了全国的高速铁路网。

可以说高速铁路的成功,有力地促进了国家经济增长和社会进步,促进了铁路沿线经济发展。高速铁路的发展与规划,不仅在欧洲、亚洲得到推广,目前在美洲和澳大利亚也在进行推广,高速铁路建设的第三次浪潮已经到来。

首先是2001年,TGV地中海线开通运营,完成了纵贯法国的高速铁路干线。自2003年6月起,TGV地中海线的部分区间开始了最高速度为320km/h的运行。2007年,连接巴黎和斯特拉斯堡的法国东部高速铁路以320km/h的速度正式投入商业运营。

2002年,德国开通运营了第一条客运专用线——科隆—法兰克福高速线,全长219km,运行速度为300km/h。在这条线上运行的第三代ICE3型高速列车最高运行速度330km/h,列车晚点时可以此速度赶上。作为铁路发源地的英国,于2003年开通第一条高速新线——CTRL,最高速度为300km/h。

除了西欧各国正在建设高速铁路网外,东欧、欧洲南部各国以及南非、俄罗斯、澳大利亚、美国等国也在积极进行高铁的规划建设、既有线基础设施提速改造。据不完全统计,全球投入运营的高速铁路分布在日本、法国、德国、中国、意大利、西班牙等多个国家和地区。高速铁路的发展和崛起在世界范围内引发了一场深刻的交通革命,引起并带动了人们出行方式的变革以及众多相关产业的发展。

我国是世界上人口最多的国家,也是缺乏运力的国家之一,主要干线能力十分紧张,除秦沈客运专线外,均为客货混跑模式,客运快速与货运重载难以兼顾,无法满足客货运输的需求,同时也影响了旅客运输质量的提高。建设铁路客运专线,实现客货分运,是满足客运快速、准时、舒适等方面需求的根本途径。

1998年3月,全国人民代表大会《"十五"期间铁路提速规划》提出:初步建成以北京、上海、广州为中心,连接全国主要城市的全路快速客运网,客运专线旅客列车最高时速达到200km及以上,实现高速铁路、部分繁忙干线客货分线。我国铁路自1997年至2007年间进行了6次大面积提速,最高速度达到250km/h,不仅实现了我国铁路百年史上的速度200km/h的动车组,而且系统性提速改造客货共线的运行新模式。2008年8月1日,京津城际高铁通车运营,这是我国第一条具有完全自主知识产权、世界一流水平的高速铁路。随着内需的扩大,各条高速铁路的可行性研究报告逐渐浮出水面,我国不断编织高速铁路网,中国经济的再一次跨越式发展正在绽开、实现。

2005年国务院常务会议讨论并通过了《中长期铁路网规划》,按照该规划,我国速度大于200km/h的客运专线将于2020年达到10000km,构成"四纵四横"客运专线骨架,可以连接环渤海圈、长江三角洲、珠江三角洲地区,同时2万km既有线得到提速改造,我国铁路快速客运网基本形成,为广大旅客提供更加安全、快捷、舒适的服务。这一规划在2008年经过调整,为我国高速铁路的发展更好地指明了方向。

在《铁路"十一五"规划》的正确指导下,确立了符合我国基本国情的高速铁路发展路线,使我国拥有了完全自主知识产权的高速铁路体系。我国的CRH动车组系列就是我国高铁发展的最有力见证。其中,CRH1至CRH5是在引进国外技术的基础上,与国外企业合资生产、联合开发的动车组系列。在学习消化再吸收这些技术的同时,我国也创造出自己的CRH6和CRH380动车组系列,其中CRH380动车组系列在各个方面都位于世界动车组的前列。

进入21世纪,我国实现中华民族和平崛起的步伐加快,确立了实现伟大的中国梦的目标。在我国铁路科研人员的不懈努力之下,我国的高速铁路发展渐已进入世界先进行列。在发展国内高速铁路的同时,逐步冲出亚洲,走向世界。2013年9月,我国提出"一带一路"战略,"一带一路"沿线惠及了人类半数以上的人口和近1/3的经济量,其规模之大史无前例。"一带一路"战略中的线路包括中蒙俄经济带、新亚欧陆桥经济带、中国—南亚—西亚经济带,等等。

高速铁路已是当代科学技术进步与经济发展的象征,代表了世界铁路现代化发展的大趋势,高速铁路是世纪交通运输的重大成果,是全人类的共同财富。而中国的高铁技术也逐步在实现从"引进来"到"走出去"的转变,原铁道部等部门积极与相关国家建立联系,取得了重要的合作项目协议成果,中国的高速铁路技术越来越得到世界各国的认可。

三、轨道工程测量的发展状况

铁路发展至今已有近200年的历史,传统有砟轨道主要采用天然道砟材料,其均一性较差,在列车荷载作用下轨道的几何形位容易发生变化,导致轨道几何尺寸发生变形,随着运营时间的增加,严重影响旅客安全性和舒适性,随着列车速度的加快,有砟轨道维修工作越来越频繁,维护费用也随之增加;不仅如此,由于有砟轨道对速度的限制,列车在高速行驶中产生的空气动力效应会使道砟飞溅,增加了运行安全隐患。为了消除上述不良影响,提高铁路运输效率,一种新型的轨道结构形式应运而生,高速铁路无砟轨道就此产生。

1.高速铁路无砟轨道测量和传统有砟轨道测量的区别

相比传统有砟轨道,高速铁路无砟轨道具有以下四点优势:

(1)高速铁路行车速度快,安全系数高,乘坐空间大,舒适方便,价格便宜,顺应了当今社会发展的需求,成为世界各国振兴铁路的强大动力。

(2)高速铁路运输系统极大地推动了铁路科技和铁路设备的发展,增强了铁路的竞争能力。

(3)高速铁路不仅提升了运营能力,而且降低了对环境的污染,因而特别适合城市间和城郊的高频率、高运量运输。

(4)除了以上三点,高速铁路还有较强的整体性,稳定性更高,结构的耐久性更好,轨道的几何尺寸不容易发生变形,因而其维修工作量更少,维修费用小,使用寿命周期更长。

过去的铁路轨道对平顺性要求不是很高,所以在测量工作中一直没有建立一套完整的测量体系。铁路勘测施工的依据和施工测量的坐标基准就是线路的中心控制桩,测量精度指标仅取决于线下施工测量,并没有考虑轨道施工和运营阶段对精度的要求。传统测量作业模式与过程如下:

(1)初测:采用导线测量方法对线路进行平面网控制测量和高程控制测量,并绘制地形图。

(2)定测:按初步设计的铁路线路进行现场放样,结合实际情况调整不满足原设计要求的测点。

(3)线下工程施工测量:依据定测放样结果进行线下工程测量。

(4)铺轨测量:使用穿线法或边角法、弦线矢距法对直线段和曲线段进行测量。

随着科技的发展和现代化铁路建设的需求,依靠经纬仪测角、钢尺量距的传统铁路工程测量方法已满足不了当前高速铁路建设的精度要求。导线控制的方法是我国传统铁道工程中使用的测量控制方法,其中极坐标法和偏角法等测量方法是进行轨道线路定测的常用方法。这些测量方法在计算参数时,计算原理就会导致一定的误差,而且人工施测是这些测量方法在对轨道进行测设时所采用的主要手段,这样就会有很多的人工操作误差,如用全站仪测量轨道平面的中心位置,就会产生观测误差,这个观测误差会直接进入参数的计算中。传统铁道测量方法的不足具体如下:

(1)测量精度低。传统铁道工程对于导线方位角测量精度的要求比较低,在复测时,施工单位常常会把曲线偏角超限问题当作正常的情况来处理。施工单位会直接通过调整曲线参数来重新测量定位并且施工。在列车低速行驶的条件下,这样测量,列车的舒适和安全性不会受到明显的影响。但是如果列车在轨道上高速行驶,其平顺性和安全性会由此受到很大的影响。

(2)投影差值大。传统铁道测量方法常采用国家点测量坐标系,如1980年西安坐标系等直接对工程进行投影测量,这样进行投影测量会使边长变形值非常大。再者,随着线路高程的增加,边长变形值受高程投影的影响随之增大,这样会对工程施工产生系统性的影响,会影响新技术在勘测中的应用和定位法在施工放线中的应用。

（3）传统铁道测量系统中，轨道在铺设时采用的是契合对位的测量方法，依据线下工程状况进行对位，而轨道线下工程依据设计坐标进行施工。因为两者是采用了不同测量方法和基准进行施工，这会导致轨道板的铺设和测量误差的大量累积，在轨道板铺设完成后，轨道板的铺设精度很低，其铺设位置和角度与设计好的铺设位置和角度会相差很大，这样对于后期的精调很不利，甚至无法实现精调。

（4）传统铁路测量并没有完整的各级测量控制网，只是由设计院在现场进行勘测，将一些施工特殊点及相关施工控制基桩放出，然后施工单位根据基桩建立施工用的测量坐标系。此坐标系不仅精度不够，而且控制基桩很容易在施工中被破坏，这样会影响重复测量的进行，甚至如果出现严重的情况，如连续丢失中线基桩，导致基桩的不可恢复，更不可能实现重复测量。

（5）用弦测法量取矢距是传统铁道维护平顺性的最常用方法，精度一般以毫米每千米（mm/km）计。这样做，轨道平顺性通常不能被全面地反映出来，尤其是在轨道二段弦连接处平顺性非常差。

（6）传统铁道工程在竣工后会丢失测量控制的基桩，铁路平面控制基准就不复存在了，这样在竣工和运营阶段复测线路时就没有施工时的基准了，轨道内部的几何尺寸此时只有通过相对测量来测出。采用这种方法控制线路，轨道外部的几何参数通常都会由此发生很大变化，这些变化会导致高速列车在行驶中出现很多难以预估的问题。而高速铁路对测量精度要求非常高，轨道几何参数与设计参数之间的偏差精度要求在毫米级范围以内，可见使用传统相对测量方法进行高速铁路进行测量是不可行的，必须开发一套精密的绝对测量系统。

无砟轨道最大的特点就是高行车速度，而在列车高速行驶的同时也要保证旅客列车的安全性和平顺性，这对无砟轨道的铺设技术提出了很高的要求，轨道不仅要求非常高的平顺性，而且还要具有精确的几何线性参数。同时，对施工技术的要求更高，必须使得施工精度保持在毫米级范围内，如在布设无砟轨道基桩控制网时，要求变形不超过 10mm/km 的精度；坐标点的相对精度要求不超过 1mm。因此，在无砟轨道铺设过程中，必须分级布设精密的工程测量控制网，测量控制网的精度必须满足轨道铺设的要求。

高速铁路测量和传统铁路测量方法比较：

（1）传统铁路测量方法简单，使用的经纬仪和水准仪精度低；无砟轨道高速铁路测量采用自动照准经纬仪、GPS，甚至测量机器人，相比传统仪器精度高。

（2）传统铁路测量的控制网单一，没有进行分级布网，控制点丢失很难进行恢复；无砟轨道高速铁路测量采用逐级布网、层层加密的方法，能够很好地控制测量精度。

（3）传统铁路测量只适用于行车速度低、轨道平顺性及测量要求精度较低的情况；无砟轨道高速铁路测量则适用于高测量精度的情况。

（4）传统铁路测量的轨道维护困难，复测通过相对测量进行；无砟轨道高速铁路测量有系统的控制网，并建立了完整精密的绝对测量系统，使得运营维护简单、高效。

2. 无砟轨道测量的平顺性要求

高速铁路是当代高新技术的集成，高速列车首先要满足安全与舒适的要求。影响列车安全和舒适的因素很多,虽然机车车辆性能及运营方式起着很大的作用,但高速铁路的线路参数也是重要的影响因素,在设计高速铁路时必须予以重视。

在高速条件下,列车的横向加速度增大,列车各种振动的衰减距离延长,从而各种振动叠加的可能性提高,相应旅客乘坐舒适度在高速条件下更为敏感。所以,要求线路的技术标准也相应提高,包括最小曲线半径、缓和曲线、外轨超高等线路平面标准,坡度值和竖曲线等线路纵断面标准,以及列车风对线路的特定要求等。在高速铁路的线路平、纵断面设计中应特别重视线路的平顺性,采用较大的线路平面曲线半径、较长的纵断面坡段长度和较大的竖曲线半径,以提高旅客乘坐舒适度。

高速铁路的基础设施是确保高速行车的基础。高速铁路与常速铁路相比,最大的区别在于高速铁路线路的高平顺性特性。高平顺性最终体现是在轨道上,无论轨道是在路基上或在桥梁上,也无论是何种类型的轨道,都要求它不仅在空间要具有平缓的线形,而且在时间上还必须具有稳固的高保持性。由此决定了高速铁路基础设施各主要组成部分——路基、桥梁、隧道等的主要技术参数与技术规定必须互相协调,使之整体上满足高速行车在运动学、动力学、空气动力学及运输质量方面的各项技术指标。所有基础设施在运营管理方面还必须具备高可靠度与可维修、少维修的条件,以降低成本、提高效能。

要达到高速铁路轨道高平顺性要求,必须满足以下条件:

(1)路基的设计和施工必须满足路基严格稳定要求,以及在动力作用下的基本要求;

(2)桥梁动态的变形必须在很小的范围内;

(3)道床必须选用硬质、耐磨的道砟,并在铺枕前整平压实;

(4)轨道的初始不平顺要严格控制。

轨道初始不平顺是指单位长度内,轨道上下、左右两个方向的突起和凹陷的统计平均值过大,一般可分为轨距、水平(三角坑)、高低、轨向、复合不平顺及连续不平顺等长波不平顺,以及钢轨波磨、接头病害、钢轨擦伤及剥离等短波不平顺。它是列车正式运营后各种轨道不平顺情况发生、发展和恶化的根源。假如控制不严格,将产生难以估计的恶劣后果。据研究,轨道的初始不平顺状态对将来轨道长期的平顺状态以及维修工作量有重大影响。初始平顺性高的轨道,维修周期长,并能长时间维持较好的状态;初期平顺性不好的轨道,维修周期短,而且维修作业次数无论如何增加,也不能改变轨道初期较差的状态。所以,严格控制轨道的初始不平顺是提高轨道的铺设精度标准的决定性因素。

无砟轨道是以混凝土或沥青混合料等取代散粒道砟道床而组成的轨道结构形式,具有高度低、每延米重量轻的特点,可使桥梁、隧道结构物的建设费用降低。由于无砟轨道具有平顺性高、刚度均匀性好、轨道几何形位能持久保持、维修工作量小等特点,各国铁路纷纷采用无砟轨道作为主要形式。特别是我国的高速铁路,已把无砟轨道作为轨道的主要结构形式进行全面推广,并取得了显著的经济效益和社会效益。

我国高速铁路的特点是大量采用高速铁路桥梁和无砟道床技术,采用超大半径弯道,既消除平交道口和行人干扰,又能保证路基的平顺,防止路基沉降。无砟轨道铁路成为我国铁路现代化建设的重要内容,为保证高速铁路的高平顺性而精心进行无砟轨道控制测量及其数据处理成为高速铁路建设成套技术的一个重要组成部分。正是由于其在无砟轨道建设中的重要作用,德国睿铁公司执行副总裁巴哈曼先生说,要成功建设高速铁路,就必须有一套完整、高效且非常精确的测量系统,否则注定要失败。这句话深刻说明了精密工程测量及其数据处理在高速铁路建设中的重要作用。无砟轨道铺设工艺复杂、精度要求高,误差必须控制在毫米级的范围内。

3. 国内外无砟轨道测量的研究

自高速铁路发展以来,世界上出现了多种无砟轨道,其中德国和日本的无砟轨道测量技术最具代表性,两国的测量技术一直处于领先地位,两国分别提出一套适应自己国家高速铁路的测量技术。德国土地测量管理部门是以 ETRF89 为基准的 DB-REF,采用将其参数转换到局部参考椭球体的方法建立了一套独立的坐标系统,其具有比一般国家采用的基本控制网更高的内部精度。

(1) PS0 是德国高速铁路路网的坐标框架,其控制点分布在线路交汇范围内,三维网络相邻点距 4km,采用 GPS 大地测量方法对德国国家控制点进行联测测定。

(2) PS1 三维控制基准加密点,由 PS0 加密,采用全站仪和水准测量的方法建立的大地测量三维网,相邻点间距 800~1000km,沿线路单侧布设在施工区内。

(3) PS2 平面控制基准点,是建立在 PS1 和 PS0 的基础上的永久性控制点,相邻点间距为 150m 左右,使用侧边网的形式进行观测。

(4) PS3 是德国高程网,是采用观测国家水准点建立的水准网。点间距为 700~1000m。

(5) PS4 四级控制网,是轨道精调阶段布设的轨道控制网,以满足精度要求,其控制点间距大约为 60m,根据施工条件、方法和需求以不同方式建立。

我国的高速铁路工程测量技术体系是伴随着我国铁路客运专线无砟轨道工程的建设而逐步建立和完善的。2004 年,原铁道部决定在遂渝线开展无砟轨道综合试验后,在施工过程中就发现原有的测量控制网精度及控制网布设不能满足无砟轨道施工要求。为此,中国中铁二院工程集团有限公司与西南交通大学合作在遂渝线开展了无砟轨道铁路工程测量技术的研究,并建立了遂渝线无砟轨道综合试验段精密工程测量控制网。

2006 年随着京津城际、武广、郑西客运专线无砟轨道铁路的全面开工建设,原有的铁路测量体系和技术标准已不能适应客运专线无砟轨道建设的要求。为了适应我国客运专线无砟轨道建设形势,在原铁道部建设管理司和铁道部经济规划研究院主持下,我国开始编制《客运专线无砟轨道铁路工程测量暂行规定》,初步形成了高速铁路工程测量技术标准体系。

随着高速铁路建设大规模开展,在《客运专线无砟轨道铁路工程测量暂行规定》的基础上,结合我国高速铁路建设特点和现代测绘技术的发展,开展了"高速铁路 CPⅢ测量标准及软件研制"和"基于自由测站的高速铁路 CPⅢ高程网测量及其标准的研究",对京津、武广、郑西、京沪、哈大、合宁、合武、石太等高速铁路工程测量经验进行系统总结,按照原始创新、集成创新和引进消化吸收再创新的原则,对《客运专线无砟轨道铁路工程测量暂行规定》进一步完善,编制完成了《高速铁路工程测量规范》(TB 10601—2009),形成具有自主知识产权的我国高速铁路工程测量技术标准。

在高速铁路工程大量建设实践的基础上,测量科研人员经过多年的研究,逐渐掌握了高速铁路精密测量技术,测量技术和数据处理技术已经相当成熟,并且研发出大批高技术含量、拥有自主知识产权、高效率作业的数据采集软件和数据处理软件。

随着测量科技的发展,测量仪器也在不断更新,以前的光学测量仪器逐渐被先进的电子测量仪器所取代。目前采用自动照准全站仪替代以前的经纬仪,甚至还运用了测量机器人进行测量;高程控制测量中电子水准仪也替换了光学水准仪。仪器的更替大大提高了观测效率,还降低了工作难度,也满足了高速铁路对精度的高要求。近来,GPS因其使用方便、测量效率高、观测数据平面精度高的特点,已被高速铁路平面控制网测量采用。

四、轨道工程测量的任务

轨道工程测量是轨道施工过程中很重要的环节,应认真学习,重点理解和掌握。对于轨道工程专业的学生而言,更要通过本教材的学习,重点掌握以下内容:

(1)熟练操作各种测量仪器。重点掌握水准仪,经纬仪、全站仪、GPS等仪器的操作。具体如水准仪的高差测量、经纬仪的水平角和竖直角测量、全站仪坐标测量与放样,GPS设置和操作、全自动全站仪做高铁精调等操作。

(2)测量数据的准确处理。水准高差闭合、控制测量数据处理、精调数据处理等,都是非常重要的环节,需要做到准确计算,并给出关键结论。

(3)针对轨道工程特有的测量项目,做到重点讲解和学习,熟练操作相关仪器和软件,结合学校实训场地,进行行之有效的实践学习。

(4)运用所学的普通测量学和轨道工程测量知识,拓展专业领域,具备从事轨道、路桥、建筑、市政等工程领域的测量工作能力,以及国土监测等数据采集、处理等方面的工作能力。

任务二　测量学的基本知识

学习目标:

(1)掌握铅垂线、水平面、大地水准面、大地坐标、极坐标、直角坐标、绝对高程、相对高程、高斯投影、中央子午线等相关概念。

(2)掌握独立平面直角坐标系的建立、坐标系的特点及对地形图测绘的影响。

(3)掌握直线定向,坐标计算原理。

任务描述:

本节是测量学的基础知识,首先要对地球的形状与大小、地面点位的地理坐标和高程要有深入的认识,并掌握直线定向和坐标计算原理,这是后续坐标计算的核心内容。

相关知识:

一、地球的形状与大小

测量学的基本任务之一就是确定地面点的空间位置。这与地球的形状和大小密切相关。

1. 地球的自然表面

地球表面是很不平坦的复杂曲面,它上面自然地分布着高山、深谷、陆地、海洋、丘陵、平原等,呈现出高低起伏的状态。此表面称为地球的自然表面。地球的自然表面不可能用某种数学公式来精确表达,因此,在地球的自然表面上进行测量的成果整理、计算与绘图,也将是不可能的。这就要求人们找一个与地球形状近似且又规则的平滑曲面来代替地球的自然表面,作为测量工作的基准面。

2. 大地水准面

在地球的自然表面上,海洋占 71%、陆地占 29%,海洋中最深的马里亚纳海沟深11034m,陆地上最高的珠穆朗玛峰高出海面 8844.43m(2005 年 5 月 22 日国家测绘局公布)。这样的高低起伏相对于庞大的、半径约为 6371km 的地球来说,是微不足道的。因此,可以将地球的形状看成是一个被海水包围的球体。

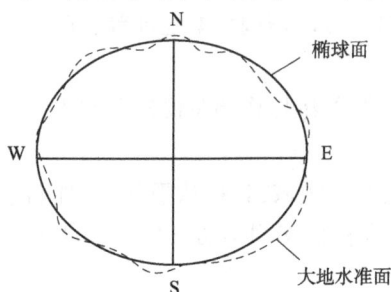

图 1-1 大地水准面与椭球体

设想有一个静止的海水面延伸到陆地而形成一个封闭的曲面,这个静止的海水面称为水准面。由于海水面有高潮位和低潮位的差别,所以设想静止的海水面有无数多个,即水准面有无数多个,其中通过平均海水面的一个水准面称为大地水准面。大地水准面如图 1-1所示。

从物理学中知道,地球表面上任何物体同时受到地球引力和地球自转离心力的作用,这两种力的合力称为重力。重力的作用方向是铅垂线的方向。海水面处于静止状态时,液面必与重力方向垂直。因此,水准面具有这样的特性:过水准面上任意一点所做的铅垂线必与其曲面正交。

由于地球内部质量分布不均匀,使得大地水准面上各点受到的地球吸引力的方向发生不规则的变化,即引起各点的铅垂线产生不规则的变化,从而使大地水准面成为一个十分复杂而又不规则的曲面,在这样的曲面上进行测量计算也是行不通的。为此,实际工作中要求我们选用一个与大地水准面相近的、可用数学公式来表达的几何面来代替它。

3. 参考椭球体

牛顿根据万有引力定律研究地球的形状后认为,绕太阳旋转的地球,当它的物质处于平衡状态时,地球表面必然是一个接近于赤道略宽、两极略扁的椭球体。测量上常选用一个与大地水准面非常接近、绕椭圆短轴旋转而成的旋转椭圆体来代替地球的形体,这种旋转椭圆体称为地球椭球。地球椭球表面是一个规则的几何面,便于测量成果的计算和制图工作。

地球椭球的形状和大小,只有在整个地球上进行连成一体的天文大地测量和重力测量才能确定。有些国家为了便于测量成果和制图的处理,只好根据局部地区所进行的天文大地测量和重力测量资料,来确定适合本国领土范围的地球椭球的形状和大小,一般称这样的地球椭球为参考椭圆体,如图 1-1 所示。

参考椭圆体面与大地水准面不完全一致,有的地方稍高一些,有的地方稍低一些。两个面之间的最大差异不超过 ±100m。

参考椭圆体的大小由长半径 a 和短半径 b 或者由半径和扁率 $\alpha = (a-b)/a$ 来决定。a,

b,α 称为参考椭圆体元素。

我国 1980 年国家大地坐标系采用了 1975 年国际椭球,该椭球的基本元素值为:

$$a = 6378140\text{m}$$
$$b = 6356755.3\text{m}$$
$$\alpha = 1/298.257$$

由于参考椭圆体的扁率很小,在地形测量的计算中,可把地球当作圆球,取其 3 个半轴的平均值作为地球的半径,即:

$$R = (a + a + b)/3 = 6371014.7\text{m}$$

实际上,近似地取 6371km,其精度足以满足一般地形测量的要求。

二、地面点位的地理坐标和高程

1. 大地坐标系

用大地经度 λ、大地纬度 φ 表示地面点投影到旋转椭球面上位置的坐标,称为大地坐标系,如图 1-2 所示。

经度 λ 是过地面任一点 p 的子午面与起始子午面间的夹角。它的取值范围是 $0° \sim \pm180°$。由起始子午面起,向东为正,称为东经;向西为负,称为西经。

纬度 φ 是过地面任一点 p 的法线与赤道面的夹角,它的取值范围是 $0° \sim \pm90°$。由赤道面起算,向北为正,称为北纬;向南为负,称为南纬。

2. 平面直角坐标系

在实际测量工作中,若用以角度为度量单位的球面坐标来表示地面点的位置是不方便的,通常是采用平面直角坐标。测量工作中所用的平面直角坐标与数学上的直角坐标基本相同,只是测量工作以 x 轴为纵轴,一般表示南北方向,以 y 轴为横轴,一般表示东西方向。象限为顺时针编号,直线的方向都是从纵轴北端按顺时针方向度量的,如图 1-3 所示。这样的规定,使数学中的三角公式在测量坐标系中完全适用。

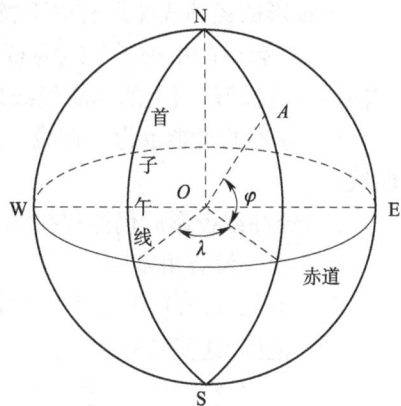

图 1-2 地理坐标

(1)独立平面直角坐标系

当测区较小时可以用测区水平面代替水准面。既然把投影面看作平面,地面点在平面上的位置就可以用平面直角坐标来确定。这种平面直角坐标如图 1-3 所示,规定南北方向为纵轴,记为 x 轴,x 轴向北为正,向南为负;东西方向为横轴,记为 y 轴,y 轴向东为正,向西为负。为了避免使坐标值出现负号,建立这种坐标系统时,可将其坐标原点选择在测区的西南角。坐标系中的象限按顺时针方向编号,这与数学上通常用的平面直角坐标有所不同,其目的是便于将数学中的公式直接应用到测量计算中。

(2)高斯平面直角坐标系

当测区范围较大时,要建立平面坐标系,就不能忽略地球曲率的影响。为了解决球面与平面这对矛盾,则必须采用地图投影的方法将球面上的大地坐标转换为平面直角坐标。目前我国采用的是高斯投影,高斯投影是由德国数学家、测量学家高斯提出的一种横轴等角切椭圆柱投影,该投影解决了将椭球面转换为平面的问题。从几何意义上看,就是假设一个椭圆柱横套在地球椭球体外并与椭球面上的某一条子午线相切,这条相切的子午线称为中央子午线。假想在椭球体中心放置一个光源,通过光线将椭球面上一定范围内的物象映射到椭圆柱的内表面上,然后将椭圆柱面沿一条母线剪开并展成平面,即获得投影后的平面图形,如图1-4所示。相关资源见二维码1。

1-高斯投影

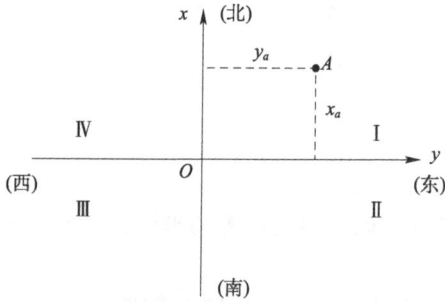

图1-3 平面直角坐标系

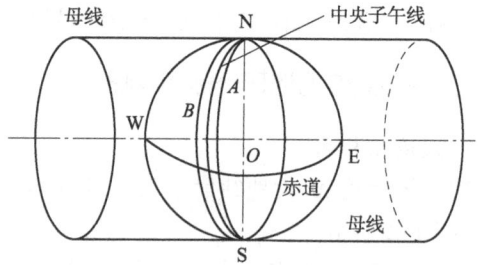

图1-4 高斯平面投影原理

该投影的经纬线图形有以下特点:

(1)投影后的中央子午线为直线,无长度变化。其余的经线投影为凹向中央子午线的对称曲线,长度较球面上的相应经线略长。

(2)赤道的投影也为一直线,并与中央子午线正交。其余的纬线投影为凸向赤道的对称曲线。

(3)经纬线投影后仍然保持相互垂直的关系,说明投影后的角度无变形。

高斯投影没有角度变形,但有长度变形和面积变形,离中央子午线越远,变形就越大。为了对变形加以控制,测量中采用限制投影区域的办法,即将投影区域限制在中央子午线两侧一定的范围,这就是所谓的分带投影。投影带一般分为3°带和6°带两种,如图1-5所示。

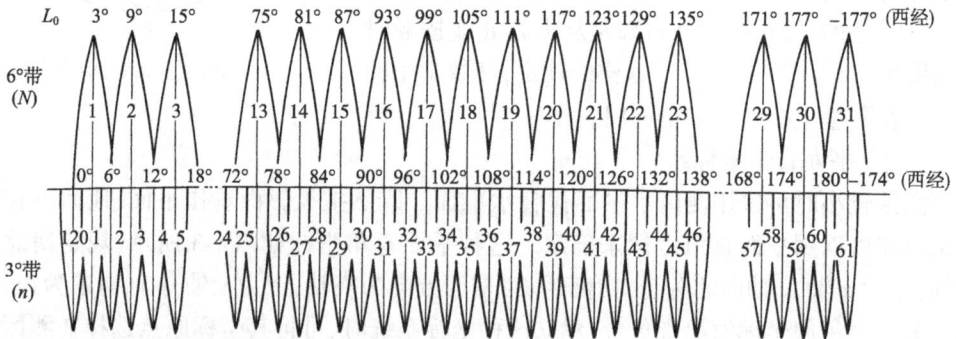

图1-5 投影带及6°(3°)带

6°带投影是从英国格林尼治起始子午线开始,自西向东,每隔经差6°分为一带,将地球分成60个带,其编号分别为1、2…60。3°投影带是在6°带的基础上划分的,每3°为一带,共120带,其中央子午线在奇数带时与6°带中央子午线重合。3°带、6°带的带号与相应的中央子午线经度,可用下式计算:

$$L_6 = 6° × N_6 - 3° \tag{1-1}$$
$$L_3 = 3° × N_3 \tag{1-2}$$

式中：L_6——6°带的中央子午线经度；

　　L_3——3°带的中央子午线经度；

　　N_6——6°带的带号；

　　N_3——3°带的带号。

我国领土位于东经 72°～136°之间，共包括 11 个 6°投影带，即 13～23 带；22 个 3°投影带，即 24～45 带。

通过高斯投影，将中央子午线的投影作为纵坐标轴，用 X 表示，将赤道的投影作为横坐标轴，用 Y 表示，两轴的交点作为坐标原点，由此构成的平面直角坐标系称为高斯平面直角坐标系，如图 1-6 所示。对应于每一个投影带，就有一个独立的高斯平面直角坐标系，利用相应投影带的带号即可区分各带坐标系。在每一投影带内，Y 坐标值有正有负，这对计算和使用均不方便，为了使 Y 坐标都为正值，故将纵坐标轴向西平移 500km，并在 Y 坐标前加上投影带的带号。

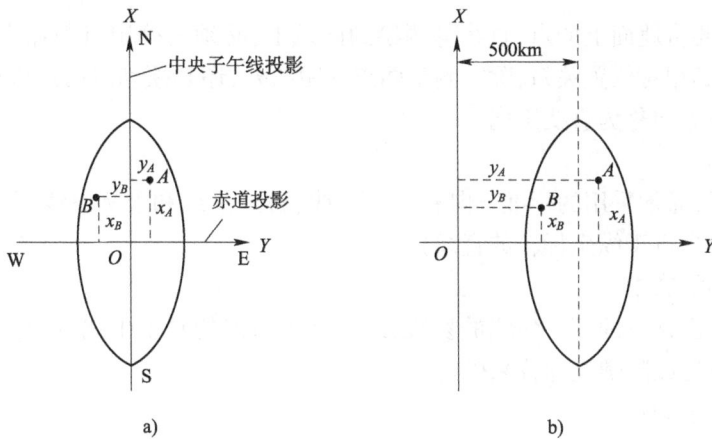

图 1-6　高斯平面直角坐标

如图 1-6 中的 A 点位于 40 投影带，其自然坐标为 $x = 3395451\text{m}, y = +4380.586\text{m}$，它在 40 带中的高斯通用坐标则为 $x = 3395451\text{m}, y = 40543580.586\text{m}$。

3. 地面点的地理高程

由高程基准面（或称为高程起算面）起算的地面点的高度称作高程。由于选用的基准面不同而有不同的高程系统。如图 1-7 所示，当以大地水准面为高程基准面时，称作绝对高程，简称高程（又称海拔）。某点的绝对高程（或海拔）是指该点沿铅垂线方向到大地水准面的距离。图 1-7 中，A、B 两点的绝对高程为 H_A 和 H_B。当以某一任意水准面时，称作相对高程，或称为假定高程。图中 A、B 两点的相对高程为 H'_A 和 H'_B。

地面两点间的高程之差称为高差。图中 B 点相对于 A 点的高差为：

$$H_{AB} = H_B - H_A = H'_B - H'_A \tag{1-3}$$

我国曾将青岛验潮站 1950—1956 年的观测成果推算的黄海平均海水面作为全国统一

高程基准面,以此为基础建立的高程系统称为1956年黄海高程系统。从1987年开始,我国采用新的高程基准,即国家高程起算面,采用青岛验潮站1952—1979年潮汐观测资料用中数法计算该水域的平均海水面,并在青岛市内一个山洞里建立水准原点,其高程为72.260m,称为"1985年国家高程基准"。

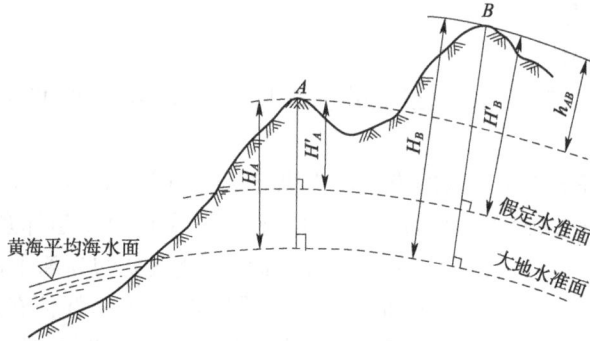

图1-7 地面点的地理高程示意图

三、直线定向

在测量中,要将地面上的点、直线等测绘到图纸上,必须要确定点与点之间的相对位置关系,而要确定其相对位置关系,除需测定两点的距离外,还必须确定两点所连直线的方向。确定一条直线的方向称为直线定向。

1. 标准方向

直线定向时,通常采用的标准方向有真子午线、磁子午线和坐标纵线(平面直角坐标系的纵坐标轴以及平行于纵坐标轴的直线)。

(1)真子午线方向

通过地球表面某点的真子午线的切线方向,称为该点的真子午线方向。真子午线方向可用天文观测方法或陀螺经纬仪来确定。

(2)磁子午线方向

磁针在地球磁场的作用下自由静止时所指的方向,即为磁子午线方向。

由于地磁南北极与地球南北极不重合,因此地面上某点的磁子午线与真子午线并不一致,它们之间的夹角称为磁偏角。磁子午线方向偏于真子午线方向以东称为东偏,偏于西称西偏,并规定东偏为正、西偏为负。磁偏角的大小随地点的不同而异,即使在同一地点,由于地球磁场经常变化,磁偏角的大小也有变化。我国境内磁偏角值在 +6°(西北地区)和 −10°(东北地区)之间。磁子午线方向可用罗盘仪来测定。由于地球磁极的变化,磁针受磁性物质的影响,定向精度不高,所以不适合作为精确定向的基本方向,可作为小区域独立测区的基本方向。

(3)坐标纵轴方向

以通过测区内坐标原点的坐标纵轴(X轴)正方向为基本方向,测区内其他各点的子午线均与过坐标原点的坐标纵轴平行,这种基本方向称为坐标纵轴方向。

2. 方位角和象限角

(1)方位角

从过直线段一端的基本方向线的北端起,以顺时针方向旋转到该直线的水平角度,称为该直线的方位角。方位角的值为0°~360°。因基本方向有三种,即所以方位角也有三种,即真方位角、磁方位角、坐标方位角。

以真子午线为基本方向线,则所得方位角称为真方位角;以磁子午线为基本方向线,则所得方位角称为磁方位角;以坐标纵轴为基本方向线所得方位角,称为坐标方位角。

从标准方向北端起,顺时针方向到某一直线的角度,称为该直线的方位角。方位角的取值范围是0°~360°。直线定向时,若以坐标纵线为标准方向来计算方位角,称为坐标方位角,一般用 α 表示,AB 直线的坐标方位角为 α_{AB}。坐标方位角又称为方向角。

(2)象限角

对于直线定向,有时也用小于90°的角度来确定。从过直线一端的基本方向线的北端或南端,依顺时针(或逆时针)的方向量至直线的锐角,称为该直线的象限角,一般以"R"表示。象限角的角值为0°~90°。NS 为经过 O 点的基本方向线,$O1$、$O2$、$O3$、$O4$ 为地面直线,则 R_1、R_2、R_3、R_4 分别为四条直线的象限角。若基本方向线为真子午线,则相应的象限角为真象限角。若基本方向线为磁子午线,则相应的象限角为磁象限角。仅有象限角的角值还不能完全确定直线的位置。因为具有某一角值的象限角,可以从不同的线端和不同的方向来度量,所以在用象限角确定直线的方向时,除写出角度的大小外,还应注明该直线所在象限名称,如北东、南东、南西、北西等。在图 1-8 中,直线 $O1$、$O2$、$O3$、$O4$ 的象限角要相应地写为北东 R_1、南东 R_2、南西 R_3、北西 R_4,它们分别对应于第Ⅰ、Ⅱ、Ⅲ、Ⅳ象限中的象限角。

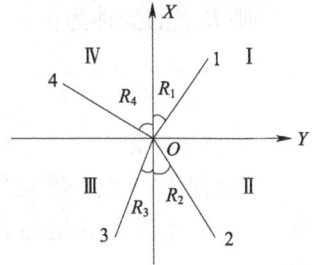

图 1-8 象限角

直线的坐标方位角与其象限角的换算关系如表 1-1 所示。

方向角与象限角的换算关系 表 1-1

象 限	由象限角 R 求方位角 α	有方位角 α 求象限角 R
Ⅰ	$\alpha = R$	$R = \alpha$
Ⅱ	$\alpha = 180° - R$	$R = 180° - \alpha$
Ⅲ	$\alpha = 180° + R$	$R = \alpha - 180°$
Ⅳ	$\alpha = 360° - R$	$R = 360° - \alpha$

四、坐标计算原理

1. 坐标增量

直线终点与起点坐标之差为坐标增量。在平面直角坐标系中,设直线起点 A 和终点 B 的坐标分别为 (x_A, y_A) 和 (x_B, y_B)。Δx_{AB} 是 A 到 B 的纵坐标增量,Δy_{AB} 是由 A 到 B 的横坐标增量,即

$$\Delta x_{AB} = x_B - x_A \tag{1-4}$$
$$\Delta y_{AB} = y_B - y_A \tag{1-5}$$

反之,若直线起点为 B,终点为 A,则 B 到 A 的纵、横坐标增量为:

$$\Delta x_{BA} = x_A - x_B \tag{1-6}$$
$$\Delta y_{BA} = y_A - y_B \tag{1-7}$$

式(1-2)说明,A 到 B 和 B 到 A 的坐标增量绝对值相等,符号相反,即

$$\Delta x_{AB} = -\Delta X_{BA} \tag{1-8}$$

$$\Delta y_{AB} = -\Delta y_{BA} \tag{1-9}$$

如果已知直线 AB 的长度为 S，坐标方位角为 α_{AB}，则 A 到 B 的坐标增量也可由下式算出：

$$\Delta x_{AB} = S \cdot \cos\alpha_{AB} \tag{1-10}$$

$$\Delta y_{AB} = S \cdot \sin\alpha_{AB} \tag{1-11}$$

2. 坐标正算

根据直线起点的坐标、直线的水平距离及其方位角，计算直线终点的坐标，称之为坐标正算。

如图 2-17 所示，先求其坐标增量：

$$\Delta x_{AB} = S \cdot \cos\alpha_{AB} \tag{1-12}$$

$$\Delta y_{AB} = S \cdot \sin\alpha_{AB} \tag{1-13}$$

则 B 点的坐标为：

$$x_B = x_A + \Delta x_{AB} = x_A + S \cdot \cos\alpha_{AB} \tag{1-14}$$

$$y_B = x_A + \Delta y_{AB} = y_A + S \cdot \sin\alpha_{AB} \tag{1-15}$$

3. 坐标反算

根据直线起点和终点的坐标，计算直线的边长和方位角，称之为坐标反算。如图 2-17 所示，已知 A，B 点的坐标分别为 (x_A, y_A) 和 (x_B, y_B)，求算直线 AB 的坐标方位角 α_{AB} 及长度 S。

$$\tan\alpha_{AB} = \frac{\Delta y_{AB}}{\Delta x_{AB}} = \frac{y_B - y_A}{x_B - x_A} \tag{1-16}$$

$$\alpha_{AB} = \arctan\frac{y_B - y_A}{x_B - x_A} \tag{1-17}$$

$$S = \sqrt{\Delta x^2 + \Delta y^2} = \frac{\Delta y_{AB}}{\sin\alpha_{AB}} = \frac{\Delta x_{AB}}{\cos\alpha_{AB}} \tag{1-18}$$

在进行坐标正算、反算的计算时最好利用计算器的极坐标计算功能。

思考题

1. 测量学的主要任务有哪些？
2. 什么叫大地水准面？大地水准面在测量中的作用是什么？
3. 什么叫独立平面直角坐标、高斯平面直角坐标？
4. 坐标正算与反算公式包括什么内容？
5. 什么叫绝对高程、相对高程和高差？

项目二　水　准　测　量

任务一　水准测量原理及水准仪使用

学习目标：

(1)能够分辨水准仪和水准尺的类型。
(2)能够按正确的操作步骤使用水准仪对水准尺进行观测。
(3)能够较为熟练地整平、瞄准和读数。

任务描述：

高程是确定地面点位置的基本要素之一。高程测量的目的是要获得点的高程，但一般只能直接测得两点间的高差，然后根据其中一点的已知高程推算出另一点的高程。进行高程测量的主要方法有水准测量和三角高程测量等方法。水准测量是利用水平视线来测量两点间的高差。由于水准测量的精度较高，所以是高程测量中最主要的方法。

水准测量原理及水准仪使用是本章的重点内容，本任务要求学生理解水准测量原理，了解水准仪的基本构造和轴线关系，掌握微倾水准仪和自动安平水准仪的使用方法。

相关知识：

一、水准测量原理

水准测量是利用水准仪提供的水平视线，测定地面点间的高差，然后根据已知点的高程，推算出地面上未知点的高程。设地面上有 A、B 两点，A 点的高程 H_A 已知，现要测定 B 点的高程 H_B，如图 2-1 所示。若能够测出 A 点至 B 点间的高差 h_{AB}，即可算得 B 点高程 H_B。

测定 h_{AB} 可在 A、B 两点分别立专用的尺子，这种专用的尺子称为水准尺。在 A、B 间安置水准仪，利用水准仪提供的水平视线，分别在 A 点水准尺上读取读数 a，在 B 点水准尺上读取读数 b，则所求高差为：

$$h_{AB} = a - b \qquad\qquad (2\text{-}1)$$

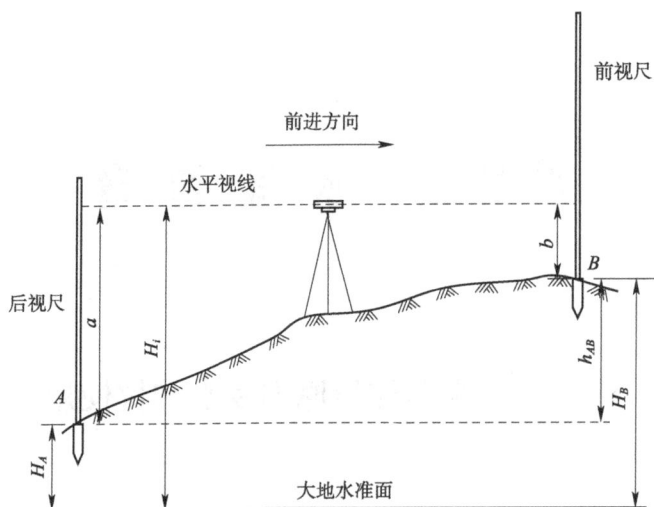

图 2-1 水准测量原理

水准测量时,若由 A 点向 B 点方向前进,则 A 点称为后视点,B 点称为前视点,a、b 分别为后视读数和前视读数。A、B 点间的高差 h_{AB} 等于后视读数减去前视读数。h_{AB} 的符号有正有负,正号表示 B 点高于 A 点,负号表示 B 点低于 A 点。为避免在计算中发生错误,在书写高差 h_{AB} 时,必须注意 h 下标 AB 的顺序,h_{AB} 表示从 A 点测量和计算至 B 点的高差;而 h_{BA} 表示从 B 点测量和计算至 A 点的高差。

根据已知点 A 的高程 H_A 和测定的 h_{AB},可算出 B 点的高程为:

$$H_B = H_A + h_{AB} = H_A + (a - b) \tag{2-2}$$

二、水准测量的仪器

1. 水准仪

水准仪是进行水准测量的主要仪器,它可以提供水准测量所必需的水平视线。目前通用的水准仪从构造上可分为两大类:一类是利用水准管来获得水平视线的水准管水准仪,其主要形式称"微倾式水准仪";另一类是利用补偿器来获得水平视线的"自动安平水准仪"。此外,新型水准仪——电子水准仪,它配合条纹编码尺,利用数字化图像处理的方法,可自动显示高程和距离,使水准测量实现了自动化。

我国的水准仪系列标准分为 DS_{05}、DS_1、DS_3 和 DS_{20} 四个等级。D 是大地测量仪器的代号,S 是水准仪的代号,均取大和水两个字汉语拼音的首字母;角码的数字表示仪器的精度。其中 DS_{05} 和 DS_1 用于精密水准测量,DS_3 用于一般水准测量,DS_{20} 则用于简易水准测量。典型水准仪构造如图 2-2 所示。微倾式水准仪构造见二维码 2。

2-微倾式水准仪构造

2. 水准尺和尺垫

水准尺用优质木材或铝合金制成,最常用的形状有杆尺和塔尺两种,长度分别为 3m 和 5m。塔尺能伸缩携带方便,但接合处容易产生误差,杆式尺比较坚固可靠。水准尺尺面绘有

1cm 或 5mm 黑白相间的分格,米和分米处注有数字,尺底为零。为了便于倒像望远镜读数,标注的数字常倒写。双面水准尺是一面为黑色、另一面为红色的分划,每两根为一对。两根的黑面都以尺底为零,而红面的尺底分别为 4.687m 和 4.787m。利用双面尺可对读数进行检核。

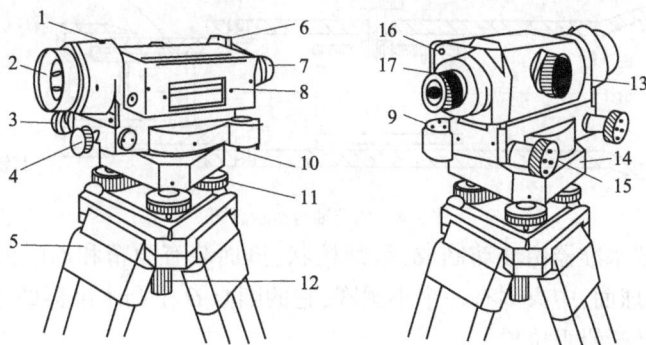

图 2-2 典型水准仪构造图

1-准星;2-物镜;3-微动螺旋;4-制动螺旋;5-三脚架;6-照门;7-目镜;8-水准管;9-圆水准器;10-圆水准校正螺旋;11-脚螺旋;12-连接螺旋;13-物镜调焦螺旋;14-基座;15-微倾螺旋;16-水准管气泡观察窗;17-目镜调焦螺旋

尺垫是用于转点上的一种工具,用钢板或铸铁制成。使用时把三个尖脚踩入土中,把水准尺立在突出的圆顶上。尺垫可使转点稳固,防止下沉。

三、水准测量仪器的使用

以 DSZ$_3$ 型自动安平水准仪为例,介绍水准测量仪器的使用。

1. 水准仪的组成部分

自动安平水准仪不是利用水准管的水准轴,而是借助于一种特殊的装置来实现视线自动水平。

图 2-3 是我国生产的 DSZ$_3$ 型自动安平水准仪。常规水准测量中,先要使用圆水准器使水准仪粗平,读数之前还要用微倾螺旋使仪器精平,特别是精平在观测中花费不少时间。由于观测时间的延长,受温度变化、风力影响、仪器下沉等的影响会增加测量误差,而使用自动安平水准仪进行水准测量,只需要用圆水准器进行粗平水准仪,便可以在望远镜中读数,这不仅操作简便,而且提高了测量工作的效率。

自动安平水准仪由其座、照准部和水准器组成。

(1)基座。基座主要由轴座、三个脚螺旋和连接板组成。仪器上部通过竖轴插入轴座内,由基座承托整个仪器,在基座连接板的中央有一圆螺旋孔,用连接螺旋使水准仪和三脚架相连接,如图 2-3 所示。

(2)照准部。照准部由望远镜、水准器和控制螺旋等组成,能绕水准仪的竖轴在水平面

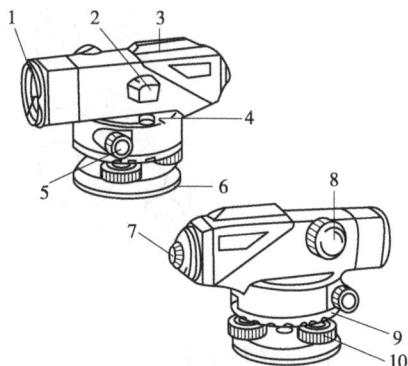

图 2-3 DSZ$_3$ 型自动安平水准仪

1-物镜;2-圆水准器观察窗;3-粗瞄器;4-圆水准器;5-水平微动螺旋;6-支座;7-目镜;8-物镜调焦螺旋;9-度盘指示牌;10-脚螺旋

19

内作全圆转动。望远镜的作用是照准和提供一条水平线(视准轴),并在水准尺上读数。望远镜视准轴构造如图2-4所示。

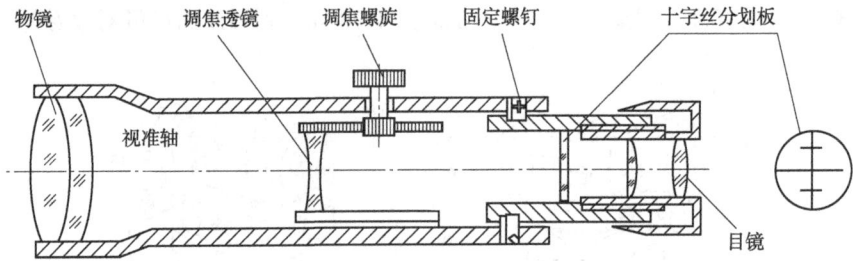

图2-4 视准轴构造示意图

(3)水准器。圆水准器由玻璃制成,呈圆柱状,里面装有酒精和乙醚的混合液。其上部的内表面为一个圆球面,中央刻有一个小圆圈,它的圆心 O 是圆水准器的零点。当气泡居中时,圆水准器轴即处于铅垂位置。

2.水准仪的使用

(1)架设仪器

使用水准仪时,首先打开三脚架,调节好三脚架的高度,使架头大致水平,稳妥牢固地架设在地面上。然后用中心连接螺旋将水准仪固定在三脚架上。

(2)粗略整平

由于螺旋活动范围有限,所以利用微倾螺旋精确整平望远镜视准轴时,应先用圆水准器粗略整平。将水准仪架在三脚架上之后,大致使其处于水平状态,如图2-5a)所示。虚圆圈表示气泡所处的位置,此时首先用双手按箭头所指的方向转动1和2脚螺旋,使气泡移动到这两个脚螺旋方向的中间,再按图2-5b)中箭头所指的方向,用左手转动脚螺旋3,使圆水准器气泡居中。这一过程称为粗平。值得注意的是,水准气泡移动的方向始终与左手大拇指转动脚螺旋的方向一致。

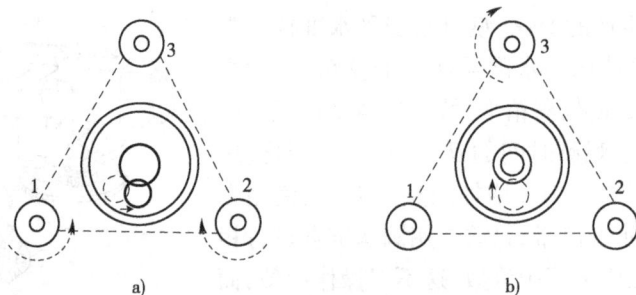

a)   b)

图2-5 圆水准器气泡居中的方法

(3)对光与瞄准

进行目镜对光,根据观测者的视力,将望远镜先对向白色背景,旋转目镜对光螺旋,进行目镜对光,使十字丝清晰。松开制动螺旋,水平旋转望远镜,利用望远镜后部上方的照门,当在望远镜视场内见到水准尺后,拧紧制动螺旋。转动对光螺旋,使尺子的影像十分清晰并消除视差,用微动螺旋转动水准仪,使十字竖丝照准尺面中央。对光是否合乎要求,关键在于是否消除视差。消除视差的方法是重新仔细调节目镜并用望远镜对光螺旋对光,直至眼睛上下或左右移动观测时目标像与十字丝不发生相对移动为止,如图2-6所示。

(4)精平与读数

在读数前,转动微动螺旋,使水准管气泡居中,要使望远镜的观察窗的气泡完全符合,则达到了精平的要求。然后立即根据十字丝横丝在水准尺上的位置进行读数。读数方法:先判断中丝位于水准尺上标注的哪两个数值中间,读小不读大;按照从小到大进行估读,读数顺序为m、dm、cm,并估读至mm。图2-6中的读数为1.538mm。读完后视读数后,仪器立即转向前视方向,仍要使气泡符合要求后,再读取前视尺读数。

水准仪的使用及操作步骤见二维码3、4。

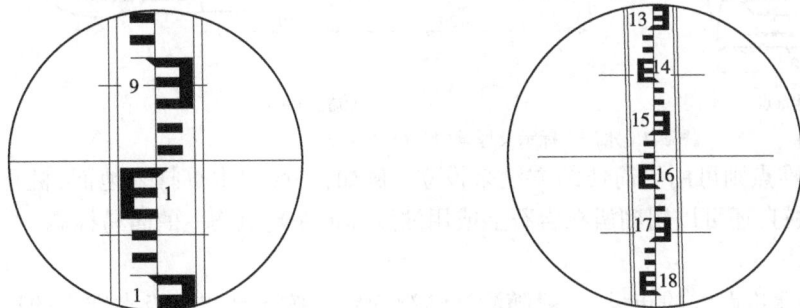

3-水准仪的使用

4-水准仪的操作步骤

图2-6 瞄准示意图和读数

任务二 等外水准测量

学习目标:

(1)能够合理选择水准点、转点和测量路线。

(2)能够准确进行读数、记录、计算、检核和完成外业测量手簿。

(3)掌握闭合差的调整方法和高程的推算方法。

任务描述:

本节包括水准测量工作的"外业"和"内业",要求学生重点掌握附合水准路线和闭合水准路线的闭合差检验和平差计算。

相关知识:

一、水准点和等外水准路线的布设

1.水准点布设

高程测量是按照"从整体到局部"的原则来进行,即先在测区内设立一些高程控制点,并精确测出它们的高程,然后根据这些高程控制点测量附近其他点的高程,这些高程控制点被称为水准点,工程上常用BM来标记。水准点有永久水准点和临时水准点两类。

(1)永久水准点,一般用混凝土标石制成,顶部嵌有金属或瓷质的标志。标石应埋在地

21

下,埋设地点应选在地质稳定、便于使用和便于保存的地方。在城镇居民区,也可采用把金属标志嵌在墙上的"墙脚水准点",如图2-7所示。

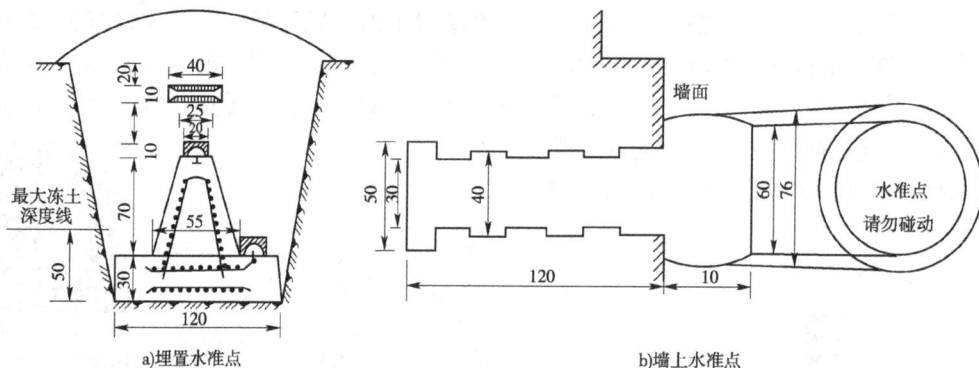

a)埋置水准点　　　　　　　　　　　　　　b)墙上水准点

图2-7　水准点标示及埋设(尺寸单位:cm)

(2)临时性的水准点则可用更简便的方法来设立,例如,一般用木桩打入地面,桩顶钉入顶部为半球形的铁钉,还可以用刻凿在岩石上或用油漆标记在建筑物上的简易标志。

2.水准路线

等外水准测量中水准路线的布设,一般随测区情况而定。按与已知高级水准点的连接方式不同,等外水准路线可布设成下列几种形式(图2-8)。

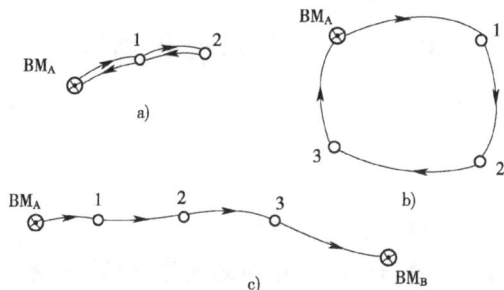

图2-8　水准路线的形式

(1)闭合水准路线

从一个已知高级水准点出发,沿各水准点进行等外水准测量,最后仍回到原来已知高级水准点,组成闭合环形路线,如图2-8b)所示。

(2)附合水准路线

从一个已知高级水准点出发,沿各水准点进行等外水准测量,最后附合到另一已知高级水准点所构成的单一路线,如图2-8c)所示。

(3)支水准路线

从一个已知高级水准点出发,沿各水准点进行等外水准测量,最后既不闭合到原来的水准点,也不附合到另一已知高级水准点,如图2-8a)所示。

二、等外水准测量的方法

水准测量施测方法如图2-9所示,图中A为已知高程的点,B为待求高程的点。首先在已知高程的起始点A上竖立水准尺,在测量前进方向离起点不超过200m处设立第一个转点Z_1,必要时可放置尺垫,并竖立水准尺。在离这两点等距离处(1处)安置水准仪。仪器粗略整平后,先照准起始点 A 上的水准尺,用微倾螺旋使气泡符合后,读取 A 点的后视读数。然后照准转点 Z_1 上的水准尺,气泡符合后读取 Z_1 点的前视读数。把读数记入手簿,并计算出这两点间的高差。此后在转点 Z_1 处的水准尺不动,仅把尺面转向前进方向。在 A 点的水准尺和1点的水准仪则向前转移,水准尺安置在与第一站有同样间距的转点 Z_2,而水准仪则安置在离 Z_1、Z_2 两转点等距离处的测站2。按与第1站同样的步骤和方法读取后视读数和前视读数,并计算高差。如此继续进行,直到求得高程点 B。

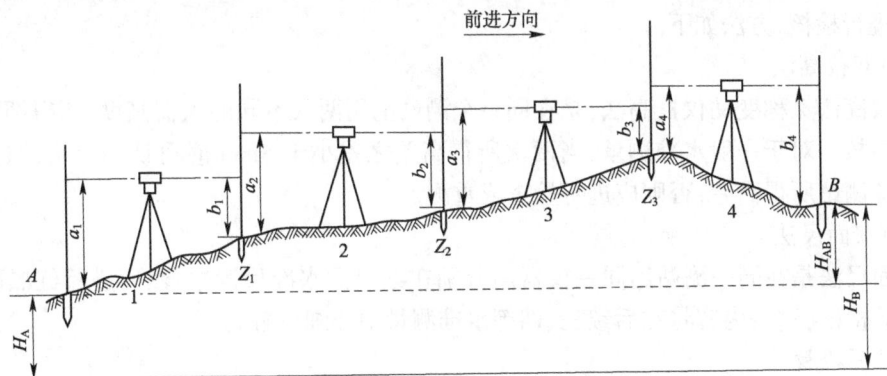

图 2-9　水准测量施测方法

观测所得每一读数应立即记入手簿,水准测量记录手簿格式见表 2-1。填写时应注意把各个读数正确填写在相应的行和栏内。

水准测量记录表　　　　　　　　　　　　　　　　　　表 2-1

点　　号	后视读数(m)	前视读数(m)	高差(m)	高程(m)	备　　注
BM_A	1.635		0.819	86.213	已知 A 点高程
1	1.823	0.816	0.897	87.032	
2	2.126	0.926	0.781	87.929	
3	1.786	1.345	1.001	88.710	
4	1.687	0.785		89.711	
5	1.658	0.891	0.796	90.507	
BM_B		0.779		91.286	求 B 点高程
校核计算	$\sum\limits_{i=1}^{n} a_i - \sum\limits_{i=1}^{n} b_i = 10.715 - 5.642 = 5.073 (\text{m})$ $\sum\limits_{i=1}^{n} h_i = 5.073 (\text{m})$ $H_B - H_A = 91.286 - 86.213 = 5.073 (\text{m})$				

三、水准测量的数据检核

为了保证水准测量成果的正确可靠,对水准测量的成果必须进行检核。检核方法有测站检核和计算检核两种。

1. 测站检核

为防止在一个测站上发生错误而导致整个水准路线结果的错误,可在每个测站上对观测结果进行检核,方法如下。

(1)双仪高法

双仪高法又称变动仪器高法,是在同一个测站上用两次不同的仪器高度,测得两次高差并进行检核。对于一般水准测量,当两次所得高差之差小于 5mm 时可认为合格,取其平均值作为该测站所得高差,否则应进行检查或重测。

(2)双面尺法

双面尺法是在同一测站用同一仪器高分别在红黑面水准尺读数,然后进行红黑面读数和高差的检核(这一内容将在后续三、四等水准测量中详细讲解)。

2. 计算检核

为校核高差计算有无错误,从表 2-1 中可以看出,所有的后视读数减去所有的前视读数应该等于高差的代数和。如果不相等,则要检查记录和计算;如果记录和计算没有问题,则认为是在测量过程中发生错误,比如读数错误、塔尺接头错误等,此时应该考虑重测。

四、水准测量的计算

1. 高差闭合差

在水准测量中,由于误差的存在,使得水准测量的实测高差与已知数值不相符,其值就称为高差闭合差,用 f_h 表示。高差闭合差的计算随水准路线的不同而不同。

(1)闭合水准路线

闭合水准路线的高差的总和在理论上应该为零,即 $\sum h = 0$。由于误差的存在,实测高差总和 $\sum h_测$ 不等于 0,其闭合差为:

$$f_h = \sum h_测 \tag{2-3}$$

(2)附合水准路线

附合水准路线的起始、终止两个水准点的高程为 $H_始$ 和 $H_终$,则起、终点高差作为理论值:

$$\sum h_理 = H_终 - H_始 \tag{2-4}$$

附合水准路线的实测高差与理论值的差值,即附合水准路线的高差闭合差为:

$$f_h = \sum h_测 - \sum h_理 = \sum h_测 - (H_终 - H_始) \tag{2-5}$$

(3)支水准路线

支水准路线一般均需要往、返观测。由于往、返观测的方向相反,所以测得的高差在理论上绝对值相等、符号相反,即往、返测高差的理论值代数和为零。由于误差的存在,使得往、返测高差的代数和不为零,其闭合差为:

$$f_h = \sum h_往 + \sum h_返 \tag{2-6}$$

当闭合差在容许误差的范围内时,就认为精度合格,成果可用。若超过容许误差,则应查明原因、重测,直至符合要求为止。对于水准测量而言,容许误差是在研究误差的规律和总结实践经验的基础上提出来的。等外水准测量对于容许高差闭合差的规定为:

$$f_{h容} = \pm 40\sqrt{L} \qquad (\text{适用于平原地区}) \qquad (2\text{-}7)$$

或

$$f_{h容} = \pm 12\sqrt{n} \qquad (\text{适用于山区}) \qquad (2\text{-}8)$$

式中:$f_{h容}$——容许高差闭合差(mm);

L——水准路线的长度(km);

n——测站数。

2.高差闭合差的调整

当 $f_h < |f_{h容}|$ 时,说明水准测量的成果合格,可以进行高差闭合差的分配。对于闭合、附合水准测量而言,高差闭合差的分配按照与水准路线长度 L 或测站数 n 成正比,将高差闭合差反号分配至各个高差上,使得改正后的高差总和等于理论值,最后按照改正后的高差来计算各水准点的高程。对于支水准路线而言,取往、返测高差的平均值作为理论值。高差符号以往测为准,最后计算各水准点的高程。

表 2-2 为一附合水准路线的闭合差检核和分配以及高程计算的实例。附合水准路线上共设置了 5 个水准点,各水准点间的距离和实测高差均列于表中。起点和终点的高程为已知,实际高程闭合差小于容许高程闭合差。表中高差的改正数按式计算,改正数总和必须等于实际闭合差,但符号相反。实测高差加上高差改正数得各测段改正后的高差。由起点 1 的高程累计加上各测段改正后的高差,就得出相应各点的高程。最后计算出终点 2 的高程应与该点的已知高程完全符合。

水准测量成果计算表 表 2-2

测段编号	点名	距离 L (km)	测站数 n	实测高差 (m)	改正数 (m)	改正后高差 (m)	高程 (m)	备注
1	BM_1	1.8		+3.621	+0.007	+3.628	100.00	已知
2	A	2.4		+2.432	+0.009	+2.441	103.628	
3	B						106.069	
4	C	1.5		+1.301	+0.006	+1.307	107.376	
	BM_2	2.1		−2.143	+0.008	−2.135	105.241	已知
Σ		7.8		+5.211	+0.030	+5.241		
辅助计算	$f_h = -30\text{mm}$ $\quad \sum L = 7.8\text{km} \quad \dfrac{-f_h}{\sum L} = +3.85\text{mm/km}$ $|f_{h容}| = \pm 40\sqrt{L} = \pm 112\text{mm}$							

任务三　三、四等水准测量

学习目标：

（1）了解三、四等水准测量的施测方法。

（2）掌握三、四等水准测量数据处理过程。

任务描述：

本任务围绕三、四等水准测量进行详细的讲解，要求学生熟练掌握三、四等水准测量的方法和数据处理过程。

相关知识：

一、三、四等水准测量简介

三、四等水准网作为测区的首级控制网，一般应布设成闭合环线，然后用附合水准路线和结点网进行加密。只有在山区等特殊情况下，才允许布设支线水准。

三、四等水准测量常用的观测方法是双面尺法。当采用双面尺法时，必须使用双面水准尺，双面水准尺尺长为3m，两根尺为一对，尺的双面均有刻划，一面为黑白相间，称为黑面尺，另一面为红白相间，称为红面尺，两面的刻划均为1cm，在分米处注有数字，两根尺的黑面尺尺底均从零开始，而红面尺尺底，一根从4.687m开始，另一根从4.787m开始，在视线高度不变的情况下，同一根水准尺的红面和黑面读数之差应等于常数4.687m或4.787m，这个常数称为尺常数，用K来表示，以此可以检核读数是否正确。

三、四等水准路线的布设，在加密国家控制点时，多布设为附和水准路线，在独立测区作为首级高程控制时，应布设成闭合水准路线，三、四等水准测量的主要技术要求见表2-3和表2-4。

水准测量主要技术要求

表2-3

等级	水准仪型号	视线长度（m）	前后视距差（m）	前后视距累计差（m）	视线离地面最低高度（m）	基本分划、辅助分划（黑红面）读数差（mm）	基本分划、辅助分划（黑红面）所测高差之差（mm）
三	DS_1	100	3	6	0.3	1.0	1.5
	DS_3	75				2.0	3.0
四	DS_3	100	5	10	0.2	3.0	5.0
五	DS_3	100	大致相等	—	—	—	—
图根	DS_{10}	≤100	—	—	—	—	—

水准路线测量主要技术要求 表2-4

等 级	水准仪型号	水准尺	路线长度（km）	观测次数		每千米高差中误差（mm）	往返较差、附合或环线闭合差	
				与已知点连测	附合或环线		平地（mm）	山地（mm）
三	DS_1	铟瓦尺	≤50	往返各一次	往一次	6	$12\sqrt{L}$	$4\sqrt{n}$
	DS_3	双面			往返各一次			
四	DS_3	双面	≤16	往返各一次	往一次	10	$20\sqrt{L}$	$6\sqrt{n}$
五	DS_3	单面	—	往返各一次	往一次	15	$30\sqrt{L}$	—
图根	DS_{10}	单面	≤5	往返各一次	往一次	20	$40\sqrt{L}$	$12\sqrt{n}$

二、三、四等水准测量的方法

1．测站观测程序

照准后视水准尺黑面，按上、下、中丝读数；

照准前视水准尺黑面，按上、下、中丝读数；

照准前视水准尺红面，按中丝读数；

照准后视水准尺红面，按中丝读数；

将上述的观测顺序简称为"后前前后"（黑黑红红）。

四等水准测量每站的观测顺序也可以为"后后前前"（黑红黑红）。四等水准测量见二维码5。

三、四等水准测量的记录及计算的示例见表2-5（表中序号仅代表观测与记录顺序，是在正常的三、四水准测量观测程序基础上的记录、计算序号）。

5-四等水准测量

三、四等水准测量的记录及计算示例（单位：mm） 表2-5

测站编号	后尺 上丝 下丝	前尺 上丝 下丝	方向	水准尺读数		K＋黑－红	高差中数	备 注
	后视距	前视距		黑面	红面			
	视距差 d	Σd						
	(1)	(5)	后	(3)	(14)	(15)		
	(2)	(6)	前	(7)	(12)	(13)	(18)	
	(4)	(8)	后－前	(9)	(16)	(17)		
	(10)	(11)						
1	1574	739	后	1384	6171	0		
	1197	363	前	0551	5239	－1	＋832	
	374	376	后－前	＋833	＋932	＋1		
	－0.2	－0.2						
2	2121	2196	后	1934	6621	0		
	1747	1821	前	2008	6796	－1	－74	
	374	375	后－前	－74	－175	＋1		
	－100	－300						

测站编号	后尺	上丝	前尺	上丝	方向	水准尺读数		K + 黑 − 红	高差中数	备 注
		下丝		下丝						
	后视距		前视距			黑面	红面			
	视距差 d		Σd							
3	1914		2055		后	1726	6513	0	−140	
	1539		1678		前	1866	6554	−1		
	375		377		后−前	−140	−41	+1		
	−200		−500							
4	1965		2141		后	1832	6519	0	−174	
	1700		1874		前	2007	6793	+1		
	265		267		后−前	−175	−274	−1		
	−200		−700							
5	1540		2813		后	1304	6091	0	−1.281	
	1069		2357		前	2585	7272	0		
	471		456		后−前	−281	−181	0		
	+500		+800							
检核										

进行四等水准测量时,若使用单面水准尺,可采用变换仪器高法进行观测。观测顺序为:后—前—变换仪器高—前—后,变换仪器高前按三丝读数,变换仪器高后按中丝读数。

2.计算与检核

1)视距计算

后视距离(4) = 100[(1) − (2)];

前视距离(8) = 100[(5) − (6)];

前后视距差值(10) = (4) − (8),此值应符合表2-3的规定。

视距累积差(11) = 前站的(11) + 本站的(10),此值应符合表2-3的规定。

2)高差计算

前视黑、红读数差:(13) = K + (7) − (12);

后视黑、红读数差:(15) = K + (3) − (14);

(13)、(15)的计算值应满足表2-3的要求;否则,应重新观测。

黑面高差:(9) = (3) − (7);

红面高差:(16) = (14) − (12);

用红面高差之差:(17) = (9) − (16) + 0.100;

计算校核:(17) = (15) − (13)。

(17)需满足表2-3的规定;否则,应重新测量。

平均高差：(18) = 1/2[(9) + (16) + 0.100]。

3) 计算校核

高差部分按页分别计算后视照，红面读数总和与前视读数总和之差，应该等于黑红面高差之和。

对于测站数为偶数：

$$\Sigma[(3) + (14)] - \Sigma[(2) + (7)] = \Sigma[(9) + (16)] = 2\Sigma(18)$$

对于测站数为奇数：

$$\Sigma[(3) + (14)] - \Sigma[(2) + (7)] = \Sigma[(9) + (16)] = 2\Sigma(18) \pm 0.100$$

4) 视距部分

后视距总和与前视距总和之差应等于末站视距累计差。校核无误后，可计算水准路线的总长度 $L = \Sigma(9) + \Sigma(10)$。

3. 成果整理

在完成一测段单程测量后，必须立即计算其高差总和，完成一测段往返观测后，应立即计算高差闭合差，进行成果校核，其高差闭合差应符合表 2-4 的要求，然后按平差计算对闭合差进行分配，最后按调整后的高差计算各水准点的高程。

思考题

1. 水准测量的基本原理是什么？

2. 准路线有哪几种形式？

3. 叙述水准仪在一个测站的操作方法。

4. 闭合、附合和支水准路线的高差闭合差如何计算？

5. 水准测量中为什么要求前、后视距离等长？

6. 简述三、四等水准测量的观测程序。

7. 已知水准点 BM_A 的高程为 33.012m，1、2、3 点为待定高程点，水准测量观测的各段高差及路线长度标注在图中，试计算各点高程。要求在下列表格中计算。

点 号	距离(km)	高差(m)	改正数(mm)	改正后高差(m)	高 程(m)
A					33.012
	0.4	−1.424			
1					
	0.3	+2.376			
2					
	0.5	+2.385			
3					
	0.3	−3.366			
A					
Σ					
辅助计算	$f_{h容} = \pm 40\sqrt{L}$ (mm) =				

项目三　角度测量

任务一　经纬仪的认识和使用

学习目标：

(1)掌握角度测量原理。

(2)掌握经纬仪各组成部件及其作用。

(3)能够按正确的操作步骤使用经纬仪。

任务描述：

　　本任务重点讲解水平角的概念、测量原理、仪器操作方法等环节。要求学生了解 DJ_2 经纬仪的构造和使用特点，熟悉经纬仪各操作手轮、整平装置及其操作方法，掌握经纬仪的操作步骤和操作方法。

相关知识：

一、角度测量原理

　　为确定一点的空间位置，角度是需要测量的基本要素之一，所以角度测量是一种基本的测量工作。角度可分为水平角和竖直角。水平角是指从空间一点出发的两个方向在水平面上的投影所夹的角度；竖直角是指某一方向与其在同一铅垂面内的水平线所夹的角度。

　　水平角是指从空间一点出发的两个方向在水平面上的投影所夹的角度，通常用 β 表示。设有从 O 点出发的 OA、OB 两条方向线，分别过 OA、OB 的两个铅垂面与水平面 H 的交线 OA 和 OB 所夹的 $\angle AOB$，即为 OA、OB 间的水平角 β。一般在确定点的平面位置时测量，如图 3-1a)所示：设有地面直线 BA 和 BC 相交于点 B，构成空间角度 $\angle ABC$，则两方向 BA 和 BC 构成的水平角为 $\angle A_1B_1C_1$，也就是过直线 BA 的竖直面和过直线 BC 的竖直面所夹的二面角的平面角 β，水平角的取值为 $0° \sim 360°$。

　　竖直角是在同一个竖直面内视线与水平线的夹角，通常在换算垂距(高差)或平距时测量。由于竖直角是由倾斜方向与在同一铅垂面内的水平线构成，而倾斜方向可能向上，也可能向下,所以竖直角要冠以符号。如图 3-1b)所示,向上倾斜规定为正角,用"＋"号表示,向下倾斜规定为负角,用"－"号表示。

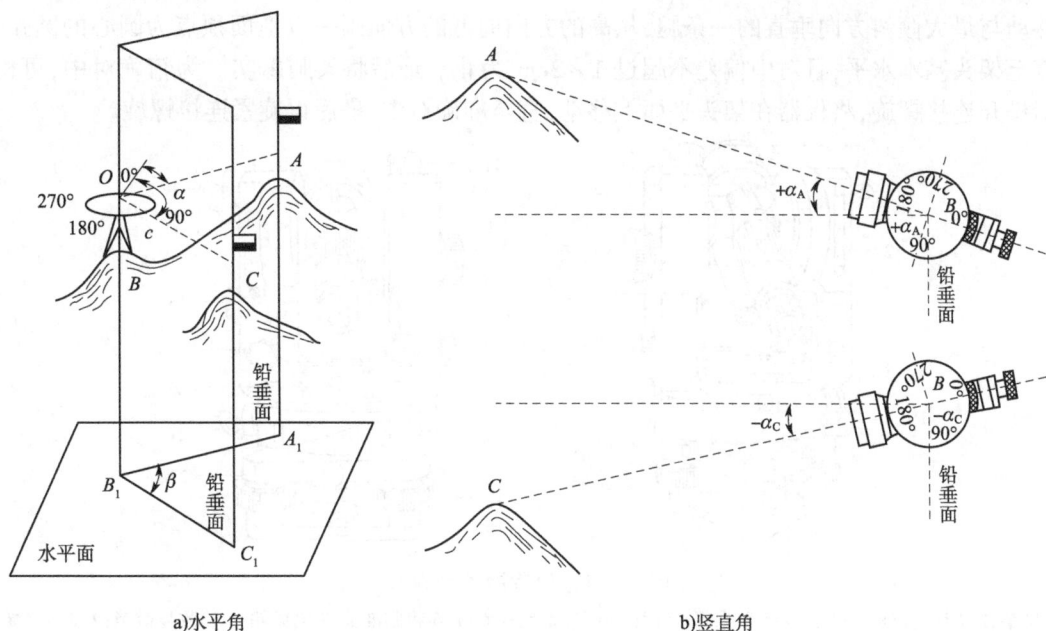

a)水平角　　　　　　　　　　　　　　　　b)竖直角

图 3-1　测角的原理

经纬仪就是依照水平角和竖直角的测量原理生产出来的专门进行角度测量的仪器,经纬仪的种类较多,目前使用的有光学经纬仪和电子经纬仪。

角度测量原理相关资源见二维码 6。

6-角度测量原理

二、光学经纬仪的认识

经纬仪是测量角度的仪器,它虽兼有其他功能,但主要是用来测角。根据测角精度的不同,我国的经纬仪系列分为 DJ_1、DJ_2、DJ_6 等等级。D 和 J 分别是大地测量和经纬仪两词汉语拼音的首字母,角码注字是它的精度指标。经纬仪中目前最常用的是 DJ_6 和 DJ_2 级光学经纬仪。图 3-2 是 DJ_2 级光学经纬仪的外貌。

三、光学经纬仪的使用

在测量角度以前,首先要把经纬仪安置在设置有地面标志的测站上。测站即是所测角度的顶点。安置工作包括对中、整平两项。

(1)对中

在安置仪器前,首先将三脚架打开,抽出架腿,并旋紧架腿的固定螺旋。然后将三个架腿安置在以测站为中心的等边三角形的角顶上。这时架头平面应基本水平,且中心与地面点约在同一铅垂线上。

从仪器箱中取出仪器,用附于三脚架头上的连接螺旋,将仪器与三脚架固连在一起,然后即可精确对中。根据仪器的结构,可用锤球对中,也可用光学对中器对中。用锤球对中时,先将锤球挂在三脚架的连接螺旋上,并调整锤球线的长度,使锤球尖刚刚离开地面,再看锤球尖是否与角顶点在同一铅垂线上。如果偏离,则将角顶点与锤球尖连一方向线,将最靠近连线的一条腿,沿连线方向前后移动,直到锤球与角顶对准。这时如果架头平面倾斜,则移动与最大倾斜方向垂直的一条腿,从高的方向向低的方向画一以地面顶点为圆心的圆弧,直至架头基本水平,且对中偏差不超过 1～2cm 为止。最后将架腿踩实。为精确对中,可稍稍松开连接螺旋,将仪器在架头平面上移动,直至准确对中,最后再旋紧连接螺旋。

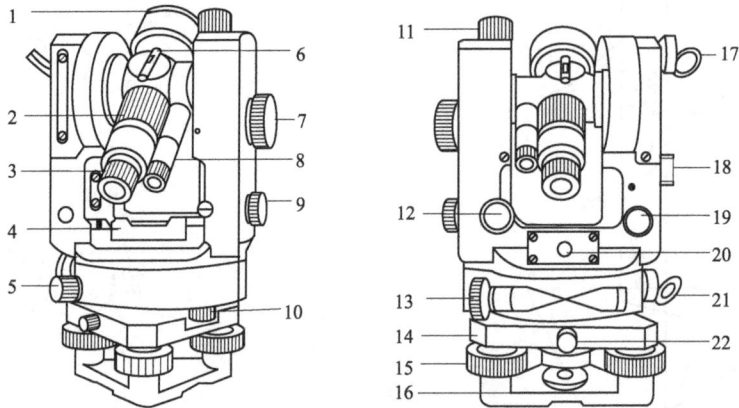

图 3-2　DJ₂ 级光学经纬仪构造

1-物镜;2-望远镜调焦筒;3-目镜;4-照准部水准管;5-照准部制动螺旋;6-粗瞄准器;7-测微轮;8-读数显微镜;9-度盘换像旋钮;10-水平度盘变换手轮;11-望远镜制动螺旋;12-望远镜微动螺旋;13-照准部微动螺旋;14-基座;15-脚螺旋;16-基座底板;17-竖盘照明反光镜;18-竖盘指标水准器观察镜;19-竖盘指标水准器微动螺旋;20-光学对中器;21-水平度盘照明反光镜;22-轴座固定螺旋

　　如果使用光学对中器对中,可以先用垂球粗略对中,然后取下垂球,再用光学对中器对中。但在使用光学对中器时,仪器应先利用脚螺旋使圆水准器气泡居中,再看光学对中器是否对中。如有偏离,仍在仪器架头上平行移动仪器,在保证圆水准气泡居中的条件下,使其与地面点对准。如果不用垂球粗略对中,则观察光学对中器的同时,移动脚架,使光学对中器与地面点对准。这时仪器架头可能倾斜很大,则根据圆水准气泡偏移方向,伸缩相关架腿,使气泡居中。伸缩架腿时,应先稍微旋松伸缩螺旋,待气泡居中后,立即旋紧。因为光学对中器的精度较高,且不受风力影响,应尽量采用。待仪器精确整平后,仍要检查对中情况。因为只有在仪器整平的条件下,光学对中器的视线才居于铅垂位置,对中才是正确的。

　　(2)整平

　　经纬仪整平的目的是使竖轴居于铅垂位置。整平时要先用脚螺旋使圆水准气泡居中,以粗略整平,再用管水准器精确整平。由于位于照准部上的管水准器只有一个,可以先使它与一对脚螺旋连线的方向平行,然后双手以相同速度、相反方向旋转这两个脚螺旋,使管水准器的气泡居中。再将照准部平转90°,用另外一个脚螺旋使气泡居中。这样反复进行,直至管水准器在任一方向上气泡都居中为止。在整平后还需检查光学对中器是否偏移。如果偏移,则重复上述操作方法,直至水准气泡居中、对中器对中为止。

　　(3)照准与读数

　　照准的目的是使要照准的目标点的影像与十字丝的交点重合。照准时先调节望远镜目镜对光螺旋,使十字丝清晰;然后,利用望远镜上的瞄准器粗略照准目标点,拧紧望远镜制动螺旋和水平制动螺旋,进行物镜对光,使目标点影像清晰,并消除视差;最后,转动水平微动螺旋和望远镜微动螺旋,精确瞄准目标。测量水平角时,应尽量照准目标的底部。

读数的目的是读出指标线所指的度盘读数。光学经纬仪读数时,需先将采光镜张开成适当的角度,调节镜面朝向光源,照亮读数窗,调节读数显微镜对光螺旋,使读数窗影像清晰,读取度盘读数,而电子经纬仪/全站仪则可以直接在屏幕上读数即可。

在读数窗内一次只能看到一个度盘的影像。读数时,可通过转动换像手轮,转换所需要的度盘影像,以免读错度盘,当手轮面上,刻线处于水平位置时,显示水平度盘影像,当刻线处于竖直位置时,显示竖直度盘影像。采用数字式读数装置使读数简化,如图3-3所示,上窗数字为度数,读数窗上突出小方框中所注数字为整10′,中间的小窗为分划线符合窗,下方的小窗为测微器读数窗,读数时瞄准目标后,转动测微轮使度盘对径分划线重合,度数由上窗读取,整10′数由小方框中数字读取,小于10′的由下方小窗中读取,如图3-3所示,读数为122°24′54.8″。

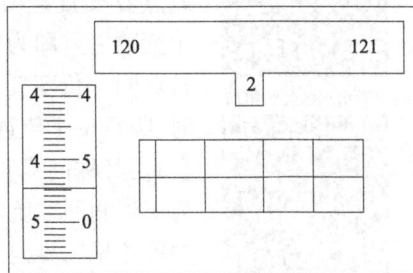

图3-3 DJ$_2$数字读数

一般采用对径重合读数法即转动测微轮,使上下分划线精确重合后读数。如图3-4所示,读数为30°23′03.8″。

光学经纬仪的相关资源见二维码7。

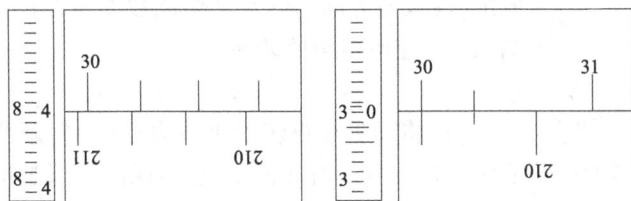

图3-4 读数方法

7-光学经纬仪的安置及测量

任务二 水平角和竖直角的测量方法

学习目标:

(1)熟练进行"测回法"水平角观测。

(2)能够准确进行读数、记录、计算、检核和完成水平角测量手簿。

(3)能够较熟练地进行竖直角观测和计算。

任务描述:

本任务主要讲述水平角和竖直角的相关概念、测量原理、施测方法及步骤、数据的记录计算和较差检核等内容。

相关知识：

一、水平角的测量方法

水平角的观测方法有多种,工程上最常用的是测回法和方向观测法。本书介绍测回法测水平角。

测回法适用于在一个测站有两个观测方向的水平角观测,如图 3-5 所示,设要观测的水平角为 $\angle AOB$,先在目标点 A、B 设置观测标志,在测站点 O 安置经纬仪,然后分别瞄准 A、B 两目标点进行读数,水平度盘两个读数之差即为要测的水平角。为了消除水平角观测中的某些误差,通常对同一角度要进行盘左盘右两个盘位观测(观测者对着望远镜目镜时,竖盘位于望远镜左侧,称盘左又称正镜,当竖盘位于望远镜右侧时,称盘右,又称倒镜)。对盘左位置观测,称为上半测回;对盘右位置观测,称为下半测回。上下两个半测回合称为一个测回。具体观测步骤如下,相关资源见二维码 8、9。

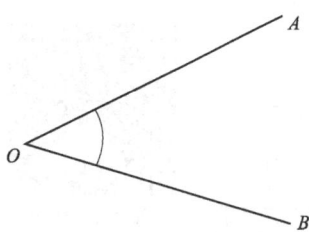

8-测回法测水平角(1)

9-测回法测水平角(2)

(1)利用望远镜上的粗瞄器,以盘左粗略照准左方棱镜 A,关紧照准部及望远镜的制动螺旋,再用微动螺旋精确照准棱镜,将 A 点角度 α 左置零并记录到表格。

(2)松开照准部及望远镜的制动螺旋,顺时针方向转动照准部,粗略照准右方目标 B,再关紧制动螺旋,用微动螺旋精确照准,读取该方向上的水平角读数 b 左并记录。以上称为上半测回。盘左所得角值即为:

$$\beta_左 = b_左 - \alpha_左 \tag{3-1}$$

(3)将望远镜纵转 $180°$ 改为盘右,重新照准右方目标 B,读取水平角读数 b 右并记录,然后顺时针或逆时针方向转动照准部,照准左方目标 A,读取水平角读数 α 右并记录,此称为下半测回。盘右所得角值即为:

$$\beta_右 = b_右 - \alpha_右 \tag{3-2}$$

(4)将测得数据填入下列记录表格,见表 3-1。

图 3-5　测回法测水平角

水平角观测记录（测回法）　　　　　　　　　　　表 3-1

测站	盘位	目标	水平度盘读数	水平角 半测回角值	水平角 测回值
O	左	A	$128°06'36''$	$89°52'12''$	$89°52'06''$
		B	$217°58'48''$		
	右	B	$37°58'42''$	$89°52'00''$	
		A	$308°06'42''$		

两个方向相交可形成两个角度,计算角值时始终应以右边方向的读数减去左边方向的读数,如果右方向读数小于左方向读数,则应先加 $360°$ 后再减。

二、竖直角的测量方法

由竖直角的定义已知,竖直角是指某一方向与其在同一铅垂面内的水平线所夹的角度。

由于水平视线的读数是固定的,所以只要读出倾斜视线的竖直角读数,即可求算出竖直角值。但为了消除仪器误差的影响,同样需要用盘左、盘右观测。其具体观测步骤为:

(1)在测站上安置仪器,对中,整平。

(2)以盘左照准目标,然后读取竖盘读数 L 并记录,这称为上半测回。

(3)将望远镜倒转,以盘右用同样方法照准同一目标,读取竖盘读数 R 并记录,这称为下半测回。

(4)竖直角计算:

架设仪器,使仪器处于盘左状态,然后慢慢抬高望远镜的物镜,若竖盘读数逐渐增大,说明竖盘是逆时针注记。反之,是顺时针注记。

逆时针注记时的计算式:

$$盘左\ \alpha_L = L - 90° \tag{3-3}$$
$$盘右\ \alpha_R = 270° - R \tag{3-4}$$

竖盘顺时针注记计算式:

$$盘左\ \alpha_L = 90° - L \tag{3-5}$$
$$盘右\ \alpha_R = R - 270° \tag{3-6}$$

(5)将测量数据填入记录表格中,见表3-2。

竖直角观测记录　　　　　　　　　　　　　　　　表3-2

测站	目标	盘左读数 (° ′ ″)	盘右读数 (° ′ ″)	指标差 (″)	一测回竖直角值 (° ′ ″)	各测回平均竖直角 (° ′ ″)
O	A	85 39 30	274 20 42	+6	4 20 36	4 20 40
	A	85 39 24	274 20 54	+9	4 20 45	
	B	97 06 20	265 54 00	+10	−7 06 10	−7 06 00
	B	97 06 00	262 54 20	+10	−7 05 50	

(6)检核及成果计算。

上述竖直角计算式是依据竖盘的构造和注记特点,即视线水平,竖盘自动归零时,竖盘指标应指在正确的读数90°或270°上,但因仪器在使用过程中受到震动或者制造上不严密,使指标位置偏移,导致视线水平时的读数与正确读数有一差值,此差值称为竖盘指标差,用 x 表示。由于指标差存在,盘左读数和盘右读数都差了一个 x 值。正确的竖直角应对竖盘读数进行指标差改正。在竖直角测量中,常常用指标差来检验观测的质量,即在观测的不同测回中或不同的目标时,指标差的较差应不超过规定的限值,指标差的较差要求不超过 15″,若不超过限差,则取两个半测回的平均值作为竖直角。

盘左竖直角值:

$$\alpha = 90° - (L - x) = \alpha_L + x \tag{3-7}$$

盘右竖直角值:

$$\alpha = (R - x) - 270° = \alpha_R - x \tag{3-8}$$

将式(3-7)与式(3-8)相加,并除以2得:

$$\alpha = \frac{\alpha_L + \alpha_R}{2} - \frac{L - R + 180°}{2} \tag{3-9}$$

盘左、盘右测得竖直角取平均值,可以消除指标差的影响。

将式(3-7)与式(3-8)相减,得指标差计算式:

$$x = \frac{\alpha_{\mathrm{L}} - \alpha_{\mathrm{R}}}{2} = \frac{1}{2}(L + R - 360°) \tag{3-10}$$

用单盘位观测时,应加指标差改正,可以得到正确的竖直角。当指标偏移方向与竖盘注记的方向相同时指标差为正,反之为负。

以上各式是按顺时针方向注字形式推导的,同理可推出逆时针方向注字形式计算式。

由上述可知测量竖直角时,盘左盘右观测取平值可以消除指标差对竖直角的影响,对同一台仪器的指标差,在短时间段内理论上为定值,即使受外界条件变化和观测误差的影响,也不会有大的变化,因此在精度要求不高时,先测定 x 值,以后观测时可以用单盘位观测,加指标差改正得到正确的竖直角。

10-测回法测竖直角

在竖直角测量中,常以指标差检验观测成果的质量,即在观测不同的测回中或不同的目标时,指标差的互差不应超过规定的限制,例如用 DJ_6 级经纬仪作一般工作时指标差互差不超过 25″。

用测回法测竖直角的相关资源见二维码 10。

任务三 三角高程测量

学习目标:

(1)了解三角高程测量的原理。

(2)掌握三角高程测量的实施。

(3)掌握三角高程测量路线的计算。

任务描述:

用水准测量方法测定水准点的高程,其精度较高,但在地形起伏变化较大的山区和丘陵地区,使用该法就十分困难。在这种情况下,通常要采用三角高程测量的方法。本任务讲述了三角高程测量的原理以及三角高程测量的实施,对三角高程测量路线的计算要熟悉和掌握。

相关知识:

一、三角高程测量的原理

三角高程测量的方法是在相邻两点间观测其竖直角,再根据这两点间的水平距离,应用三角学的原理,计算出两点间的高差,进而推算出点的高程。

如图 3-6 所示,设 A、B 为相邻两图根点,欲求出 B 点对于 A 点的高差 h_{AB}。将经纬仪安置于 A 点,量出望远镜旋转轴至标石中心的高度(称为仪器高),用望远镜十字丝横丝切准 B 点上花杆的顶端,量取目标高 v_B,从竖直度盘上测出竖直角 α_{AB}(仰角时取正号,俯角时取负号),若 A、B 间已知水平距离为 S,则 A、B 的高差为:

$$h_{AB} = S \cdot \tan\alpha_{AB} + i_B - v_B \tag{3-11}$$

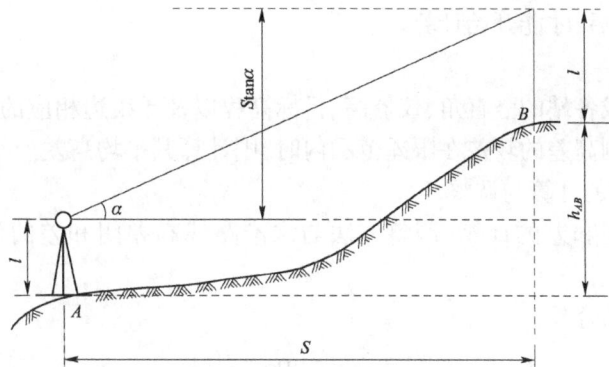

图 3-6 三角高程测量示意图

若观测时,用十字丝横丝切花杆与仪器同高处。则$i_B = v_B$,这时,$h_{AB} = S \cdot \tan\alpha_{AB}$,$\alpha_{AB}$、$i_B$、$v_B$ 的测定往往与水平角观测同时进行。

二、三角高程测量的实施

角高程测量外业观测首先是观测竖直角,其次还要量出仪器高和目标高。为防止测量差错和提高观测精度,凡组成三角高程路线的各边,应进行正、反觇,即对向观测。相关资源见二维码 11。

11-全站仪三角高程测量

1. 正觇

从已知高程点 A 观测未知高程点 B,测定竖直角 A_{ab}、仪器高 i_A 和目标高 v_B,其高差 h_{AB} 计算式为:

$$正:h_{AB} = S \cdot \tan\alpha_{AB} + i_A - v_B + f \tag{3-12}$$

2. 反觇

从未知高程点 B 观测已知高程点 A,测定竖直角 α_{BA}、仪器高 i_B 和目标高 v_A,其高差计算式为:

$$反:h_{BA} = S \cdot \tan\alpha_{BA} + i_B - v_A + f \tag{3-13}$$

反觇求得同一条边的高差不符值一般不得超过表 3-3 的规定。当符合要求后,平均高差可由下式求得:

$$h_{AB} = \frac{1}{2}(h'_{AB} - h_{AB}) \tag{3-14}$$

观测高差较差值 表 3-3

测量等级	测回内同向观测高差较差(mm)	同向测回间高差较差(mm)	对向观测高差较差(mm)	附合或环线闭合差(mm)
四等	$\leq 8\sqrt{D}$	$\leq 10\sqrt{D}$	$\leq 40\sqrt{D}$	$\leq 20\sqrt{D}$
五等	$\leq 8\sqrt{D}$	$\leq 15\sqrt{D}$	$\leq 60\sqrt{D}$	$\leq 30\sqrt{D}$

注:D 为测距长度,以 km 计。

3. 三角高程测量路线的计算

三角高程路线的布设一般与导线共同进行,即三角高程导线。随着全站仪的产生,使得三角高程测量的精度得到了提高,只要控制两点间的距离,完全可以利用三角高程代替水准测量。

三角高程测量路线计算的目的是求出路线各图根点的高程。计算前,首先要检查外业观测手簿,确认无误后,才能开始计算。

(1)高差计算。

将三角高程路线各站的竖直角、仪器高、目标高程以及导线边相应的水平距离填于计算表格中。当对向观测高差的较差在限差范围内时,则计算其平均高差。

(2)高差闭和差的计算与调整。

三角高程路线闭和差的计算、调整方法与水准路线高差闭和差的计算与调整基本相同,即:

附合水准路线闭合差

$$W_h = \sum h - (H_B - H_A) \tag{3-15}$$

闭合角高程路线闭合差

$$W_h = \sum h \tag{3-16}$$

式中:$\sum h$——路线上各站高差总和;

H_A——路线起始点高程;

H_B——路线终端点高程。

当高程闭合差不超过表3-3的限值时,则按照与边长成正比进行调整,其改正值可按下式计算:

$$v_i = -\frac{W_h}{\sum S} S_i \tag{3-17}$$

式中:$\sum S$——路线上各边水平距离之和;

S_i——第 i 条边的水平距离。

思考题

1. 什么叫水平角?什么叫竖直角?
2. 水平角与竖直角的取值范围是如何定义的?有何不同?
3. DJ_2 型光学经纬仪由哪几个部分组成?
4. 试述测回法操作步骤、记录计算。
5. 什么是竖盘指标差?如何消除竖盘指标差?
6. 简述三角高程测量的方法。
7. 测回法测角记录如下表,试计算水平角 β。

测站	盘位	目标	水平度盘读数 (° ′ ″)	水平角		备 注
				半测回值 (° ′ ″)	测回值 (° ′ ″)	
D	左	A	6 23 30			
		B	95 48 00			
	右	A	275 48 06			
		B	186 23 18			

项目四　小区域控制测量

任务一　控制测量简介

学习目标：

(1)了解控制测量的概念、意义。

(2)掌握什么是控制网,有哪些控制网。

任务描述：

控制测量的作用是限制测量误差的传播和积累,保证必要的测量精度,使分区的测图能拼接成整体,整体设计的工程建筑物能分区施工放样。控制测量贯穿在工程建设的各阶段：在工程勘测的测图阶段,需要进行控制测量;在工程施工阶段,要进行施工控制测量;在工程竣工后的营运阶段,为建筑物变形观测而需要进行的专用控制测量。

本任务是控制测量的基本方法部分,主要是了解国家平面控制网和国家高程控制网的布设情况以及导线的三种形式。

相关知识：

控制测量分为平面控制测量和高程控制测量,平面控制测量确定控制点的平面位置(x,y),高程控制测量确定控制点的高程(H)。

一、国家控制网的概念

为了统一全国各地区的测量工作,由国家测绘机构在全国范围内建立了国家控制网。国家控制网分为国家平面控制网和国家高程控制网。

建立国家平面控制网的常规方法是三角测量和导线测量。三角测量是在地面上选择一系列平面控制点,组成许多互相连接的三角形,构成网状的称为三角网,构成锁状的称为三角锁。在这些平面控制点上用精密的仪器进行观测,经过严密计算,求出各点的平面坐标,这种测量工作称为三角测量。用三角测量的方法确定的平面控制点称为三角点。导线测量是在地面上选择一系列控制点,将其依次连成折线,称为导线,构成导线的控制点称为导线点。国家平面控制网按照其精度分为一、二、三、四共4个等级,从一等至四等控制点的密度逐级加大,而精度则逐级降低。

国家高程控制网是用精密水准测量方法建立的,所以又称为国家水准网。国家水准网的布设也是采用从整体到局部,由高级到低级,分级布设逐级控制的原则。国家水准网分为4个等级。一等水准网是沿平缓的交通路线布设成周长约1500km的环形路线。一等水准网是精度最高的高程控制网,它是国家高程控制的骨干,也是地学科研工作的主要依据。二等水准网是布设在一等水准环线内,形成周长为500~750km的环线,它是国家高程控制网的全面基础。三、四等级水准网是直接为地形测图或工程建设提供高程控制点。

二、导线的布设形式

导线测量是最常用的平面控制测量方法之一,其主要用于隐蔽地区。将测区内相邻控制点连成直线而构成的折线图形,称为导线。构成导线的控制点称为导线点。导线测量就是依次测定各导线边的长度和各转折角值,再根据起算数据,推算各边的坐标方位角,从而求出各导线点的坐标。

导线是由若干条直线连成的折线,每条直线叫导线边,相邻两直线之间的水平角叫作转折角。测定了转折角和导线边长之后,即可根据已知坐标方位角和已知坐标算出各导线点的坐标。按照测区的条件和需要,导线可以布置成下列几种形式。

1. 闭合导线

如图4-1所示,从已知高级控制点和已知方向出发,经过导线点1、2、3、4、5后,回到1点,闭合导线成一个闭合多边形,称为闭合导线。闭合导线的优点是图形本身有着严密的几何条件,具有校核成果的作用。闭合导线可以和高级控制点连接,获得起算数据,也可以独立布设。

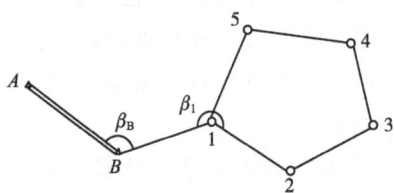

图4-1 闭合导线

2. 附合导线

如图4-2所示,从已知高级控制点B和已知方向AB出发,经过导线点1、2、3,最后附合到另一个高级控制点C和已知方向CD上,构成一折线的导线,称为附合导线。附合导线的优点是可以检核观测成果,它常用于带状地区的控制。

3. 支导线

如图4-3所示,从已知高级控制点B和已知方向AB出发,既不闭合原已知点,也不附合另一已知点的导线称为支导线。由于支导线没有检核,因此支导线的点数不宜超过两个。

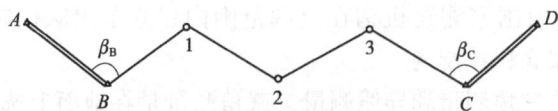

图4-2 附合导线

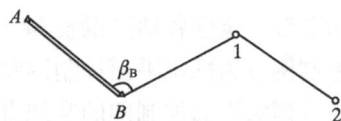

图4-3 支导线

导线测量工作分为外业和内业两部分。外业工作包括选点、埋设标志、测量角度和边长;内业工作是根据已知数据和观测数据,求解导线点的坐标。

导线测量按测距方法的不同分为钢尺量距导线和全站仪导线等,导线测量过去采用钢尺量距,工作繁重,布设受到许多限制。现在全站仪的迅速发展,量距工作得到了很大改善,这为导线测量提供了广阔的应用前景。

任务二 控制测量外业工作

学习目标:

(1)了解导线测量的各项外业工作内容。

(2)掌握建立标志的要点。

任务描述:

导线测量的外业工作包括:踏勘选点及建立标志、量边、测角和联测。本任务主要围绕这四点展开讲述,要求学生掌握外业作业的要点。

相关知识:

导线测量的外业工作包括:踏勘选点及建立标志、量边、测角和联测。

一、踏勘选点及建立标志

导线点的选择直接关系着导线测量外业的难易程度,关系着导线点的数量和分布是否合理,也关系着整个导线测量的精度和速度以及导线点的使用和保护。因此,在选点前,应进行周密的设计和研究。

选点工作一般先从设计开始。各种测量规范对于不同等级的导线控制测量,都对导线的总长,平均边长等作了相应的规定。为满足上述要求,应首先在已有的旧地形图上进行导线的设计。为此,需要在图上画出测区范围,标出已知控制点的位置,然后根据地形条件,在图上拟定导线的路线、形式和点位;之后,带着设计图到测区实地踏勘,同时依据实际情况,对图上设计作必要的修改,直接拟定导线的路线、形式和点位。实地选点时,应注意以下几点:

(1)相邻导线点应间应通视良好,以便于角度测量和距离测量。如采用钢尺量距丈量导线边长,则沿线地势应较平坦,无障碍物遮挡。

(2)点位应选在土质坚实并便于保存之处。

(3)点位上视野应开阔,便于测绘周围的地物和地貌。

(4)导线边长应参照规范规定,最长不超过平均边长的2倍,相邻边长尽量不使其长短相差悬殊。

(5)导线点应有足够的密度,分布较均匀,便于控制整个测区。

导线点选定后,要在每一点位上打一大木桩,其周围浇筑一圈混凝土,如图4-4a)所示,桩顶钉一小钉,作为临时性标志。若导线点需要保存的时间较长,就要埋设混凝土桩或石桩,如图4-4b)所示,桩顶刻"十"字作为永久性标志。导线点应统一编号,为了便于寻找,应量出导线点附近固定而明显的地物点的距离,绘草图,注明尺寸,称为点之记。

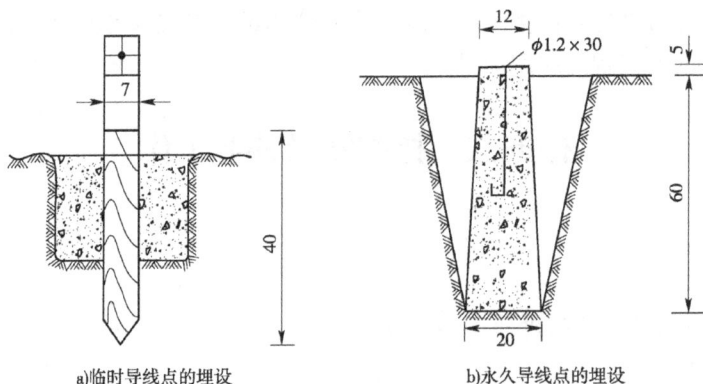

a)临时导线点的埋设   b)永久导线点的埋设

图4-4 导线点的埋设(尺寸单位:cm)

二、测角

测角前,应对经纬仪进行检验与校正。

为防止差错和便于计算,应观测导线前进方向同一侧的水平夹角。前进方向左侧的水平夹角称作左角;前进方向右侧的水平夹角称作右角。测量人员一般习惯观测左角。对于闭合导线来说,若导线点按逆时针方向顺序编号,这样所观测的角既是多边形内角,又是导线的左角。有进行导线测量时,需注意角度的观测程序。观测左角时,观测程序为后—前—前—后;观测右角时观测程序为前—后—后—前。视导线的观测等级利用测回法进行测量。

经纬仪导线的边长一般较短,对中、照准都应特别仔细,观测目标应尽量照准底部。

三、量边

图根导线边长可以使用检定过的钢尺丈量或经检定的光电测距仪、全站仪测量。钢尺量距宜采用双次丈量方法,其较差的相对误差不应大于1/3000。钢尺的尺长改正数大于1/10000时,应加尺长改正;量距时,平均尺温与检定时温度相差大于±10℃时,应进行温度改正;尺面倾斜大于1.5%时,应进行倾斜改正。用全站仪测量边长时,应依据仪器的精度和测量工作的精度要求考虑是否加入气象、倾斜改正等内容。

四、连测

如图4-1所示,A、B为已知点,1~5为新布设的导线点,则连接测量为观测连接角β_B和β_1以及连接边长D_{B1},作为传递坐标方位角和坐标之用。参照角度和距离测量的记录格式,做好导线测量的外业记录,并要妥善保管。

任务三 控制测量内业工作

学习目标:

(1)掌握准确进行观测角的检验、改正和方位角的推算,并知道检验计算错误。

(2)掌握准确进行坐标增量计算和改正,并知道检验计算错误。

(3)能够利用起算点坐标和改正后坐标增量推算各导线点的坐标。

(4)能够区分闭合导线和附合导线的坐标计算的不同点。

任务描述:

本任务是导线测量的具体工作方法部分。主要了解导线测量的全过程,进一步熟练水准仪、经纬仪、罗盘仪等常规测量仪器的使用,掌握导线外业测量方法和内业计算方法。导线的内业计算要从角闭合差的计算和调整、坐标方位角的推算、坐标增量的计算、坐标增量闭合差的计算与调整、导线点的坐标计算等五个方面学习和掌握。导线测量是小区域控制测量的主要手段,是本章的学习重点。

相关知识:

导线测量内业计算的目的是计算出各导线点的坐标。

计算前,必须先对外业记录进行全面的检查和整理,以确保原始数据的正确性。然后绘制导线略图,图上注明点号、相应的角度和边长,供计算时参考。由本书第 2 章可知,计算任意一点的坐标,都必须知道一个已知点的坐标,以及已知点到未知点的距离和坐标方位角。导线测量中,导线边长直接测定,其坐标方位角则要根据已知方向、导线连接角和折角,经过推算才能得到。

在支导线计算中,从一已知点开始,由推算出来的各边坐标方位角和边长,就可依次求出各导线点的坐标。

导线布设的主要形式是闭合导线和附合导线,必要时,还须布设结点导线。由于导线的边长和角度测量中不可避免地存在误差,所以在导线计算中,将会出现两种矛盾:一是观测角的总和与导线几何图形的理论值不符的矛盾,即产生角度闭合差;二是从已知点出发,逐点计算各点坐标,最后闭合到原出发已知点或附合到另一已知点时,其推算的坐标值与已知坐标值不符,即产生坐标闭合差。如何合理处理这两种矛盾,最后正确计算出各导线点的坐标,就是导线测量内业计算的基本过程和内容。

下面分别以闭合导线和附合导线的坐标计算为例,说明导线内业计算步骤。

一、闭合导线计算

首先,将已知数据及观测边长、角度填入导线坐标计算表。闭合导线坐标计算是按一定的次序在表 4-1 中进行,也可用计算程序在计算机上计算。计算前应将角度、起始边方位角、边长和起算点坐标分别填入表 4-1 中的(2)、(5)、(6)栏。相关资源见二维码 12。

12-闭合导线计算

闭合导线坐标计算表　　　　　　　　　　表 4-1

点　号	角度观测值 (° ′ ″)	方位角 (° ′ ″)	边长观测值 (m)	坐标增量(mm)		坐标平差值(mm)	
				Δx	Δy	x	y
(1)	(2)	(3)	(4)	(5)		(6)	
A		174 29 17					
1	130 30 30					500.00	500.00
2	+10 107 48 30	124 59 47	105.53	+1 −60.52	−3 86.45	439.49	586.42

点　　号	角度观测值 (° ′ ″)	方位角 (° ′ ″)	边长观测值 (m)	坐标增量(mm)		坐标平差值(mm)	
				Δx	Δy	x	y
(1)	(2)	(3)	(4)	(5)		(6)	
3	+10 73 00 18	52 48 27	80.18	+1 48.47	−3 64.87	487.97	650.26
4	+11 89 33 54	305 48 55	129.40	+2 75.72	−4 −104.93	563.71	545.29
1	+11 89 36 36	215 23 00	78.16	+1 −63.72	−3 −45.26	500.00	500.00
2		124 59 47					
辅助计算	$\sum \beta = 359°59'18''$　　$f_\beta = -42''$　　$f_x = -0.05$　　$f_y = +0.13$　　$f = +0.14$ $f_{\beta容} = \pm 40\sqrt{n} = \pm 80''$　　$\|f_\beta\| \leqslant \|f_{\beta容}\|$　　$k = 1/2800 < 1/2000$						

1. 角度闭合差的计算与调整

设闭合导线有 n 条边,由几何学可如,平面闭合多边形的内角和的理论值为:

$$\sum \beta_{理} = (n-2) \times 180° \tag{4-1}$$

若闭合导线内角观测值的和为 $\sum \beta_m$,则角度闭和差为:

$$f_\beta = \sum \beta_{测} - \sum \beta_{理} = \sum \beta_{测} - (n-2) \times 180° \tag{4-2}$$

绝对值的大小,说明角度观测的精度。一般图根导线的 f_β 的容许值(其极限中误差)应为:

$$f_{\beta容} = \pm 40'' \sqrt{n} \tag{4-3}$$

式中: n——导线折角个数。

若 $\|f_\beta\| > \|f_{\beta容}\|$,则应重新观测各折角;若 $\|f_\beta\| \leqslant \|f_{\beta容}\|$,则通常将 f_β 反号,平均分配到各折角的观测值中。调整分配值称为角度改正数,以 v_β 表示,即:

$$v_\beta = -\frac{f_\beta}{n} \tag{4-4}$$

角度及其改正数取至秒,若式(4-4)不能整除,则将余数凑给短边邻角的改正数,使最后 $\sum v_\beta = -f_\beta$。将角度观测值加上改正数后,即得改正后的角值,也称为平差角值。见表4-1,分配的改正数写在(2)栏。

2. 推算导线各边的坐标方位角

推算导线各边坐标方位角是根据高级点间的已知坐标方位角与测得的连接角(平差角

值),求出导线起始边的坐标方位角,然后利用各角度的平差值推算出各导线边的坐标方位角。

根据起始的坐标方位角和改正后的转折角,可按坐标方位角的推算公式依次推算后一条边的坐标方位角,填入表4-1中(3)栏。

$$\alpha_{前} = \alpha_{后} \pm \beta \mp 180° \tag{4-5}$$

方位角推算时应注意左、右角的推算是采用不同的公式,若 β 角为左角,则公式应该取" $+ \beta - 180°$"。若 β 角为右角,则公式应该取" $- \beta + 180°$",推算出的方位角如大于360°,则要减去360°;如出现负值,则应加上360°。各边的方位角推算完后,必须推算回起始边的坐标方位角,看是否与已知值相等,以此作为计算校核。

3. 坐标增量计算

依据导线各边及坐标方位角,就可利用本书第2章的坐标增量计算公式,求出各边的坐标增量。

4. 坐标增量闭和差计算及调整

闭合导线边的纵、横坐标增量的代数和应分别等于零,但由于不仅量边有误差,而且平差角值也有误差,致使计算的坐标增量代数和不一定等于零,从而产生纵、横坐标增量闭合差 f_x 和 f_y。

$$\Sigma \Delta_{理} = f_x \tag{4-6}$$

$$\Sigma \Delta_{理} = f_y \tag{4-7}$$

一般来说,导线越长,误差的累计越大,这样 f 也会相应增大。所以衡量导线的精度不能单纯地以 f 的大小来判断。导线的精度通常是以相对闭合差 k 来表示,则有:

$$f = \sqrt{f_x^2 + f_y^2} \tag{4-8}$$

$$k = \frac{f}{\Sigma S} = \frac{1}{\dfrac{\Sigma S}{f}} \tag{4-9}$$

相对闭合差要以分子为1的形式表示。分母越大,导线精度越高。不同等级的导线所对应的相对闭合差也不同,需要根据规范的规定来确定导线相对闭合差是否符合要求。若导线相对闭合差在允许的限度之内,则将 f_x、f_y 按照反号并与导线边长成正比原则分配给对应的导线边坐标增量,调整相应的纵、横坐标增量。用 v_x、v_y 表示导线边纵、横坐标增量的改正数,有:

$$v_{xi} = -\frac{f_x}{\Sigma S} S_i \tag{4-10}$$

$$v_{yi} = -\frac{f_y}{\Sigma S} S_i \tag{4-11}$$

改正数应按增量取位的要求凑整至 cm 或 mm,并且改正数的总和必须等于坐标增量闭合差的反号,改正数写在表4-1中(5)栏的上方。

5. 坐标计算

根据已知点的坐标和改正后的坐标增量,依本书坐标正算公式,依次推算各点坐标,并推算出闭合导线的起始点,该值应与已知值一致,否则计算有错误。

二、附合导线计算

附合导线计算与闭合导线计算步骤基本相同,但是由于两者布设形式不同,表现在角度闭合差和坐标增量闭合差的计算公式上略有差别。

1. 角度闭合差计算

角度闭合差 f_β 中 $\sum\beta_{理}$ 的计算,已知始边和终边方位角 $\alpha_{A'A}$、$\alpha_{BB'}$,根据方位角计算公式,导线各转折角(左角)β 的理论值应满足下列关系式:

$$\alpha_{A2} = \alpha_{A'A} - 180° + \beta_1 \tag{4-12}$$

$$\alpha_{23} = \alpha_{12} - 180° + \beta_2 \tag{4-13}$$

$$\cdots\cdots$$

将上列式求和

$$\alpha'_{BB} = \alpha_{A'A} - 5 \times 180° + \sum\beta \tag{4-14}$$

式中,$\sum\beta$ 即为各转折角(包括连接角)理论值的总和。写成一般式,则

$$\sum\beta_{理}^{左} = \alpha_{终} - \alpha_{始} + n \times 180° \tag{4-15}$$

同理,为右角时:

$$\sum\beta_{理}^{右} = \alpha_{始} - \alpha_{终} + n \times 180° \tag{4-16}$$

2. 坐标增量闭合差的计算

首先,根据已知点的坐标方位角和观测的连接角、转折角(平差角值),推算导线各边坐标方位;然后依据导线各边边长及坐标方位角,利用本书第 2 章的坐标增量计算公式,求算各边的坐标增量。

按附合导线的要求,导线各边坐标增量代数和的理论值,应等于终点与起点的已知坐标值之差,即

$$\sum\Delta x_{理} = x_{终} - x_{始} \tag{4-17}$$

$$\sum\Delta y_{理} = y_{终} - y_{始} \tag{4-18}$$

因测角量边都有误差,故从起点推算至终点的纵、横坐标增量之代数和 $\sum\Delta x_{测}$ $\sum\Delta y_{测}$ 与 $\sum\Delta y_{理}$,$\sum\Delta y_{理}$ 不一致,从而产生坐标增量闭合差,即

$$f_x = \sum\Delta x_{测} - \sum\Delta x_{理} \tag{4-19}$$

$$f_y = \sum\Delta y_{测} - \sum\Delta y_{理} \tag{4-20}$$

计算附合导线全长闭合差、相对闭合差以及坐标增量的调整和坐标计算均与闭合导线相同。

附合导线的计算实例见表4-2。

附合导线计算表　　　　　　　　　　　　　　　表 4-2

点　号	角度观测值 (° ′ ″)	方位角 (° ′ ″)	边长观测值 (m)	坐标增量		坐标平差值	
				Δx(mm)	Δy(mm)	x	y
(1)	(2)	(3)	(4)	(5)		(6)	
A		236 05 59				5560.706	4750.418
B	−1 130 56 18					5060.690	4006.327
		187 02 16	310.713	−9 −308.372	+7 −38.070		
1	−1 195 17 30					4752.309	3968.264
		202 19 45	296.684	−8 −274.438	+6 −112.718		
2	−1 156 18 46					4477.863	3855.552
		178 38 30	298.413	−8 −298.329	+6 7.074		
3	−1 20 46 54					4179.526	3862.632
		219 25 23	305.850	−9 −236.262	+7 −194.227		
C	−1 110 35 17					3943.255	3668.412
		150 00 39					
D						3510.195	3918.330
Σ	813 54 45			−1117.402	337.941		
辅助计算	$f_\beta = +6''$　　　　$f_{\beta容} = \pm 36''$　　　　$f_\beta < f_{\beta容}$ $f_x = +34$mm　　　$f_y = -26$mm　　　$f = 43$mm　　　$k = 1/28000$　　　$f < k$						

任务四　交会定点的测设方法

学习目标：

(1)掌握前方角度交会法、变形的前方交会法以及后方交会法的原理。

(2)掌握距离交会法的原理。

任务描述：

交会定点常用于控制点的加密工作。交会定点包括角度交会和距离交会,本任务主要讲解了这两种交会方法,要求学生熟练掌握。

相关知识：

一、角度交会法

角度交会法是根据测设出的两个或三个已知水平角而定出的直线方向,交会出点的平面位置的方法。角度交会法适用于待测设点距控制点较远,且量距较困难的建筑施工场地。相关资源见二维码13。

13-角度交会法放样平面

1. 前方角度交会法

如图 4-5a)所示,A、B、C 为已知平面控制点,P 为待测设点,现根据 A、B、C 三点,用角度交会法测设 P 点,其测设数据计算方法如下:

(1)按坐标反算公式,分别计算出 α_{AB}、α_{AP}、α_{BP}、α_{CB} 和 α_{CP}。

(2)计算水平角 β_1、β_2 和 β_3。

(3)点位测设方法:

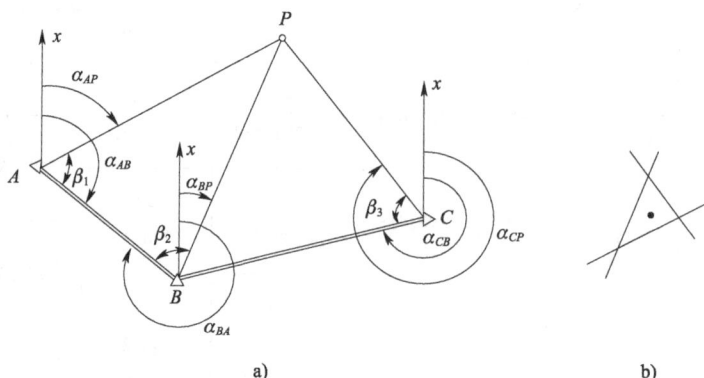

图 4-5 角度交会法

①在 A、B 两点同时安置经纬仪,同时测设水平角 β_1 和 β_2 定出两条视线,在两条视线相交处钉下一个大木桩,并在木桩上依 AP、BP 绘出方向线及其交点。

②在控制点 C 处安置经纬仪,测设水平角 β_3,同样在木桩上依 CP 绘出方向线。

③如果交会没有误差,此方向应通过前两方向线的交点,否则将形成一个"示误三角形",如图 4-5b)所示。若示误三角形边长在限差以内,则取示误三角形重心作为待测设点 P 的最终位置。

测设 β_1、β_2 和 β_3 时,视具体情况可采用一般方法和精密方法。

2. 变形的前方交会法

当 A、C 点不能通视时,可用 A、C 周边的控制点进行定向,予以交会,见图 4-6。

$$\begin{cases} \alpha_{AB} = \arctan \dfrac{y_B - y_A}{x_B - x_A}, & \alpha_{AP} = \arctan \dfrac{y_P - y_A}{x_P - x_A} \\ \alpha_{CD} = \arctan \dfrac{y_D - y_C}{x_D - x_C}, & \alpha_{CP} = \arctan \dfrac{y_P - y_C}{x_P - x_C} \end{cases} \quad (4\text{-}21)$$

$$\begin{cases} \alpha_1 = \alpha_{AP} - \alpha_{AB} \\ \alpha_2 = \alpha_{CP} - \alpha_{CD} \end{cases} \quad (4\text{-}22)$$

3. 后方交会法测设点位

(1)基本原理

A、B、C 为控制点,P 为测设点,其坐标均为已知,见图 4-7。

(2)计算测设元素

由控制点 A、B、C 坐标及设计点的 P 坐标反算坐标方位角 α_{PA}、α_{PB}、α_{PC},计算 α、β。

$$a = (x_B - x_A) + (y_B - y_A)\cot\alpha$$
$$b = (y_B - y_A) - (x_B - x_A)\cot\alpha$$
$$c = (x_B - x_C) - (y_B - y_C)\cot\beta \qquad (4\text{-}23)$$
$$d = (y_B - y_C) + (x_B - x_C)\cot\beta$$

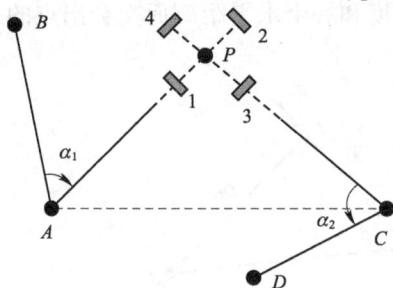

图4-6　变形的前方交会法
注：A、B、P 三点逆时针编号。

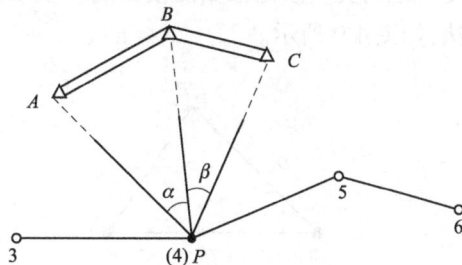

图4-7　后方交会法

$$\begin{cases} \alpha = \alpha_{PB} - \alpha_{PC} \\ \beta = \alpha_{PC} - \alpha_{PB} \end{cases} \qquad (4\text{-}24)$$

令

$$K = \frac{a-c}{b-d} \qquad (4\text{-}25)$$

计算 P 点的坐标

$$\begin{cases} x_P = x_B + \dfrac{Kb-a}{K^2+1} \\ y_P = y_B - K \cdot \dfrac{Kb-a}{K^2+1} \end{cases} \qquad (4\text{-}26)$$

（3）实地测设

①在合适位置处（P′）置仪，分别测定 α、β 角。

②依测定的各交会角计算 P′ 点坐标，并与设计坐标比较。

③若点位误差满足要求，则确定点 P；否则，用角差法或角差图解法改正。

④改正方法同前方交会法，此处不再赘述。

在用后方交会法测设 P 点时，P 点（含过渡点）距的危险圆距离应不小于危险圆半径的1/5。

二、距离交会法

距离交会法是根据测设出的两个已知的水平距离，交会出点的平面位置的方法。此法适用于施工场地平坦，量距方便且控制点距离测设点不超过一尺的情况。如图4-8所示。

1. 计算测设数据

如图4-8所示，A、B 为已知平面控制点，P 为待测设点，现根据 A、B 两点，用距离交会法测设 P 点，其测设数据计算方法如下：

根据 A、B、P 三点的坐标值，分别计算出 D_{AP} 和 D_{BP}。

2. 点位测设方法

（1）将钢尺的零点对准 A 点，以 D_{AP} 为半径在地面上画一圆弧。

（2）再将钢尺的零点对准 B 点，以 D_{BP} 为半径在地面上再画一圆弧。两圆弧的交点即为 P 点的平面位置。

（3）用同样的方法，测设出 Q 的平面位置。

（4）丈量 P、Q 两点间的水平距离，与设计长度进行比较，其误差应在限差以内。

三、角度与距离交会法

角度与距离交会法是根据测设出的一个水平角度和一个水平距离而交会出点的平面位置的方法，如图 4-9 所示。

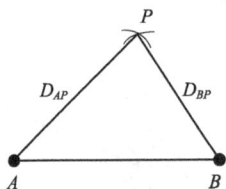

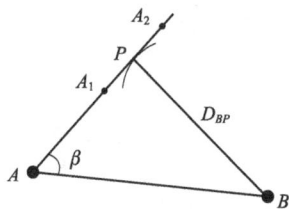

图 4-8　距离交会法　　　　图 4-9　角度与距离交会

思考题

1. 什么叫控制点？什么叫控制测量？

2. 导线的主要类型有哪几种？导线点选择应注意哪些问题？

3. 导线测量外业工作步骤是什么？需要观测哪些数据？

4. 闭合导线的内业计算步骤有哪些？

5. 控制测量的任务是什么？建立平面控制测量的方法有哪几种？

6. 简要说明附合导线和闭合导线在内业计算上的异同点。

7. 计算题

已知数据	观测数据	
$x_1 = 800.00\text{m}$	连接角为 $130°30'30''$	$S_{12} = 105.53\text{m}$
$y_1 = 800.00\text{m}$	$\beta_1 = 89°36'36''$	$S_{23} = 80.18\text{m}$
$\alpha_{A1} = 160°29'17''$	$\beta_2 = 107°48'30''$	$S_{34} = 129.40\text{m}$
	$\beta_3 = 73°00'18''$	$S_{41} = 78.16\text{m}$
	$\beta_4 = 89°33'54''$	

点号	角度观测值 (° ′ ″)	方位角 (° ′ ″)	边长观测值 (m)	坐标增量（mm）		坐标平差值（mm）	
				Δx	Δy	x	y
A							
1							
2							
3							
4							
1							
2							
备注							

项目五　全站仪与GPS技术

任务一　全站仪及其使用

学习目标：

(1)了解全站仪概念和全站仪组成。

(2)掌握全站仪的各项功能。

(3)了解全站仪的应用。

任务描述：

本任务主要讲解了全站仪概念及组成,阐述了全站仪的概念和主要功能,要求学生重点掌握。

相关知识：

一、全站仪概念

随着科学技术的不断发展,由光电测距仪,电子经纬仪、微处理仪及数据记录装置融为一体的电子速测仪(简称全站仪)日臻成熟,逐步普及。这标志着测绘仪器的研究水平达到了一个新的阶段。

全站仪是指能自动地测量角度和距离,并能按一定程序和格式将测量数据传送给相应的数据采集器。全站仪自动化程度高、功能多、精度好,通过配置适当的接口,可使野外采集的测量数据直接进入计算机进行数据处理或进入自动化绘图系统。与传统的方法相比,省去了大量的中间人工操作环节,使劳动效率和经济效益明显提高,同时也避免了人工操作、记录等过程中差错率较高的缺陷。

全站仪的主要功能特点如下:

(1)能同时测角、测距并自动记录测量数据;

(2)设有各种野外应用程序,能在测量现场得到归算结果;

(3)能实现数据转换。

二、全站仪组成

全站仪是融光、机、电、磁、微型计算机等技术于一体,汇集现代科技最新成果于一身,具有小型、便捷、高精度、多功能和计算机化等特点的新一代综合性勘察测绘仪器。它本身就是一个带有特殊功能的计算机控制系统,其计算机处理装置由微处理器、存储器、输入部分和输出部分组成。由微处理器对获取的倾斜距离、视准轴误差、垂直度盘指标差、棱镜常数、水平角、竖直角、垂直轴倾斜误差、气温、气压等信息加以处理,从而获得各项改正后的观测数据和计算数据。

从总体上看,全站仪有下列两大部分组成:①采集数据而设置的专用设备:主要有电子测角系统、电子测距系统、数据存储系统,还有自动补偿设备等;②过程控制机:主要用于有序实现上述每一专用设备的功能。过程控制机包括与测量数据相连接的外围设备及进行计算、产生指令的微处理机。

1. 同轴望远镜

全站仪的望远镜实现了视准轴、测距光波的发射、接收光轴同轴化,使得望远镜一次瞄准即可实现同时测定水平角、垂直角和斜距等全部基本测量要素的测定功能。加之全站仪强大、便捷的数据处理功能,使全站仪使用极其方便。

2. 双轴自动补偿

作业时若全站仪纵轴倾斜会引起角度观测的误差,盘左、盘右观测值取中不能使之抵消。而全站仪特有的双轴(或单轴)倾斜自动补偿系统,可对纵轴的倾斜进行监测,并在度盘读数中对因纵轴倾斜造成的测角误差自动加以改正,也可通过将由竖轴倾斜引起的角度误差,由微处理器自动按竖轴倾斜改正计算式计算,并加入度盘读数中加以改正,使度盘显示读数为正确值,即实现纵轴倾斜自动补偿。

3. 键盘

键盘是全站仪在测量时输入操作指令或数据的硬件,全站仪的键盘和显示屏均为双面式,便于正、倒镜作业时操作。

4. 存储器

全站仪存储器的作用是将实时采集的测量数据存储起来,再根据需要传送到其他设备(如计算机等)中,供进一步处理或利用,全站仪的存储器有内存储器和存储卡两种。

5. 通信接口

全站仪可以通过 BS-232C 通信接口和通信电缆将内存中存储的数据输入计算机,或将计算机中的数据和信息经通信电缆传输给全站仪,实现双向信息传输。

三、全站仪的功能与应用

1. 全站仪的功能

全站仪具有角度测量、距离(斜距、平距、高差)测量、三维坐标测量、导线测量、交会定点测量和放样测量等多种用途。内置专用软件后,功能还可进一步拓展。相关资源见二维码14。

2. 全站仪的基本操作

(1)水平角测量

①按角度测量键,使全站仪处于角度测量模式,照准第一个目标 A。

②设置 A 方向的水平度盘读数为 $0°00'00''$。

14-全站仪的基本功能

③照准第二个目标 B,显示的水平度盘读数即为两方向间的水平夹角。

（2）距离测量

①设置棱镜常数。测距前须将棱镜常数输入仪器中,仪器会自动对所测距离进行改正。

②设置大气改正值或气温、气压值。光在大气中的传播速度会随大气的温度和气压而变化,15℃和760mmHg 是仪器设置的一个标准值,此时的大气改正为 0ppm。实测时,可输入温度和气压值,全站仪会自动计算大气改正值,并对测距结果进行改正。

③量仪器高、棱镜高并输入全站仪。

④距离测量。照准目标棱镜中心,按测距键,距离测量开始,测距完成时显示斜距、平距、高差。

全站仪的测距模式有精测模式、跟踪模式、粗测模式三种。精测模式是最常用的测距模式,测量时间约 2.5s,最小显示单位为 1mm,在距离测量或坐标测量时,可按测距模式（MODE）键选择不同的测距模式。

（3）坐标测量

①设定测站点的三维坐标。

②设定后视点的坐标或设定后视方向的水平度盘读数为其方位角。当设定后视点的坐标时,全站仪会自动计算后视方向的方位角,并设定后视方向的水平度盘读数为其方位角。

③设置棱镜常数。

④设置大气改正值或气温、气压值。

⑤量仪器高、棱镜高并输入全站仪。

⑥照准目标棱镜,按坐标测量键,全站仪开始测距并计算显示测点的三维坐标。

相关资源见二维码 15。

3. 全站仪应用

15-全站仪的一般操作

全站仪与传统的测量仪器相比,具有操作方便、功能强精度高、速度快等特点。其广泛运用于测绘工程、建筑工程、水利工程、交通与道路工程、地籍测量等方面。

全站仪的应用可归纳为以下几个方面:

（1）控制测量。在控制测量中,使用全站仪的基本测量功能布设全站仪导线,特别适用于带状地形和隐蔽地区,如线路控制测量和城市控制测量;布设导线网和边角网十分灵活,观测方便,精度高;特别是与 GPS 全球定位系统配合,布网形式更灵活,观测更方便,精度更可靠。

平面和高程控制可同时进行,用全站仪三角高程测量完全可以代替四等水准测量,仪器安置于两个测点之间并使两个棱镜同高,不需要量取仪器高和棱镜高,可以提高观测精度。

（2）地形测量。在地形测量过程中,使用全站仪的测量功能进行三维坐标测量、前方交会、后方交会等,不但操作简单,而且速度快、精度高,并可将控制测量和碎部点测量同时进行。通过传输设备可将全站仪与计算机、绘图机相连形成内外一体的测绘系统,从而大大提高地形图测绘的质量和效率。

（3）工程放样。使用全站仪放样测量功能可将设计好的建（构）筑物、道路、管线等设施的位置,按图纸要求快速、准确地测设到施工现场的实地,作为施工的依据,特别是一些造型复杂、要求高、规模大的建（构）筑物等。

（4）变形监测。在建（构）筑物的变形观测、地质灾害的动态监测中,使用全站仪的坐标测量功能对变形部位的三维坐标进行实时监测,可以及时掌握变形规律,保障结构安全。

相关资源见二维码16～二维码20。

| 16-全站仪地面数字测图 | 17-全站仪点位放样及其操作 | 18-全站仪极坐标法点位放样 | 19-全站仪三角高程测量 | 20-全站仪极坐标法放样 |

任务二　南方 NTS352 系列全站仪使用简介

学习目标:

(1)了解全站仪的部件。

(2)掌握全站仪的安置方法。

(3)掌握全站仪的操作方法。

任务描述:

本任务以南方 NTS352 系列全站仪为例,进行全站仪构造和操作方法的详细讲解,要求学生重点掌握。

相关知识:

一、全站仪的部件介绍

南方 NTS352 系列全站仪在工程领域运用广泛,接下来将对该型号仪器使用做详细讲解。该仪器的构造如图 5-1 所示。

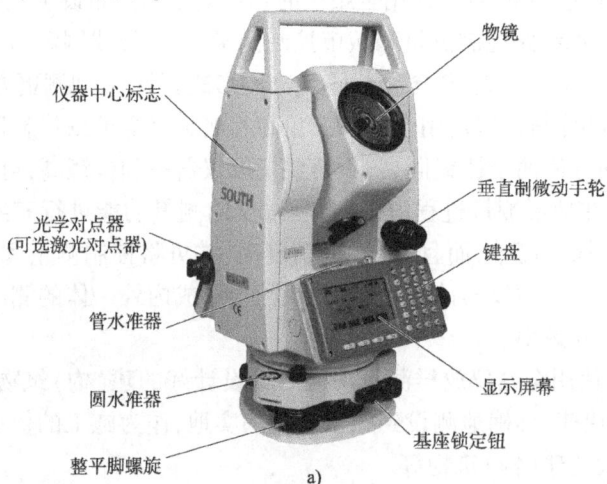

图　5-1

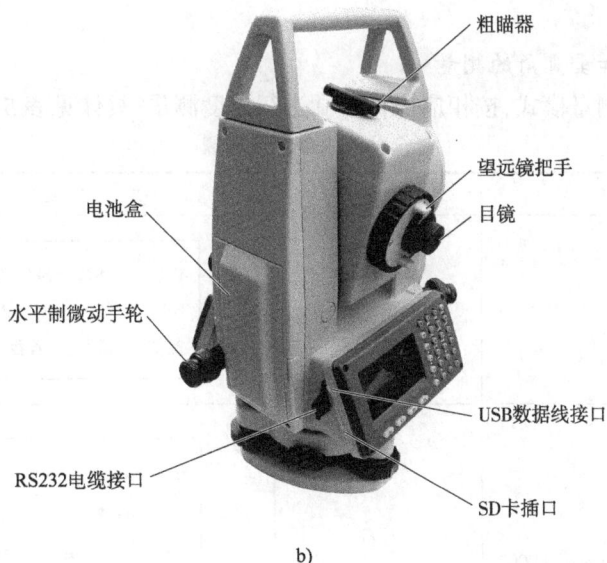

图 5-1　全站仪构造图

二、全站仪的安置

（1）安置三脚架。首先，将三脚架打开，伸到适当高度，拧紧三个固定螺旋。

（2）将仪器安置到三脚架上。将仪器小心安置到三脚架上，松开中心连接螺旋，在架头上轻移仪器，直到锤球对准测站点标志中心，然后轻轻拧紧连接螺旋。

（3）利用圆水准器粗平仪器。

①旋转两个脚螺旋 A、B，使圆水准器气泡移到与上述两个脚螺旋中心连线相垂直的一条直线上。

②旋转脚螺旋 C，使圆水准器气泡居中。

（4）利用长水准器精平仪器。

①松开水平制动螺旋、转动仪器使管水准器平行于某一对脚螺旋 A、B 的连线；再旋转脚螺旋 A、B，使管水准器气泡居中。

②将仪器绕竖轴旋转 90°，再旋转另一个脚螺旋 C，使管水准器气泡居中。

③再次旋转 90°，重复①、②，直至 4 个位置上气泡居中为止。

（5）利用光学对中器对中。

根据观测者的视力调节光学对中器望远镜的目镜。松开中心连接螺旋、轻移仪器，将光学对中器的中心标志对准测站点，然后拧紧连接螺旋。在轻移仪器时不使仪器在架头上转动，以尽可能减少气泡的偏移。

（6）精平仪器。

按第 4 步精确整平仪器，直到仪器旋转到任何位置时，管水准气泡始终居中为止，然后拧紧连接螺旋。

三、角度测量

1. 水平角右角和垂直角的测量

确认处于角度测量模式,按相应操作步骤进行角度测量,具体见表5-1。

全站仪角度测量步骤　　　　　　　　　　　　表5-1

操作过程	操作	显示
①照准第一个目标A	照准A	V : 82° 09′ 30″ HR: 90° 09′ 30″ 置零 锁定 置盘 P1↓
②设置目标A的水平角为0°00′00″ 按 F1 (置零)键和 F3 (是)键	F1 F3	水平角置零 　>OK? --- 　[是] 　[否] V: 82° 09′ 30″ HR: 0° 00′ 00″ 置零 锁定 置盘 P1↓
③照准第二个目标B,显示目标B的V/HR	照准目标B	V: 92° 09′ 30″ HR: 67° 09′ 30″ 置零 锁定 置盘 P1↓

2. 水平角的设置

(1)通过锁定角度值进行设置

确认处于角度测量模式,具体操作见表5-2。

全站仪锁定角度值设置水平角步骤　　　　　表5-2

操作过程	操作	显示
①用水平微动螺旋转到所需的水平角	显示角度	V: 122° 09′ 30″ HR: 90° 09′ 30″ 置零 锁定 置盘 P1↓
②按 F2 (锁定)键	F2	水平角锁定 HR: 90° 09′ 30″ 　>设置 ? --- 　[是] 　[否]

操 作 过 程	操 作	显 示
③照准目标	照准	
④按 F3 (是)键完成水平角设置*),显示窗变为正常的角度测量模式	F3	V: 122° 09′ 30″ HR: 90° 09′ 30″ 置零 锁定 置盘 P1↓

注:*若要返回上一个模式,可按 F4 (否)键。

（2）通过键盘输入进行设置

确认处于角度测量模式,具体操作见表5-3。

全站仪键盘输入设置水平角步骤 表5-3

操 作 过 程	操 作	显 示
①照准目标	照准	V: 122° 09′ 30″ HR: 90° 09′ 30″ 置零 锁定 置盘 P1↓
②按 F3 (置盘)键	F3	水平角设置 HR: 输入 ——— [回车]
③通过键盘输入所要求的水平角*),如:150°10′20″	F1 150.1020 F4	V: 122° 09′ 30″ HR: 150° 10′ 20″ 置零 锁定 置盘 P1↓

注:*随后即可从所要求的水平角进行正常的测量。

四、距离测量

1. 连续测量

确认处于测角模式,具体操作见表5-4。

全站仪连续测量步骤 表5-4

操 作 过 程	操 作	显 示
①照准棱镜中心	照准	HR: 170° 30′ 20″ HD* [r] <<m VD: m 测量 模式 S/A P1↓

操 作 过 程	操 作	显 示
②按 ◢ 键,距离测量开始[a]	◢	HR: 170° 30′ 20″ HD* [r] <<m VD: m 测量 模式 S/A P1↓ HR: 170° 30′ 20″ HD* 235.343m VD: 36.551m 测量 模式 S/A P1↓
显示测量的距离[b] 再次按 ◢ 键,显示变为水平角(HR)、垂直角(V)和斜距(SD)	◢	V: 90° 10′ 20″ HR: 170° 30′ 20″ SD* 241.551m 测量 模式 S/A P1↓

注:a. 当光电测距(EDM)正在工作时,"＊"标志就会出现在显示窗;

将模式从精测转换到跟踪;

在仪器电源打开状态下,要设置距离测量模式。

b. 距离的单位表示为:"m"(米)或"ft"(英尺),并随着蜂鸣声在每次距离数据更新时出现;

如果测量结果受到大气扰动的影响,仪器可以自动重复测量工作。

2. N 次测量/单次测量

当输入测量次数后,仪器就按设置的次数进行测量,并显示出距离平均值。当输入测量次数为1,因为是单次测量,仪器不显示距离平均值。

确认处于测角模式,具体操作见表5-5。

N 次测量/单次测量 表5-5

操 作 过 程	操 作	显 示
①照准棱镜中心	照准	显示 V: 122° 09′ 30″ HR: 90° 09′ 30″ 置零 锁定 置盘 P1↓
②按 ◢ 键,连续测量开始[a]	◢	HR: 170° 30′ 20″ HD*[r] <<m VD: m 测量 模式 S/A P1↓

续上表

操 作 过 程	操 作	显 示
③当连续测量不再需要时,可按 F1(测量)键b,测量模式为 N 次测量模式; 当光电测距(EDM)正在工作时,再按 F1(测量)键,模式转变为连续测量模式	F1	HR: 170°30′20″ HD*[n] <<m VD: m 测量 模式 S/A P1↓ HR: 170°30′20″ HD: 566.346 m VD: 89.678 m 测量 模式 S/A P1↓

注:a.在仪器开机时,测量模式可设置为 N 次测量模式或者连续测量模式。

b.在测量中,要设置测量次数(N 次)。

五、标准测量

1.设置测站点

可利用内存中的坐标数据来设定或直接由键盘输入,利用内存中的坐标数据来设定,具体操作见表 5-6。

设 置 测 站 点 　　　　　　　　　　　　表 5-6

操 作 过 程	操 作	显 示
①由数据采集菜单 1/2,按 F1(输入测站点)键,即显示原有数据	F1	点号 ->PT-01 标识符 : _____ 仪高 : 0.000 m 输入 查找 记录 测站
②按 F4(测站)键	F4	测站点 点号 : PT-01 输入 调用 坐标 回车
③按 F1(输入)键	F1	测站点 点号 : PT-01 回退 空格 数字 回车

操作过程	操　作	显　示
④输入点号,按[F4]键	输入点号 [F4]	点号　　　　　->PT-11 标识符　： 仪高：　　0.000 m 输入　查找　记录　测站
⑤输入标识符,仪高	输入标识符 输入仪高	点号　　　　　->PT-11 标识符　： 仪高：　　1.235　 m 输入　查找　记录　测站
⑥按[F3](记录)键	[F3]	点号　　　　　->PT-11 标识符　： 仪高->　　1.235 m 输入　查找　记录　测站 >记录？[是]　　[否]
⑦按[F3](是)键,显示屏返回数据采集菜单1/3	[F3]	数据采集　　　　1/2 F1：　输入测站点 F2：　输入后视点 F3：　测量　　　　P↓

注:1. 如果不需要输入仪高(仪器高),则可按[F3](记录)键。

　　2. 在数据采集中存入的数据有点号、标识符和仪高。

　　3. 如果在内存中找不到给定的点,则在显示屏上就会显示"该点不存在"。

2. 设置后视点

通过输入点号设置后视点将后视定向角数据寄存在仪器内,具体操作见表5-7。

设置后视点 表 5-7

操作过程	操作	显示
①由数据采集菜单 1/2 按 F2（后视），即显示原有数据	F2	后视点　　-> 编码　： 镜高　：　　　0.000 m 输入　置零　测量　后视
②按 F4（后视）键	F4	后视 点号 -> 输入　调用　NE/AZ
③按 F1（输入）键	F1	后视 点号　： 回退　空格　数字
④输入点号，按 F4（ENT）键 按同样方法，输入点编码，反射镜高	输入 PT # F4	后视点　　->PT-22 编码　： 镜高　：　　　0.000 m 输入　置零　测量　后视
⑤按 F3（测量）键	F3	后视点　　->PT-22 编码　： 镜高　：　　　0.000 m 角度　*斜距　坐标
⑥照准后视点 选择一种测量模式并按相应的软键 例：F2（斜距）键 进行斜距测量，根据定向角计算结果设置水平度盘读数测量结果被寄存，显示屏返回到数据采集菜单 1/2	照准 F2	V:　　　90° 00′ 00″ HR:　　　0° 00′ 00″ SD*　　<<< m >测量 … 数据采集　　　　1/2 F1：　输入测站点 F2：　输入后视点 F3：　测量　　　　P↓

注：1. 每次按 F3 键，输入方法就在坐标值、设置角和坐标点之间交替转换。

2. 如果在内存中找不到给定的点，则在显示屏上就会显示"该点不存在"。

3. 碎部测量

即进行待测点测量，并存储数据，具体操作见表 5-8。

表 5-8

碎 部 测 量

操 作 过 程	操 作	显 示
①由数据采集菜单 1/2，按 F3（测量）键，进入待测点测量	F3	数据采集　　　　　　　1/2 F1：　测站点输入 F2：　输入后视 F3：　测量　　　　　　　P↓ 点号　-> 编码　： 镜高　：　　　0.000 m 输入　查找　测量　同前
②按 F1（输入）键，输入点号后 * 按 F4 确认	F1 输入点号 F4	点号　　　　= PT-01 编码　： 镜高　：　　　0.000 m 回退　空格　数字　回车 点号　　　　= PT-01 编码　　-> 镜高　：　　　0.000 m 输入　查找　测量　同前
③按同样方法输入编码，棱镜高 *	F1 输入编码 F4 F1 输入镜高 F4	点号　：　　　PT-01 编码　->　SOUTH 镜高　：　　　1.200 m 输入　查找　测量　同前 角度　*斜距　坐标　偏心
④按 F3（测量）	F3	
⑤照准目标点	照准	
⑥按 F1 到 F3 中的一个键 * 例：F2（斜距）键 开始测量 数据被存储，显示屏变换到下一个镜点	F2	V：　　　90° 00′ 00″ HR：　　　0° 00′ 00″ SD* [n]　<<< m >测量 … < 完成 >

操 作 过 程	操 作	显 示
⑦输入下一个镜点数据并照准该点		点号　　　　->PT-02 编码　：　SOUTH 镜高　：　　1.200 m 输入　查找　测量　同前
⑧按 F4 (同前)键 　按照上一个镜点的测量方式进行测量 　测量数据被存储 　按同样方式继续测量 　按 ESC 键即可结束数据采集模式	照准 F4	V:　　　90°00′00″ HR:　　　0°00′00″ SD* [n]　<<< m >测量 … <　完成　> 点号　　　　->PT-03 编码　：　SOUTH 镜高　：　　1.200 m 输入　查找　测量　同前

注:1. 点编码可以通过输入编码库中的登记号来输入,为了显示编码库文件内容,可按 F2 (查找)键。

2. 带"＊"者表示先前的测量模式。

六、对边测量

对边测量模式有两个功能。

(1)MLM-1($A—B,A—C$):测量 $A—B,A—C,A—D$……

(2)MLM-2($A—B,B—C$):测量 $A—B,B—C,C—D$……

必须设置仪器的方向角。对边测量操作见表5-9。

对 边 测 量　　　　　　表5-9

操 作 过 程	操 作	显 示
①按 MENU 键,再按 F4 (P↓),进入第2页菜单	MENU F4	

操作过程	操作	显示
②按 F1 键,进入程序	F1	菜单　　　　　　2/3 F1： 程序 F2： 格网因子 F3： 照明　　　P1↓
③按 F2 (对边测量)键	F2	菜单　　　　　　1/2 F1： 悬高测量 F2： 对边测量 F3： Z 坐标　　　P1↓
④按 F1 或 F2 键,选择是否使用坐标文件 〔例:F2 不使用坐标文件〕	F2	对边测量 F1： 使用文件 F2： 不使用文件
⑤按 F1 或 F2 键,选择是否使用坐标格网因子	F2	格网因子 F1： 使用格网因子 F2： 不使用格网因子
⑥按 F1 键	F1	对边测量 F1： MLM-1(A-B,A-C) F2： MLM-2(A-B,B-C)

续上表

操 作 过 程	操 作	显 示
⑦照准棱镜 A,按 F1 (测量)键显示仪器至棱镜 A 之间的平距(HD)	照准 A F1	MLM-1 (A−B,A−C) <第一步> HD*[n]　　　　　<< m 测量　镜高　坐标　设置 MLM-1 (A−B,A−C) <第一步> HD*　287.882 m 测量　镜高　坐标　设置
⑧测量完毕,棱镜的位置被确定	F4	MLM-1 (A−B,A−C) <第二步> HD:　　　　　　　m 测量　镜高　坐标　设置
⑨照准棱镜 B,按 F1 (测量)键显示仪器到棱镜 B 的平距(HD)	照准 B F1	MLM-1 (A−B,A−C) <第二步> HD*　　　　<< m 测量　镜高　坐标　设置 MLM −1(A−B,A−C) <第二步> HD*　223.846 m 测量　镜高　坐标　设置
⑩测量完毕,显示棱镜 A 与 B 之间的平距(dHD)和高差(dVD)	F4	MLM−1(A−B,A−C) dHD:　　　21.4 16 m dVD　　　　1.256 m ———　　平距　　———

操 作 过 程	操 作	显 示
⑪按 ◢ 键,可显示斜距(dSD)	◢	MLM-1 (A-B,A-C) dSD: 263.376 m HR: 10°09′30″ --- 平距 ---
⑫测量 A—C 之间的距离,按 F3 (平距)*	F3	MLM-1 (A-B, A-C) <第二步> HD: m 测量 镜高 坐标 设置
⑬照准棱镜 C,按 F1 (测量)键显示仪器到棱镜 C 的平距(HD)	照准棱镜 C F1	MLM-1 (A-B,A-C) <第二步> HD: <<m 测量 镜高 坐标 设置
⑭测量完毕,显示棱镜 A 与 C 之间的平距(dHD),高差(dVD)	F4	MLM-1 (A-B,A-C) dHD: 3.846 m dVD: 12.256 m --- 平距 ---
⑮测量 A—D 之间的距离,重复操作步骤 12 ~ 14*		

注:* 按 ESC 键,可返回到上一个模式。

七、点放样

1.设置测站点

可采用直接输入测站点坐标。设置测站点操作见表5-10。

设 置 测 站 点

表 5-10

操作过程	操 作	显 示
①由放样菜单 1/2 按 F1（测站点号 输入）键,即显示原有数据	F1	测站点 点号：———— 输入 调用 坐标 回车
②按 F3（坐标）键	F3	N: 　　0.000 m E: 　　0.000 m Z: 　　0.000 m 输入 － 点号 回车
③按 F1（输入）键,输入坐标值按 F4（ENT)键	F1 输入坐标 F4	N: 　　10.000 m E: 　　25.000 m Z: 　　63.000 m 输入 － 点号 回车
④按同样方法输入仪器高,显示屏返回到放样菜单 1/2	F1 输入仪高 F4	仪器高 输入 仪高： 　0.000 m 输入 ——— 回车
⑤返回放样菜单	F1 输入 F4	放样 　　　　　1/2 F1：输入测站点 F2：输入后视点 F3：输入放样点 　　　　P↓

注:可以将坐标值存入仪器。

2. 设置后视点

可采用直接输入后视点坐标。设置后视点操作见表 5-11。

设 置 后 视 点   表 5-11

操 作 过 程	操 作	显 示
①由放样菜单 1/2 按 F2 (后视)键,即显示原有数据	F2	后视 点号 = : 输入 调用 NE/AZ 回车
②按 F3 (NE/AZ)键	F3	N–> 0.000 m E: 0.000 m 输入 – 点号 回车
③按 F1 (输入)键,输入坐标值按 F4 (回车)键*	F1 输入坐标 F4	后视 H(B)= 120°30′20″ >照准?[是] [否]
④照准后视点	照准后视点	
⑤按 F3 (是)键,显示屏返回到放样菜单 1/2	照准后视点 F3	放样 1/2 F1:输入测站点 F2:输入后视点 F3:输入放样点 P↓

注:可以将坐标值存入仪器。

3. 实施放样

有两种方法可供选择,即通过点号调用内存中的坐标值和直接键入坐标值。实施放样具体操作见表 5-12。

实 施 放 样   表 5-12

操 作 过 程	操 作	显 示
①由放样菜单 1/2 按 F3 (放样)键	F3	放样 1/2 F1:输入测站点 F2:输入后视点 F3:输入放样点 P↓ 放样 点号 : _____ 输入 调用 坐标 回车

操 作 过 程	操　作	显　示
②F1（输入）键,输入点号①,按 F4（ENT）键②	F1 输入点号 F4	镜高 输入 镜高:　　　　0.000　　m 输入　　　---　　回车
③按同样方法输入反射镜高,当放样点设定后,仪器就进行放样元素的计算 HR:放样点的水平角计算值; HD:仪器到放样点的水平距离计算值	F1 输入镜高 F4	计算 HR:　122°09′30″ HD:　　245.777　　m 角度　　距离
④照准棱镜,按F1角度键 点号:放样点; HR:实际测量的水平角; dHR:对准放样点仪器应转动的水平角 = 实际水平角—计算的水平角 当 dHR = 0°00′00″时,即表明放样方向正确	照准 F1	点号:　　LP - 100 HR:　　　2°09′30″ dHR:　　22°39′30″ 距离　---　　坐标　---
⑤按F1（距离）键 HD:实测的水平距离 dHD: 对准放样点尚差的水平距离 = 实测高差 – 计算高差 * 2)	F1	HD*[r]　　　　　 < m dHD:　　　　　　　m dZ:　　　　　　　 m 模式　角度　坐标　继续 HD*　　245.777m dHD:　　- 3.223 m dZ:　　　- 0.067m 模式　角度　坐标　继续
⑥按F1（模式）键进行精测	F1	HD*[r]　　　　　 < m dHD:　　　　　　　m dZ:　　　　　　　 m 模式　角度　坐标　继续 HD*　　244.789 m dHD:　　- 3.213 m dZ:　　　- 0.047m 模式　角度　坐标　继续

操 作 过 程	操 作	显 示
⑦当显示值 dHR,dHD 和 dZ 均为 0 时,则放样点的测设已经完成		
⑧按 F3 (坐标)键,即显示坐标值	F3	N: 12.322 m E: 34.286 m Z: 1.5772 m 模式　角度　继续
⑨按 F4 (继续)键,进入下一个放样点的测设	F4	放样 点号:_____ 输入　调用　坐标　回车

注:①若文件中不存在所需的坐标数据,则无须输入点号。

②可以使用填、挖显示功能,参见"基本设置"。

任务三　GPS 及其使用

学习目标:

(1)了解 GPS 系统的特点和组成。

(2)了解 GPS 定位原理。

(3)能够掌握多基准站 RTK。

任务描述:

本任务主要讲述了 GPS 系统的特点和组成,以及 GPS 的应用。要求学生对 GPS 定位原理有所了解,特别是多基准站 RTK 的运用,在工程应用领域重点掌握。

相关知识:

一、GPS 相关概念

GPS(Global Positioning System) 又称全球定位系统。美国从 20 世纪 70 年代开始研制,于 1994 年全面建成。具有在海、陆、空进行全方位三维实时导航与定位能力的新一代卫星导航与定位系统。GPS目前在我国已成功应用于大地测量、工程测量、航空摄影测量、运载工具导航和管制、地壳运动监测、工程变形监测、资源勘察、地球动力学等多种学科领域,它的问世给测绘领域带来了深刻的技术革命。

1. GPS系统的特点

(1)全球,全天候工作

能为用户提供连续、实时的三维位置、三维速度和精密时间。不受天气的影响。

(2)定位精度高

单机定位精度优于10m,如果采用差分定位,精度可达厘米级和毫米级。

(3)应用广泛

在测量、导航、测速、测时等方面广泛应用,其应用领域不断扩大。

2. GPS系统的组成

GPS由三个独立的部分组成:

(1)空间部分

GPS的空间部分是由24颗工作卫星组成,它位于距地表20200km的上空,均匀分布在6个轨道面上(每个轨道面4颗),轨道倾角为55°。此外,还有4颗有源备份卫星在轨运行。卫星的分布使得在全球任何地方、任何时间都可观测到4颗以上的卫星,并能保持良好定位解算精度的几何图像。这就提供了在时间上连续的全球导航能力。GPS卫星产生两组电码,一组称为C/A码;一组称为P码。P码不易受干扰,定位精度高,因此受美国军方管制,并设有密码,主要为美国军方服务。人为对C/A码采取措施而刻意降低精度后,其主要开放给民间使用。

(2)地面监控系统

地面控制部分由一个主控站,5个全球监测站和3个地面控制站组成。监测站均配装有精密的铯钟和能够连续测量到所有可见卫星的接收机。监测站将取得的卫星观测数据,经过初步处理后,传送到主控站。主控站从各监测站收集跟踪数据,计算出卫星的轨道和时钟参数,然后将结果送到3个地面控制站。地面控制站在每颗卫星运行至上空时,把这些导航数据及主控站指令注入卫星。这种指令注入对每颗GPS卫星每天一次,并在卫星离开注入站作用范围之前进行最后的注入。如果某地面站发生故障,那么在卫星中预存的导航信息还可用一段时间,但导航精度会逐渐降低。对于导航定位来说,GPS卫星是一动态已知点。卫星的位置是依据卫星发射的星历——描述卫星运动及其轨道的参数计算得到的。每颗GPS卫星所播发的星历由地面监控系统提供。卫星上的各种设备是否正常工作,以及卫星是否一直沿着预定轨道运行,都要由地面设备进行监测和控制。地面监控系统另一重要作用是保持各颗卫星处于同一时间标准——GPS时间系统。

(3)用户接收机

用户设备部分即GPS信号接收机。其主要功能是能够捕获到按一定卫星截止角所选择的待测卫星,并跟踪这些卫星的运行。当接收机捕获到跟踪的卫星信号后,即可测量出接收天线至卫星的伪距离和距离的变化率,解调出卫星轨道参数等数据。根据这些数据,接收机中的微处理计算机就可按定位解算方法进行定位计算,计算出用户所在地理位置的经纬度、高度、速度、时间等信息。接收机硬件和机内软件以及GPS数据的后处理软件包构成完整的 GPS 用户设备。GPS 接收机的结构分为天线单元和接收单元两部分。接收机一般采用机内和机外两种直流电源。设置机内电源的目的在于更换外电源时不中断连续观测。在用机外电源时机内电池自动充电。关机后,机内电池为 RAM 存储器供电,以防数据丢失。

3. GPS 的应用

GPS 按应用领域来分可分为军用和民用两大领域。GPS 在测量方面的应用,在测绘界,GPS 技术已广泛应用于大地测量、资源勘查、地壳运动、地籍测量等领域。它利用载波相位差分技术(RTK),实时处理两个观测站的载波相位,精度达到厘米级。且 GPS 技术优势明显:测量精度高;操作简便;仪器体积小;便于携带;全天候操作;观测点之间无须通视;测量结果统一在 WGS84 坐标下,信息自动接收、存储,减少烦琐的中间处理环节。GPS 技术也同样应用于特大桥梁的控制测量中。由于无需通视,可构成较强的网形,提高点位精度,同时对检测常规测量的支点也非常有效。GPS 技术在隧道测量中也具有广泛的应用前景,GPS 测量无需通视,减少了常规方法的中间环节,因此测量速度快、精度高,具有明显的经济效益和社会效益。

二、GPS 定位原理

与测距交会确定点位法相似,GPS 的定位原理是利用空间分布的卫星以及卫星与地面点的距离交会得出地面点位置。简而言之,GPS 定位原理是一种空间的距离交会原理。

设想在地面待定位置上安置 GPS 接收机,同一时刻接收 4 颗以上 GPS 卫星发射的信号。通过一定的方法测定这 4 颗以上卫星在此瞬间的位置以及它们分别至该接收机的距离,据此利用距离交会法解算出测站的位置及接收机钟差。

由此可见,GPS 定位中,要解决的问题就是两个:一是观测瞬间 GPS 卫星的位置,二是观测瞬间测站点至 GPS 卫星之间的距离。卫星之间的距离是通过测定 GPS 卫星信号在卫星和测站点之间的传播时间来确定的。

利用 GPS 进行定位的方法有很多种。若按照参考点的位置不同,则定位方法可分为:

(1)绝对定位。即在协议地球坐标系中,利用一台接收机来测定该点相对于协议地球质心的位置。GPS 定位所采用的协议地球坐标系为 WGS-84 坐标系。

(2)相对定位。即在协议地球坐标系中,利用两台以上的接收机测定观测点至某一地面参考点(已知点)之间的相对位置,即测定地面参考点到未知点的坐标增量。

按用户接收机在作业中的运动状态不同,定位方法可分为:

(1)静态定位。即在定位过程中,将接收机安置在测站点上并固定不动。严格来说,这种静止状态只是相对的,通常指接收机相对于其周围点位没有发生变化。

(2)动态定位。即在定位过程中,接收机处于运动状态。

GPS 绝对定位和相对定位中,又都包含静态和动态两种方式。即动态绝对定位、静态绝对定位、动态相对定位和静态相对定位。

若依照测距的原理不同,又可分为测码伪距法定位、测相伪距法定位、差分定位等。下面介绍两种主要的测距原理。

（1）伪距差分原理

利用GPS定位,不管采用何种方法都必须通过用户接收机来接收卫星发射的信号并加以处理,获得卫星至用户接收机的距离,从而确定用户接收机的位置。GPS卫星到用户接收机的观测距离:由于各种误差源的影响,并非真实地反映卫星到用户接收机的几何距离,而是含有误差,这种带有误差的GPS观测距离称为伪距。在基准站上观测所有卫星,根据基准站已知坐标和各卫星的坐标,求出每颗卫星每一时刻到基准站的真实距离。再与伪距比较,得出伪距改正数,将其传输至用户接收机,提高定位精度。这种差分能得到米级定位精度。

（2）载波相位差分原理

载波相位测量是通过测量GPS卫星发射的载波信号从GPS卫星发射到GPS接收机的传播路程上的相位变化,从而确定传播距离。在差分GPS定位中,按照对GPS信号的处理时间不同,可划分为实时差分GPS和后处理差分GPS。实时差分GPS就是在接收机接收GPS信号的同时计算出当前接收机所处位置、速度及时间等信息;后处理差分GPS则是把卫星信号记录在一定介质上,回到室内进行数据处理,获取用户接收机在每个瞬间所处理的位置、速度、时间等信息。

位置差分和伪距差分能满足米级定位精度,已经广泛用于导航、水下测量等领域。载波相位差分,又称RTK技术,通过对两测站的载波相位观测值进行实时处理,可以实时提供厘米级精度的三维坐标。

载波相位差分的基本原理是,由基准站通过数据链实时的将其载波相位观测量及基准站坐标信息一同发送到用户站,并与用户站的载波相位观测量进行差分处理,适时地给出用户站的精确坐标。

载波相位差分定位的方法又可分为两类:一种为测相伪距修正法,一种为载波相位求差法。载波相位差分技术又称RTK(Real Time Kinematic)技术,是实时处理两个测站载波相位测量的差分方法。即将基准站采集的载波相位发给用户接收机,进行求差解算坐标。载波相位差分可使定位精度达到厘米级。

三、多基准站RTK

多基准站RTK技术也称网络RTK技术,是对普通RTK方法的改进。目前应用于网络RTK数据处理的方法有:虚拟参考站法、偏导数法、线性内插法、条件平差法,其中虚拟参考站的技术(Virtual Reference Station,简称VRS)最为成熟。

VRS RTK的工作原理:在一个区域内建立若干个连续运行的GPS基准站,根据这些基准站的观测值建立区域内的GPS主要误差模型(电离层、对流层、卫星轨道等误差)。系统运行时,将这些误差从基准站的观测值中减去,形成"无误差"的观测值,然后利用这些无误差的观测值和用户站的观测值,经有效的组合,在移动站附近(几米到几十米)建立起一个虚拟参考站,移动站与虚拟参考站进行载波相位差分改正,实现实时RTK。

由于其差分改正是经过多个基准站观测资料有效组合求出的,可以有效消除电离层、对流层和卫星轨道等误差,哪怕用户站远离基准站,也能很快确定自己的整周模糊度,实现厘米级的实时快速定位。

多基准站RTK系统基本构成:若干个连续运行的GPS基准站、计算中心、数据发布中心、用户站。连续运行的 GPS 基准站连续进行 GPS 观测,并实时将观测值传输至计算中心。计算中心根据这些观测值计算区域电离层、对流层、卫星轨道误差改正模型,并实时地将各基准站的观测值减去其误差进行改正,得到无误差观测值,再结合移动站的观测值,计算出在移动站附近的虚拟参考站的相位差分改正,并实时地传给数据发布中心。数据发布中心实时接收计算中心的相位差分改正信息,并实时发布。用户站接收到数据发布中心发布的相位差分改正信息,结合自身的 GPS 观测值组成双差相位观测值,快速确定整周模糊度参数和位置信息,完成实时定位。因此,VRS RTK 系统是集 Internet 技术、无线电通信技术、计算机网络管理和 GPS 定位技术于一身的系统。

VRS RTK 的出现将一个地区的所有测绘工作连成了一个有机的整体,结束了以前 GPS 作业单打独斗的局面,大大扩展了 RTK 的作业范围,使 GPS 的应用更为广泛,精度和可靠性进一步提高,建设成本大大降低。

相关资源见二维码21~二维码23。

21-GPS RTK 的一般构造与安置　　22-GNSS RTK 放样测量　　23-GNSS RTK 测设公路曲线

任务四　中海达 V8-RTK 系列 GPS 使用简介

学习目标:

(1)掌握 RTK 的安置方法。
(2)掌握 RTK 的操作方法。

任务描述:

本任务以中海达 V8-RTK 系列 GPS 为例,进行了 RTK 构造和操作方法的详细讲解。对学生实践教学过程有指导意义,要求学生重点掌握。

相关知识:

下面以中海达 V8-RTK 系列 GPS 为例,详细讲解其使用方法和操作流程。相关资源见二维码24~二维码30。

一、基本操作

1.开关 GPS 主机
(1)按电源键1s,开机。

（2）按电源键3s,关机。

2. 控制面板按键

主机控制面板有按键两个:F键(功能键)和电源键。

指示灯3个,分别为电源、卫星、状态。

控制面板功能键操作说明:

（1）双击F键(间隔大于0.2s,小于1s),进入"工作方式"设置,有"基站""移动站""静态"三种工作模式选择。

（2）长按F键大于3s进入"数据链设置",有"UHF""GSM""外挂"三种数据链模式选择。

（3）按一次F键,进入"UHF电台频道"设置。有0~9、A~F共16个频道可选。

（4）轻按关机按钮,语音提示当前工作模式、数据链方式和电台频道,同时电源灯指示电池电量。

3. 开关机指示说明

开机按电源键1s,所有指示灯亮开机音乐,上次关机前的工作模式和数据链方式的语音提示;关机长按电源键3s,所有指示灯灭关机音乐。

二、测量作业操作流程

1. GPS 工作模式的设置

目的:V8-RTK具有静态、RTK等功能,事先必须对其主机作相应的基准站、移动站、静态或GPRS设置。作静态使用,则所有主机均设为静态方式。作V8-RTK使用,若用常规UHF电台,则基站设为外挂UHF电台基站方式,移动站设为内置UHF电台移动站方式;若用GPRS通信,则基站设为内置GPRS基站方式,移动站设为内置GPRS移动站方式。

2. 基准站设置

（1）连接好GPS,将GPS天线对中,整平;

（2）轻轻一按主机面板上"⏻"键开机,按定"F"键3s,两个灯同时闪时,马上松手,进入了修改数据链状态后,每按一次"F"键,可以修改UHF、GSM或外挂,按"⏻"键确认,连续按两下"F"键即进入修改工作方式,选择基准站,按"⏻"键确认。

3. 手簿设置GPS

（1）选中运行手簿上的Haidartk程序。

（2）选中"设置"底下的"连接"。弹出"跟某某机身号连接"的方框。如果连接不上,检查"设置"底下的"选项","串口设置"用蓝牙时是否为COM2。

（3）选中"文件"底下的"新建项目"OK。

（4）选择"项目名",在弹出的"输入项目名称"方框输入新建项目名OK。

（5）选择"坐标系统",在弹出的"坐标系"方框选择好坐标系OK。

（6）选择"投影参数",在弹出"投影参数"方框设置好中央子午线经度(°: ′: ″)OK(注:其他不用修改,全部用默认值)。

（7）选择"GPS设置",在弹出"设置基准站"方框,按添加A键输入基站点名,类型默认GPSBLH,选择OK。在天线高的地方输入天线高,按当前C键采集单点定位坐标来发射,弹出"已改变当前天线高"方框,选择 OK,软件自动平滑采集单点定位坐标结果后,返回到"设置基准站"方框,选择 OK。在弹出的"警告,当前点已修改是否保存?"方框选择,OK。

(8)在弹出的"基准站设置成功"方框,选择 OK。

(9)检查电台的收发灯是否正常,如果是红色,一秒闪一次,代表正常,如果是蓝色或没闪烁,代表基准站没有设置成功,则要重复上面的步骤重新设置,基准站设置成功后,选中"设置"底下的"断开"。

(10)移动台主机操作,轻轻一按主机面板上"丨"键开机,按定"F"键 3s,等两个灯同时闪时马上松手,进入了修改数据链状态后,每按一次"F"键,可以修改 UHF、GSM 或外挂,按"丨"键确认,连续按两下"F"键即进入修改工作方式,选择移动站,按"丨"键确认。按一下"F"键即进入修改工作频道,调对工作频道后按"丨"键确认。

(11)连接好移动台后,放到已知点上进行整平对中,运行手簿上的 Haidark 程序,与移动台进行连接,在"窄带固定解"的状态下,按"采集"键。弹出"设置记录点号属性"对话框,输入点名、天线高后,选择 OK。

(12)移动台移至另一已知点上进行整平对中,在"窄带固定解"状态下按"采集"键,弹出"设置记录点属性"对话框。输入点名,天线高后,选择 OK。(注:如果有两个以上的已知点,在其他的已知点上进行同样的操作)。

(13)选中"查看"底下的"坐标库"的"控制点坐标库",在弹出的"控制点坐标库"方框,按添加 1 键弹出"编辑控制点"方框,输入已知点的点名,类型选中当地 XYH,查看格式选中当地 XYH,移至 X 把已知点的 X 坐标输入,移至 Y 把已知点的 Y 坐标输入,移至 H 把已知点 H 高程输入,选择 OK。

(14)另一已知点按同样的方法添加至控制点坐标库。

(15)选中"查看"底下的"坐标库"的"记录点坐标库",在弹出的"记录点坐标库"方框,选中记录点按编辑 3 键弹出"编辑记录点"方框,移至控制点按"√"。再移至控制点后选中与该点对应的已知点,选择 OK。

(16)另一记录点采用同样操作,跟与它对应的已知点关联起来。

(17)选中"辅助"底下的"计算"的"转换参数",在弹出的"求解转换参数"方框,按文件 7 键,再按 1 提取当前记录,弹出"载入记录结束"方框,选择 OK。按解算 2 键弹出"转换参数(四参数)"方框,选择 OK,按应用 4 键,按文件 7 键再按 5 添加到水准点库,弹出"控制点已经添加进水准点库"方框,选择 OK,弹出"警告,是否现在更新?"方框,选择 YES,OK,在弹出的"计算高程拟合参数"方框中,按解算 2 键,弹出"警告,当前高程拟合模式为固定差改正"方框选择 YES,OK,弹出"固定差为多少米"方框,选择 OK,按应用 4 键,弹出"成功设置了新的高程拟合参数"方框,选择 OK,退出。

(18)碎部测量,在要测的点上进行整平对中,在"窄带固定解"状态下按采集键,弹出"设置记录点属性"对话框,输入点名,天线高,选择 OK。

(19)放样,选中"点放样",弹出"放样"方框,选择"手动",点击 OK,按键弹出"指定放样点"方框,输入放样点的坐标(X,Y,H)后,选择 OK,在"窄带固定解"的状态下,根据向北、向东的提示走到准确的位置即可,如果是线路放样,触摸笔按定屏幕,弹出选择菜单,选中"放样正向"的"线路正",即可根据向前、向右的提示走到准确的位置,如果发现走的方向跟提示刚好相反,选中"放样正向"的"线路负",根据向后、向左的提示走到准确的位置即可。

相关资源见二维码24 ~ 二维码30。

24-GNSS 仪器安装
及一般操作

25-GNSS 操作演示 1

26-GNSS 操作演示 2

27-GNSS 操作演示 3

28-GNSS 操作演示 4

29-GNSS 手簿二维
操作仿真演示 1

30-GNSS 手簿二维
操作仿真演示 2

思考题

1. 简述全站仪的结构组成及主要功能。
2. 简述全站仪测点的操作步骤。
3. 简述全站仪放样的操作步骤。
4. 简述 GPS 系统的组成及主要功能。
5. GPS 与常规测量相比有哪些优点?
6. 简述 GPS 测点的操作步骤。
7. 简述 GPS 放样的操作步骤。

项目六 测量误差基本知识

任务一 误差概述

学习目标：

(1)了解测量误差的来源、特性。

(2)掌握测量误差的分类以及各自的特点。

任务描述：

本任务的学习内容是测量误差的基础性知识，主要讲述了误差的来源、特性，分类以及各自的特点，使学生对测量误差的基本知识有深入的理解和掌握。

相关知识：

一、测量误差

测量工作的实践表明，在任何测量工作中，无论是测角、测高差或量距，当对同一物理量进行多次观测时，无论测量仪器多么精密，观测进行得多么仔细，测量结果总是存在着差异，彼此不相等。例如，反复观测某一角度，每次观测结果都不会一致，这是测量工作中普遍存在的现象，其实质是每次测量所得的观测值与该量客观存在的真值之间的差值，这种差值称为测量误差。即：

$$测量误差 = 观测值 - 真值$$

二、测量误差的来源

产生测量误差的因素是多方面的，概括起来有以下三个因素：

(1)仪器精度的有限性，测量中使用的仪器和工具不可能十分完善，致使测量结果产生误差。例如：用普通水准尺进行水准测量时，最小分划为5mm，就难以保证毫米数的完全正确性。经纬仪、水准仪检校不完善产生的残余误差影响，例如：水准仪视准轴部平行于水准管轴，水准尺的分划误差等。这些都会使观测结果含有误差。

(2)观测者感觉器官鉴别能力的局限性；会对测量结果产生一定的影响，例如对中误差、观测者估读小数误差、瞄准目标误差等。

（3）观测过程中，外界条件的不定性，如温度、阳光、风等时刻都在变化，必将对观测结果产生影响。例如：温度变化使钢尺产生伸缩，阳光照射会使仪器发生微小变化，较阴的天气会使目标不清楚等。

通常把以上三种因素综合起来称为观测条件。可想而知，观测条件好，观测中产生的误差就会小；反之，观测条件差，观测中产生的误差就会大。但是不管观测条件如何，受上述因素的影响，测量中存在误差是不可避免的。应该指出，误差与粗差是不同的，粗差是指观测结果中出现的错误，如测错、读错、记错等，不允许存在，为杜绝粗差，除了加强作业人员的责任心，提高操作技术外，还应采取必要的检校措施。

三、测量误差的分类

测量误差按其性质不同，可分为系统误差和偶然误差。

1. 系统误差

在相同的观测条件下，对某量进行一系列观测，若出现的误差在数值大小或符号上保持不变或按一定的规律变化，这种误差称为系统误差。例如，用名义长度为 30m，而实际长度为 30.004m 的钢尺量距，每量一尺就有 0.004m 的系统误差，它就是一个常数。又如水准测量中，视准轴与水准管轴不能严格平行，存在一个微小夹角 i，i 角一定时在尺上的读数随视线长度成比例变化，但大小和符号总是保持一致性。

系统误差具有累计性，对测量结果影响很大，但它的大小和符号有一定的规律，可通过计算或观测方法加以消除，或者最大限度地减小其影响。如尺长误差可以通过尺长改正加以消除；水准测量中的 i 角误差，可以通过前后视线等长消除其对高差的影响。

2. 偶然误差

在相同的观测条件下，对某物理量进行一系列观测，如出现的误差在数值大小和符号上均不一致，且从表面看没有任何规律性，这种误差称为偶然误差。如水准标尺上毫米数的估读，有时偏大，有时偏小。由于大气的能见度和人眼的分辨能力等因素使照准目标有时偏左，有时偏右。

偶然误差也称随机误差，其符号和大小在表面上无规律可循，找不到完全消除的方法，因此须对其进行研究。偶然误差在表面上是偶然性在起作用，实际上却始终是受其内部隐蔽着的规律所支配，问题是如何把这种隐蔽的规律揭示出来。

四、误差产生的原因

（1）仪器设备的原因；
（2）观测者的原因；
（3）外界条件的原因。

五、偶然误差的特性

（1）在一定的条件下，偶然误差的绝对值不会超过一定的限度；
（2）绝对值小的误差比绝对值大的误差出现的机会多；
（3）绝对值相等的正负误差出现的机会相等；

（4）偶然误差的算术平均值趋近于零，即

$$\lim_{n\to\infty}\frac{\Delta_1+\Delta_2+\cdots+\Delta_n}{n}=\lim_{n\to\infty}\frac{[\Delta]}{n}=0 \tag{6-1}$$

六、误差的特点

（1）同一性：误差的绝对值保持恒定或按仪确定的规律变化；

（2）单一性：误差符合不变，总朝一个方向偏离；

（3）累积性：误差的绝对值随着单一观测值的倍数累积。

任务二 误差精度指标和传播定律

学习目标：

（1）正确评定基本观测值的测量精度和进行精度计算。

（2）科学标记测量数据和进行数值计算。

任务描述：

本节主要讲述了测量数据的精度及处理方法，精度的指标（中误差，相对误差、容许误差）。以算术平均值及其中误差为例，讲解误差传播定律，使学生有一个基本的理解和掌握。

相关知识：

一、评定精度的指标

为了对测量成果的精确程度作出评定，有必要建立一种评定精度的标准，通常用中误差、相对误差和容许误差来表示。

1. 中误差

设在相同观测条件下，对真值为 x 的一个未知量 l 进行 n 次观测，观测值结果为 l_1、$l_2\cdots l_n$，每个观测值相应的真误差（真值与观测值之差）为 Δ_1、$\Delta_2\cdots\Delta_n$。则以各个真误差之平方和的平均数的平方根作为精度评定的标准，用 m 表示，称为观测值中误差。

$$m=\sqrt{\frac{[\Delta\Delta]}{n}} \tag{6-2}$$

式中：n——观测次数；

m——称为观测值中误差（又称均方误差）；

$[\Delta\Delta]$——各个真误差 Δ 的平方的总和，$[\Delta\Delta]=\Delta_1\Delta_1+\Delta_2\Delta_2+\cdots+\Delta_n\Delta_n$

上式表明中误差与真误差的关系，中误差并不等于每个观测值的真误差，中误差仅是一组真误差的代表值，当一组观测值的测量误差越大，中误差也就越大，其精度就越低；测量误差越小，中误差也就越小，其精度就越高。

【**例6-1**】　甲、乙两个小组,各自在相同的观测条件下,对某三角形内角和分别进行了7次观测,求得每次三角形内角和的真误差分别为:

甲组:$+2''$、$-2''$、$+3''$、$+5''$、$-5''$、$-8''$、$+9''$

乙组:$-3''$、$+4''$、$0''$、$-9''$、$-4''$、$+1''$、$+13''$

则甲、乙两组观测值中误差为:

$$m_甲 = \pm\sqrt{\frac{2^2 + (-2)^2 + 3^2 + 5^2 + (-5)^2 + (-8)^2 + 9^2}{7}} = \pm5.5''$$

$$m_乙 = \pm\sqrt{\frac{(-3)^2 + 4^2 + (-9)^2 + (-4)^2 + 1^2 + 13^2}{7}} = \pm6.3''$$

由此可知,乙组观测精度低于甲组,这是因为乙组的观测值中有较大误差出现,因中误差能明显反映出较大误差对测量成果可靠程度的影响,所以其成为被广泛采用的一种评定精度的标准。

2. 相对误差

测量工作中对于精度的评定,在很多情况下用中误差这个标准不能完全描述对某量观测的精确度。例如,用钢卷尺丈量了100m 和1000m 两段距离,其观测值中误差均为 $\pm0.1m$,若以中误差来评定精度,显然就要得出错误结论,因为量距误差与其长度有关,因此需要采取另一种评定精度的标准,即相对误差。相对误差是指绝对误差的绝对值与相应观测值之比,通常以分子为1,分母为整数形式表示。

$$相对误差 = \frac{误差的绝对值}{观测值} = \frac{1}{T}$$

绝对误差包括中误差、真误差、容许误差、闭合差和较差等,它们具有与观测值相同的单位。例6-1 中,前者相对中误差为$\frac{0.1}{100} = \frac{1}{1000}$,后者为$\frac{0.1}{1000} = \frac{1}{10000}$,很明显,后者的精度高于前者。

相对误差常用于距离丈量的精度评定,而不能用于角度测量和水准测量的精度评定,这时因为后两者的误差大小与观测量角度、高差的大小无关。

3. 极限误差

由偶然误差第一个特性可知,在一定的观测条件下,偶然误差的绝对值不会超过一定的限值。根据误差理论和大量的实践证明,大于两倍中误差的偶然误差出现的概率仅有 5% ,大于三倍中误差偶然误差的出现概率仅为 3‰。即大约在 300 次观测中,才可能出现一个大于 3 倍中误差的偶然误差,因此,在观测次数不多的情况下,可认为大于 3 倍中误差的偶然误差实际上是不可能出现的。

故常以三倍中误差作为偶然误差的极限值,称为极限误差,用$\Delta_限$表示。

$$\Delta_限 = 3m$$

在实际工作中,一般常以 2 倍中误差作为极限值。

$$\Delta_限 = 2m$$

如观测值中出现了超过 $2m$ 的误差,可以认为该观测值不可靠,应舍去。

二、误差传播定律简述

以算术平均值及其中误差为例。

在相同的观测条件下,对某一量进行 n 次观测,通常取其算术平均值作为未知量最可靠值。

例如,对某段距离丈量了 6 次,观测值分别为l_1、l_2、l_3、l_4、l_5、l_6,则算术平均值 X 为:

$$X = \frac{l_1 + l_2 + l_3 + l_4 + l_5 + l_6}{6} \tag{6-3}$$

若观测 n 次,则 $X = \frac{[l]}{n}$。下面简要论证为什么算术平均值是最可靠值。设某未知量的真值为 x,观测值为$l_i(i=1,2,3,\cdots,n)$,其真误差为Δ_i,则一组观测值的真误差为:

$$\Delta_1 = l_1 - x \tag{6-4}$$
$$\Delta_2 = l_2 - x \tag{6-5}$$
$$\cdots\cdots$$
$$\Delta_n = l_n - x \tag{6-6}$$

以上各式左右求和并除以 n 得:

$$\frac{[\Delta]}{n} = \frac{[l]}{n} - x \tag{6-7}$$

将 $X = \frac{[l]}{n}$ 代入上式并移项得:

$$x = \frac{[\Delta]}{n} + X \tag{6-8}$$

式中:$\frac{[\Delta]}{n}$——n 个观测值真误差的平均值。

根据偶然误差的第四特性,当 $n\to\infty$ 时,$\frac{[\Delta]}{n}$ 趋于 0,则有:

$$\lim_{n\to\infty} x = X \tag{6-9}$$

由上式可看出,当观测次数 n 趋于无限多时,观测值的算术平均值就是该未知量的真值。但实际工作中,通常观测次数总是有限的,因而有限次观测情况下,算术平均值与各个观测值比较,最接近于真值,故称为该量的最可靠值或最或然值。当然,其可靠程度不是绝对的,它随着观测值的精度和观测次数而变化。

三、观测值的改正数

设某量在相同的观测条件下,观测值为l_1、$l_2\cdots l_n$,观测值的算术平均值为 x,则算术平均值与观测值之差称为观测值改正数,用 v 表示,则有:

$$v_1 = x - l_1 \tag{6-10}$$
$$v_2 = x - l_2 \tag{6-11}$$
$$\cdots\cdots$$
$$v_n = x - l_n \tag{6-12}$$

将等式两端分别求和得:

$$[v] = nx - [l] \tag{6-13}$$

将 $x = \frac{[l]}{n}$ 代入上式得:

$$[v] = 0$$

上式说明,在相同观测条件下,一组观测值改正数之和恒等于零,此式可以用作计算工作的校核。

四、用改正数求观测值的中误差

前述中误差的定义式用于在已知真误差的条件下计算观测值的中误差,而实际工作中观测值的真值往往是未知的,故真误差也无法求得。例如,未知量为高差、距离等。因此可用算术平均值代替真值,用观测值的改正数求观测值中误差,即:

$$m = \pm \sqrt{\frac{[vv]}{n-1}} \tag{6-14}$$

$$[vv] = v_1 v_1 + v_2 v_2 + \cdots + v_n v_n \tag{6-15}$$

式中:n——观测次数;

m——观测值中误差(代表每一次观测值的精度)。

观测值的最可靠值是算术平均值,算术平均值的中误差用 M 表示,按下式计算:

$$M = \frac{m}{\sqrt{n}} = \pm \sqrt{\frac{[vv]}{n(n-1)}}$$

上式表明算术平均值的中误差等于观测值中误差的 $\frac{1}{\sqrt{n}}$ 倍,所以增加观测次数可以提高算术平均值的精度。根据分析,观测达到一定的次数,精度提高的非常缓慢。例如,水平角观测次数一般最高 12 次。若精度达不到要求,可采取提高仪器精度或改变观测方法等措施。

思考题

1. 什么是测量误差? 其如何表示?
2. 测量误差的来源有哪些?
3. 测量误差按其性质不同可分为哪些?
4. 偶然误差的特性有哪些?
5. 评定精度的指标有哪些?
6. 什么是算数平均值? 其有何特点?

项目七　地形图测绘与应用

任务一　地形图及其比例尺

学习目标：

(1)了解平面图与地形图的概念。

(2)掌握比例尺的概念和种类。

(3)掌握比例尺的精度。

任务描述：

　　地形图的测绘是遵循测量的基本原则进行的,根据测图目的及测区的具体情况建立平面及高程控制,然后根据控制点进行地物和地貌的测绘,即将地面上的各种地物和地貌,按一定的投影关系、依一定的比例、用规定的符号缩绘在图纸上。本任务主要讲述了平面图与地形图的概念、比例尺的概念和种类、比例尺的精度,要求学生重点掌握。

相关知识：

一、平面图与地形图

1.平面图

　　当测区面积不大时,可把大地水准面当作平面。将地面上的地物沿铅垂方向投影到水平面上,再按规定的比例和符号缩绘而成的图,称为平面图。平面图能反映实际地物的形状、大小及地物之间的相对平面位置关系。

2.地形图

　　在图上既表示测区内各种地物的平面位置,又用规定的符号表示地貌,这样的图称为地形图。地形图既能反映实际地物的形状、大小及地物之间的相对平面位置关系,又能反映地面高低起伏的形态。

二、比例尺

1.比例尺的概念

　　绘图时不可能将地面上的各种地物按其真实大小描绘在图纸上,而必须按一定的比例缩小后绘制。因此,图上任一线段长度与地上相应线段水平距离之比,称为图的比例尺。

2. 比例尺的种类

由于测图和用图的需要,比例尺的表示方法有数字比例尺和图示比例尺。

(1)数字比例尺

用分子为 1 的分数或数字比例形式来表示的比例尺称为数字比例尺,即

$$\frac{d}{D} = \frac{1}{M} \tag{7-1}$$

式中:d——图上长度;

D——实际实地长度;

M——比例尺的分母,表示缩小的倍数。

上式中分数值越大(M 越小),比例尺就越大,反之亦然。

数字比例尺可以写成 $\frac{1}{500}$、$\frac{1}{1000}$、$\frac{1}{2000}$ 等,也可以写成 1∶500、1∶1000、1∶2000 等。通常把 1∶500、1∶1000、1∶2000、1∶5000 比例尺的地形图,称为大比例尺地形图;1∶10000、1∶25000、1∶50000、1∶100000 比例尺的地形图,称为中比例尺地形图;小于 1∶100000 比例尺的地形图,称为小比例尺地形图。

根据数字比例尺,可以由图上线段长度求出相应实地线段水平距离;同样由实地水平距离可求出其在图上的相应长度。

(2)图示比例尺

最常见的图示比例尺为直线比例尺。直线比例尺是直接绘在图纸上的,能直接进行图上长度与相应实地水平距离的换算,并可避免因图纸伸缩而引起的误差,具体如图 7-1 所示。

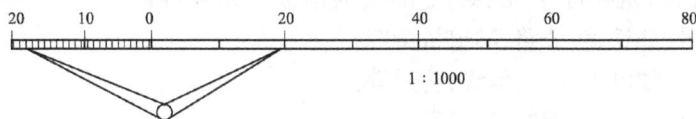

图 7-1　直线比例尺

3. 比例尺的精度

通常情况下,人们用肉眼能分辨的图上最短长度为 0.1mm,即在图纸上当两点的长度小于 0.1mm 时,人眼就无法分辨。因此,把相当于图纸上的 0.1mm 实地水平距离称为比例尺精度。

比例尺精度的概念对测图和用图都具有十分重要的意义。一方面,根据测图的比例尺,确定实地量距时应准确的程度;另一方面,根据要求,选用合适的比例尺。例如,测绘1∶1000比例尺地形图时,实地量距精度只要达到 0.1m 即可;若测图时要求在图上反映出地面上0.5m的细节,则选用的测图比例尺不应小于 1∶5000。

任务二　地形图图式

学习目标:

(1)掌握地物符号的分类方法。

(2)掌握等高线的相关定义和特点。

（3）能够正确利用图式符号表达地物、地貌。

任务描述：

地球表面十分复杂，但总的来说，大致分为地物和地貌两类。地面上具有明显轮廓的固定性物体称为地物，如房屋、河流、森林等。地面上高低起伏的形态称为地貌，如高山、深谷等。地物和地貌合称地形。为便于测图和用图，用各种规定的符号将实地的地物和地貌在图上表示出来，这些符号称为地形图图式。图式是由国家测绘总局统一制定的，它是测绘和使用地形图的重要依据。

本任务要求学生对地物符号的分类方法、等高线的相关定义和特点有深入的认识，要求能正确利用图式符号表达地物、地貌。

相关知识：

一、地物符号

地形图上用来表示房屋、河流、矿井等固定物体的符号称为地物符号。

1. **按地物性质分类**

按地物性质的不同，地形图图式可分为以下几种符号：

（1）测量控制点符号，如三角点、水准点、图根点等；

（2）居民地和垣栅符号，如房屋、窑洞、围墙、篱笆等；

（3）工矿建（构）筑物符号，如探井、吊车、饲养场、气象站等；

（4）交通符号，如铁路、公路、隧道桥梁等；

（5）管线符号，如电力线、通信线、管道等；

（6）水系符号，如河流、湖泊、沟渠等；

（7）境界符号，如国界、省界、县界等；

（8）地貌和地质符号，如等高线、石堆、沙地、盐碱地、沼泽地等；

（9）植被符号，如森林、耕地、草地、菜地等。

2. **按比例关系分类**

（1）依比例符号

当地物较大时，可将其形状、大小的水平投影按测图比例尺缩绘在图上的符号，称为依比例符号，如房屋、河流、森林等。

（2）非比例符号

当地物轮廓很小，但又很重要，在图上无法反映其真实形状和大小时，就采用规定的符号表示，这种符号称为非比例符号，如水井、独立树、纪念碑等。

（3）半比例符号

对于一些线状而延伸的地物，其长度能按比例缩绘，但其宽度不能按比例缩绘，这种符号称为半比例符号，如电力线、小路等。

二、地貌符号

地形图上用来表示地面高低起伏形态的符号称为地貌符号,通常用等高线表示地貌。因为等高线不仅能表示出地面起伏形状,而且还能科学地表示地面的坡度和地面点的高程及山脉走向。

1.等高线表示地貌的原理

等高线是地面上高程相等的相邻点连接而成的闭合曲线。一组等高线在图上不仅能表达地面起伏变化的形态,而且还具有一定立体感。如图7-2所示,设有一座小山头的山顶被水恰好淹没时的水面高程为50m,当水位每下降5m时,坡面与水面的交线即为一条闭合曲线,其相应高程分别为45m、40m、35m等。将这些曲线垂直投影在水平面上,并按一定比例尺缩绘在图纸上,从而得到一组表现山头形状、大小、位置以及起伏变化的等高线。

2.等高距和等高线平距

相邻等高线之间的高差 h,称为等高距或等高线间隔,在同一幅地形图上等高距是相同的。相邻等高线间的水平距离 d 称为等高线平距。坡度与平距成反比,d 越大,表示地面坡度越缓;反之越陡。

用等高线表示地貌,若等高距选择过大,就不能精确显示地貌;反之,选择过小,等高线密集,则失去图面的清晰度。因此,应根据地形图比例尺、地形类别参照表7-1选用基本等高距。

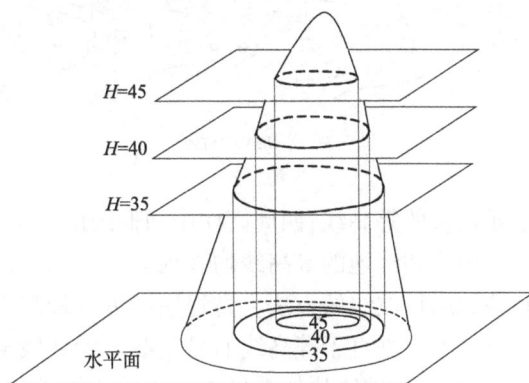

图7-2 等高线原理

地形图的基本等高距(m) 表7-1

地形类别	比例尺			
	1:500	1:1000	1:2000	1:5000
平地	0.5	0.5	1.0	2.0
丘陵	0.5	1.0	2.0	5.0
山地	1.0	1.0	2.0	5.0
高山地	1.0	2.0	2.0	5.0

3.等高线的种类

(1)首曲线

根据基本等高距测绘的等高线称为首曲线,又称为基本等高线。故首曲线的高程必须是等高距的整倍数。在图上,首曲线用细实线描绘,如图7-3所示。

(2)计曲线

为了读图方便,每隔四根等高线加粗描绘一根等高线,并在该等高线上的适当部位注记高程,该等高线称为计曲线,也称加粗等高线。

（3）间曲线

为了显示首曲线不能表示的详细地貌特征,可按 1/2 基本等高距描绘等高线,这种等高线称为间曲线,在地形图上用长虚线描绘。

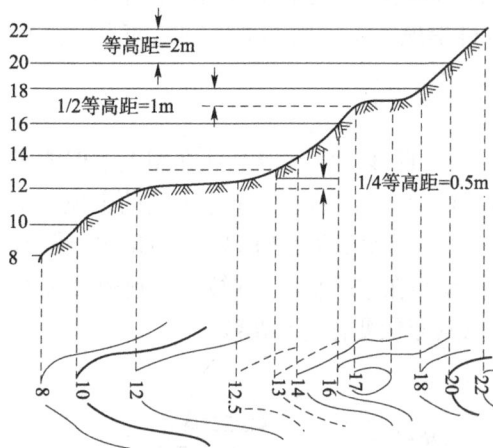

图 7-3　等高线示意图

（4）助曲线

按 1/4 基本等高距描绘的等高线称为助曲线,在图上用短虚线描绘。间曲线和助曲线都是用于表示平缓的山头、鞍部等局部地貌,或者在一幅图内坡度变化很大时,也常用来表示平坦地区的地貌。间曲线和助曲线都是辅助性曲线,在图幅中何处加绘没有硬性规定,在图幅中也可不需自行闭合。

4. 典型地貌及其等高线

地貌形态繁多,但主要由典型地貌的组合而成。

（1）山头和洼地（盆地）

隆起而高于四周的高地称为山,图 7-4a)为表示山头的等高线;四周高而中间低的地形称为洼地,图 7-4b)则为表示洼地的等高线。

山头和洼地的等高线均表现为一组闭合曲线。在地形图上区分山头和洼地,可采用高程注记或示坡线的方法。高程注记可在最高点或最低点上注记高程;示坡线是从等高线起向下坡方向垂直于等高线的短截线。示坡线从内圈指向外圈,说明中间高、四周低,故为山头或山丘;示坡线从外圈指向内圈,说明中间低、四周高,故为洼地或盆地。

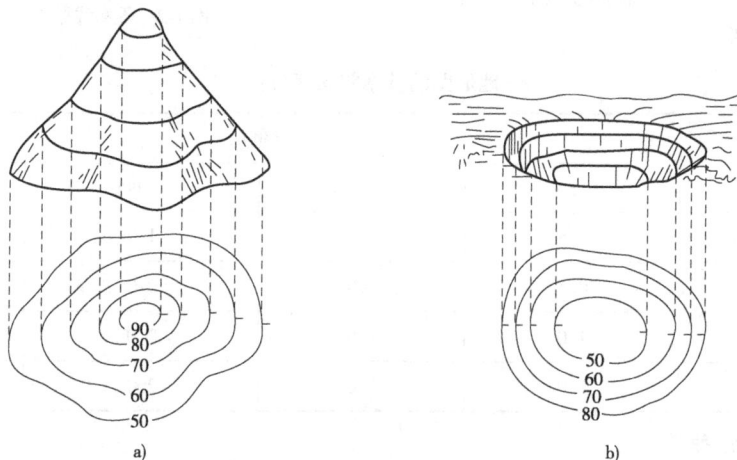

图 7-4　山头和洼地

（2）山脊和山谷

山脊是沿着一定方向延伸的高地,其最高棱线称为山脊线,又称分水线,如图 7-5a)所示;山脊的等高线是一组向低处凸出的曲线。山谷是沿着一方向延伸的两个山脊之间的凹地,贯穿山谷最低点的连线称为山谷线,又称集水线,如图 7-5b)所示;山谷的等高线是一组向高处凸出的曲线。

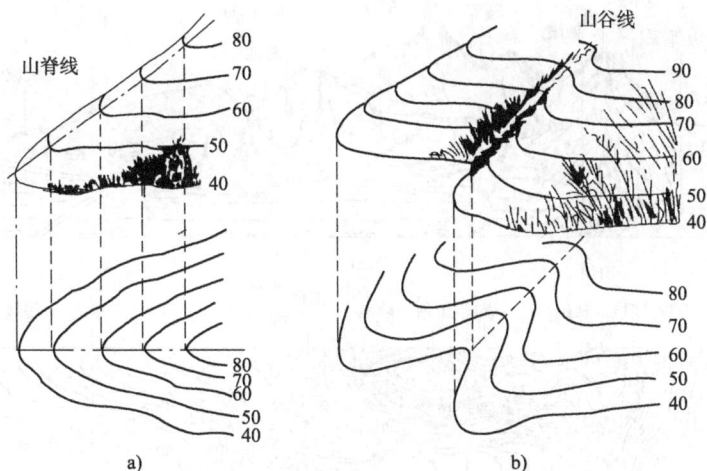

图 7-5 山脊和山谷

山脊线和山谷线可显示地貌的基本轮廓,统称为地性线,它在测图和用图中都有重要作用。

(3)鞍部

鞍部是相邻两山头之间低凹部位且呈马鞍形的地貌,如图 7-6 所示。鞍部(S 点处)俗称垭口,是两个山脊与两个山谷的会合处。等高线由一对山脊等高线和一对山谷等高线组成。

(4)峭壁和悬崖

峭壁是指坡度在 70°以上的陡峭崖壁,有石质和土质之分。图 7-7 是石质峭壁的表示符号。悬崖是上部突出、中间凹进的地貌,其等高线如图 7-8 所示。

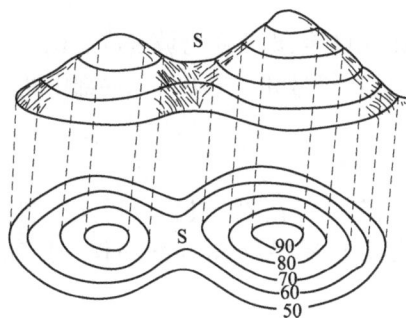

图 7-6 鞍部

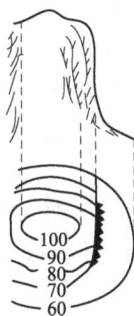

图 7-7 峭壁(石质)

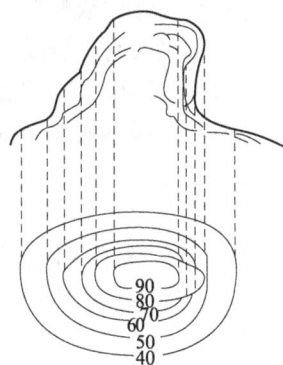

图 7-8 悬崖

(5)其他

地面上由于各种自然和人为的原因而形成的形态还有雨裂、冲沟、陡坎等,这些形态用等高线难以表示,可参照《地形图图式》规定的符合配合使用。

熟悉了典型地貌的等高线特征,就容易识别各种地貌。图 7-9 是某地区综合地貌及其对应的等高线图,可仔细对照阅读。

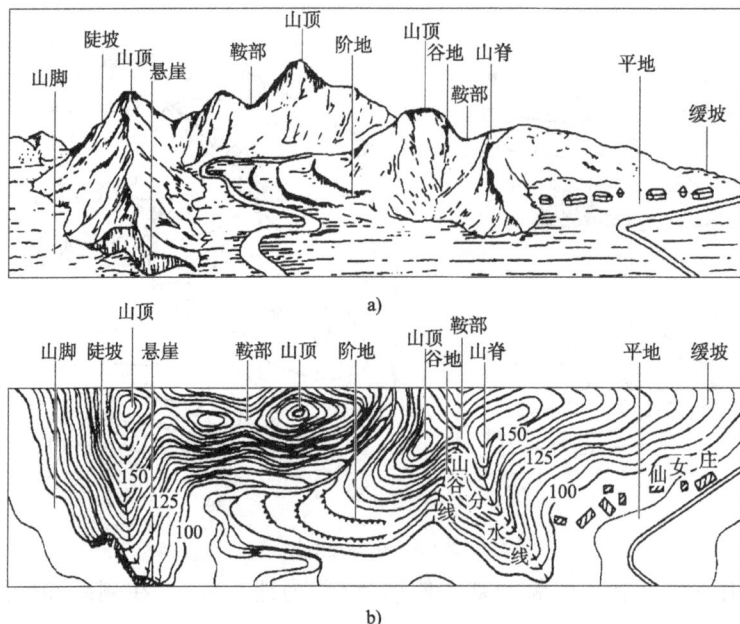

图 7-9 某地区综合地貌等高线

5. 等高线的特性

根据等高线的原理和典型地貌的等高线,可概括出等高线的特性如下:

(1)同一条等高线上的点,其高程必相等;但一幅图中高程相等的点,并非一定在同一条等高线上。

(2)等高线均是闭合曲线,如不在图幅内闭合,则必在图外闭合,故等高线必须延伸到图幅边缘。

(3)除在悬崖或峭壁处以外,等高线在图上不能相交或重合。

(4)等高线与山脊线、山谷线呈正交。

(5)一幅图中,等高线的平距小表示坡度陡,平距大则坡度缓,即平距与坡度成反比。

(6)等高线不能在图内中断,但遇道路、房屋、河流等地物符号和注记处可以局部中断。

三、注记

有些地物除了用相应的符号表示外,对于地物的性质、名称等在图上还需要用文字和数字加以注记。文字注记如地名、路名、单位名等,数字注记如房屋层数、等高线高程、河流的水深和流速等。

任务三 测图前的准备

学习目标:

(1)了解测图前准备工作的内容。

(2)掌握绘制平面坐标格网的方法。

(3)能够具备展绘控制点的能力。

任务描述:

在地形测图前,首先收集控制点成果,再到实地踏勘了解控制点完好情况和测区地形概况,拟订施测方案,检查校正仪器,选择图纸,绘制坐标格网,展绘控制点等。本任务要求学生掌握以上内容,为绘制地形图打下良好基础。

相关知识:

一、选择绘图纸

为保证测图的质量,应选择优质绘图纸,图幅大小一般为 50cm×50cm、40cm×40cm。临时性测图,可直接将图纸固定在图板上进行测绘,需要长期保存的地形图,为减少图纸的伸缩变形,通常将其裱糊在铝板或胶合板上。目前大多采用聚酯薄膜代替绘图纸,它的厚度为 0.07~0.1mm,表面打毛,可直接在底图上着墨复晒蓝图,如果表面不清洁,还可用水洗涤。聚酯薄膜具有透明度好、伸缩性小、牢固耐用等特点,但易燃、易折和老化,故在使用保管过程中应注意防火、防折。

二、绘制平面坐标格网

为了准确地展绘图根控制点,首先要在图纸上绘制 10cm×10cm 的平面坐标格网。绘制坐标格网可采用坐标格网尺法或对角线法。

1. 坐标格网尺法

坐标格网尺是专门用于绘制格网和展绘控制点的金属尺,如图 7-10 所示。它由温度膨胀系数很小的合金钢制成,尺上每隔 10cm 有一方孔,每孔 4 个孔壁中 3 个是竖直的,一个壁为斜面。用坐标格网尺绘制坐标格网的步骤如图 7-11 所示。

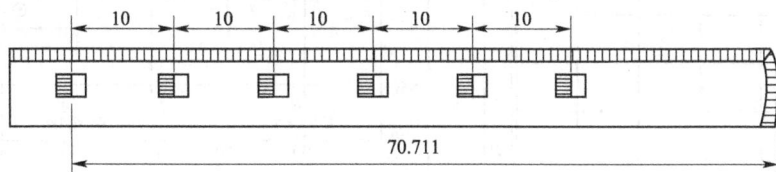

图 7-10　坐标格网尺(尺寸单位:cm)

2. 对角线法

如图 7-12 所示,用直尺在图纸上绘出两条对角线,从交点 M 为圆心沿对角线量取等长(大于 70.711/2)线段,得 A、B、C、D 点,并连接得矩形 ABCD。再从 A、D 两点起各沿 AB、DC 方向每隔 10cm 定一点,从 A、B 两点起各沿 AD、BC 方向每隔 10cm 定一点,连接矩形对边上的相应点,即得坐标格网。

坐标格网是测绘地形图的基础,每一个方格的边长都应该准确,纵横格网线应严格垂直,因此,绘好坐标格网后要进行格网边长和垂直度的检查。每一个小方格的边长检查:可用比例尺量取,其值与 10cm 的误差不应超过 0.2mm;每一个小方格对角线长度与 14.14cm

的误差不应超过 0.3mm。方格网垂直度的检查:可用直尺检查格网的交点是否在同一直线上,其偏离值不应超过 0.2mm。如检查值超限,应重新绘制方格网。

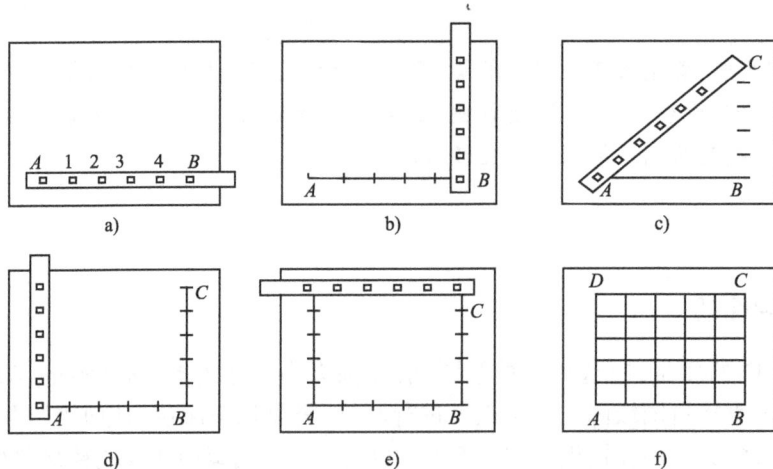

图 7-11　用坐标格网尺绘制坐标格网

三、展绘控制点

1.标注坐标格网线的坐标值

根据控制点的最大和最小坐标值来确定坐标格网线的坐标值,使控制点位于图纸上的适当位置,坐标值要注在相应格网边线的外侧,如图 7-13 所示。

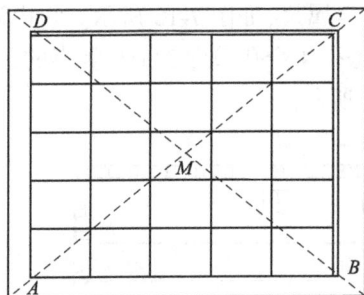

图 7-12　对角线法

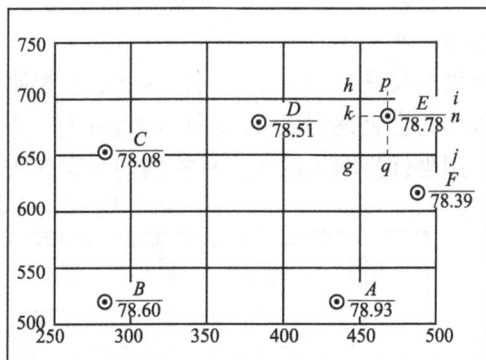

图 7-13　坐标格网线

2.展绘控制点

根据控制点的坐标,确定控制点所在的方格,展绘其位置。如 $E(683.20,465.80)$ 应在方格 $ghij$ 中,分别从 g、j 往上用比例尺截取 33.20m($683.20-650=33.20$),得 k、n 两点;分别由 g、h 往右用比例尺截取 15.80m($465.80-450=15.80$),得 p、q 两点;分别连接 kn、pq 得一交点,即控制点 E 在图纸上的位置。同法,可展绘其他图根点的位置。

3.展绘控制点的检查

用比例尺量取各相邻图根控制点间的距离是否与成果表上或与控制点坐标反算的距离相符,其差值在图上不得超过 0.3mm,否则重新展点。然后对控制点注记点名和高程。图纸上的控制点要注记点名和高程,可在控制点的右侧以分数形式注明,分子为点名,分母为高程,如图 7-13 中 B 点注记为 $\frac{B}{78.60}$。

任务四　碎 部 测 量

学习目标:

(1)了解碎部测量的步骤和方法。
(2)掌握碎部点的选择方法。
(3)掌握碎部测量的方法。

任务描述:

碎部测量就是以控制点为测站,测定其周围碎部点的平面位置和高程,并按规定的图式符号绘制成图。下面分别介绍碎部点的选择和碎部测量的方法。

相关知识:

一、选择碎部点

碎部点分为地物点和地貌点。碎部测量的精度和速度与司(立)尺员能否合理地选择碎部点有着密切的关系,司尺员必须了解测绘地形图有关的技术要求,掌握地形的变化规律,并能根据测图比例尺的大小和用图目的等,对碎部点进行综合取舍,然后立尺。碎部点的选择如图 7-14 所示。相关资源见二维码 31。

31-碎部测量方法

1. 地物点的选择

反映地物轮廓和几何位置的点称为地物特征点,简称地物点。如独立地物的中心点、线状和带状地物的中心线或边线以及块状地物的边界线上的起点、终点、转折(弯)点、坡度变化点、交(分)叉点等都是地物特征点。在地形图测绘中,应根据地物轮廓线的情况,做到"直稀、曲密",正确、合理选择地物点。现结合各类地物加以说明。

图 7-14　碎部点的选择

(1)居民地

测绘居民地根据所需测图比例尺的不同,在综合取舍方面也不一样。对于居民区的外轮廓应准确测绘,其内部的主要街道以及较大的空地应区分出来。对散列式的居民地、独立房屋应分别测绘。

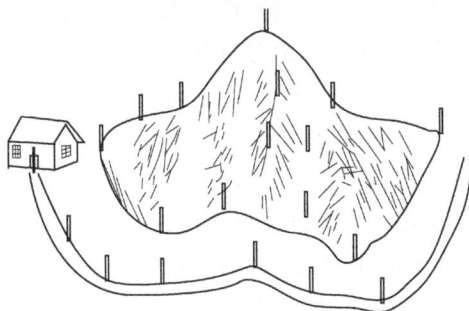

测绘房屋时由于房角一般是90°,所以仅需在长边的两个房角立尺,再量出房宽即可。但为了校核,有时还需要在第三个房角上立尺。如房屋有凸凹情况,可根据测图比例尺进行取舍,小于图上0.4mm的凸凹部分可以舍去不测。若凸凹部分较大,也仅需要在几个角点上立尺,再直接量取有关的宽度和长度即可。

(2)道路

道路包括铁路、公路、大车路和人行小路等,它们均属于线状地物,除交叉口外,都是由直线和曲线组成。特征点主要是直线和曲线的连接点和曲线上的变化点,直线部分立尺点可少些,曲线及道岔部分立尺点要密一些,当弯曲部分小于图上0.4mm时,不立尺。

铁路和公路一般测其中心线,并测量其实际宽度。根据测图比例尺,如宽度在图上不能按比例表示时,则根据所测中心线的位置按图式符号表示。有时道路除在图上表示平面位置外,还必须测注适当数量的高程点。

(3)管线

架空管线:在转折处的支架塔柱应实测,位于直线部分的可用当距长度在图上以图解法确定。塔柱上有变压器时,变压器的位置按其与塔柱的相应位置绘出。电线和管道用规定的符号表示。

(4)水系

水系包括河流、湖泊、水库、沟渠、池塘和井、泉等。河流、湖泊、水库是要测出水涯线(水面与地面的交线)还是洪水位(历史上最高水位的位置)或平水位(常年一般水位的位置),应根据用图单位的要求,并在调查研究的基础上进行测绘。

当河流、沟渠的宽度在图上不超过0.5mm时,可在其中心线的转折点、弯曲点、会合点、分岔点、变坡点和起点、终点上立尺,并用单线表示。当宽度在图上大于0.5mm时,可在一边的岸线上立尺,并量取宽度用双线表示;当宽度较大时,则应在两边岸线的特征点上立尺。

泉眼、水井应测出其中心位置,并用相应的符号表示;水系的主要附属物,如水闸、水坝、堤岸等,应逐一立尺测绘;所有河流均应注明水流方向,较大的河流还应注记名称。

(5)植被

植被包括森林、苗圃、果园、竹林、草地和耕地等。植被的测绘主要是测定各类植被边界线上的轮廓点,按实地形状用地类界符号描绘其范围大小,再加注植物符号和说明。如果地类界与道路、河流等重合时,则可不绘出地类界,但与境界、高压线等重合时,地类界应移位绘出。

2. 地貌点的选择

地貌虽千姿百态、错综复杂,但其基本形态可归纳为山地、丘陵地、盆地、平地。地貌可近似地看作由许多形状、大小、坡度方向不同的斜面所组成,这些斜面的交线称为地貌特征线,通常称为地性线,如山脊线、山谷线是主要的地性线。山脊线或山谷线上变换方向的点称为方向变换点,方向变换点之间的连线称作方向变换线;由两个倾斜度不同坡面的交线称为倾斜变换线。地性线上的坡度变化点和方向改变点、峰顶、鞍部的中心、盆地的最低点等都是地貌特征点,简称地貌点。

为了能详尽地表示地貌形态,除对明显的地貌特征点必须选测外,还需在其间保持一定的立尺密度,使相邻立尺点间的最大间距不超过表7-2的规定。

地 貌 点 间 距 表　　　　　　　　　　　　　　　表 7-2

测图比例尺	立尺点最大间隔(m)
1:500	15
1:1000	30
1:2000	50
1:5000	100

二、经纬仪测图

经纬仪测图是将经纬仪安置在测站上,测定测站到碎部点与导线边的夹角及其距离和高差,绘图板安置在旁边,边测边绘,方法简单灵活,不受地形限制,适用于各类测区。具体操作方法如下。相关资源见二维码32。

32-地形测量

1.安置仪器

如图 7-15 所示,经纬仪安置在测站(控制点)A 上,量取仪器高 i,记入碎部测量记录手簿。绘图板安置在旁边。

2.定向

经纬仪瞄准另一控制点 B,调整水平度盘读数为 0°00′00″,作为起始方向即零方向。

3.跑尺

在地形特征点(碎部点)上立尺的工作通称为跑尺。跑尺点的位置、密度、远近及跑尺的方法影响成图的质量和工效。跑尺前,跑尺员应弄清实测范围和实地情况,并与观测员、绘图员共同商定跑尺路线,依次将视距尺立置于地物、地貌特征点上。

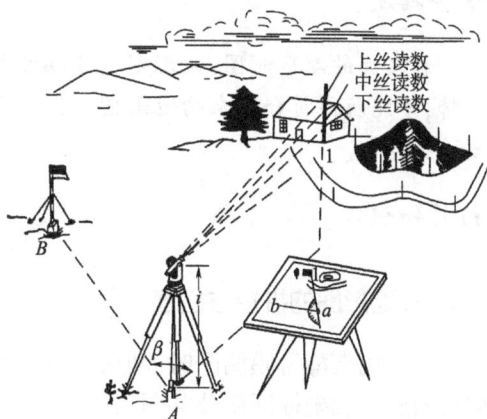

图 7-15　经纬仪测图

4.观测

转到照准部,瞄准碎部点上的视距尺,读取上中下三丝的读数,转动竖盘指标水准管微动螺旋,使竖盘指标水准管气泡居中,读取竖盘读数,最后读取水平度盘读数,分别记入碎部测量记录手簿。对于有特殊作用的碎部点,如房角、山头、鞍部等,应在备注中加以说明。

5.计算

根据上下丝读数算得视距间隔 l,由竖盘读数算得竖角 α,利用视距公式计算水平距距 D 和高差 h,并根据测站的高程算出碎部点的高程,分别记入碎部测量记录手簿。

6.展绘碎部点

用细针将量角器的圆心插在图上测站点 A 处,如图 7-15 所示,转动量角器,将量角器上等于水平角值的刻划线对准起始方向线,此时量角器的底边便是碎部点方向,然后用测图比例尺按测得的水平距离在该方向上定出碎部点的位置。当水平角值小于 180°时,应沿量角器底边右面定点;水平角大于 180°时,应沿量角器底边左面定点,并在点的右侧注明其高程,字头朝北。

同法,测出其余各碎部点的平面位置与高程,展绘于图上,并随测随绘。为了检查测图质量,仪器搬到下一测站时,应先观测前站所测的某些明显碎部点,以检查由两个测站测得该点平面位置和高程是否相同,如相差较大,则应纠正错误,再继续进行测绘。

7.绘制地物

当图纸上展绘出多个地物点后,要及时将有关的点连接起来,绘出地物图形。绘制时,要依据《地形图图式》。如居民点的绘制:这类地物都具有一定的几何形状,外轮廓一般都呈折线形,应根据测定点和地物特性勾绘出地物轮廓,并由图式样式进行填充或标注。

任务五　地形图的成图

学习目标:

(1)了解地形图成图的步骤和方法。
(2)掌握地形图的拼接与检查方法。
(3)能够进行地形图的整饰与清绘。

任务描述:

在较大的测区测图,地形图是分幅测绘的。测完图后,还需要对图幅进行拼接、检查与整饰,方能获得符合要求的地形图。为便于规划设计、工程施工等,还需要对所绘制的地形图进行复制。

相关知识:

一、地形图的拼接与检查

当采用聚酯薄膜测图时,利用薄膜的透明性,可将相邻图幅直接叠合起来进行拼接。首先按图廓点和坐标网使公共图廓线严格地重合,两图幅同值坐标线严密对齐;然后仔细观察拼接线上两边各地物轮廓线是否相接,地形的总貌和等高线的走向是否一致,等高线是否接合,各种符号、注记名称、高程注记是否一致、有无遗漏,取舍是否一致,等等。改正直线地物时,应将相邻图幅中直线的转折点或直线两端的地物点以直线连接。改正等高线位置时,应顾及连接后的平滑性和协调性,这样才能使地物轮廓线或等高线合乎实地形状,自然流畅地接合。

二、地形图的检查

1.室内检查

观测和计算手簿的记载是否齐全、清楚和正确,各项限差是否符合规定;检查图上地物、地貌的真实性、清晰性和易读性,各种符号的运用、名称注记等是否正确,等高线与地貌特征点的高程是否符合,有无矛盾或可疑的地方,相邻图幅的接边有无问题等。如发现错误或疑点,做好记录,然后到野外进行实地检查修改。

2.外业检查

首先进行巡视检查,以室内检查为依据,按预定的巡视路线,进行实地对照查看;然后再进行仪器设站检查。巡视检查主要查看原图的地物、地貌有无遗漏,勾绘的等高线是否合理,符号、注记是否正确等。如果发现错误太多,应进行补测或重测。

三、地形图的整饰与清绘

1. 地形图的整饰

当原图经过拼接和检查后要进行整饰,使图面更加合理、清晰、美观。整饰应遵循先图内后图外,先地物后地貌,先注记后符号的原则进行。

(1)用橡皮擦掉不必要的点、线、符号、文字和数字注记,对地物、地貌按规定符号描绘。

(2)文字应注记在适当位置,既能说明注记的地物和地貌,又不遮盖符号。一般要求字头朝北,河流名称、等高线高程等注记可随线状弯曲的方向排列,高程的注记应注于点的右方,字体要端正清楚。一般居民地名用宋体或等线体,山名用长等线体,河流、湖泊用左斜体。

(3)画图廓边框,注记图名、图号,标注比例尺、坐标系统及高程系统、测绘单位、测绘日期等。图上地物以及等高线的线条粗细、注记字体大小均按规定的图式进行绘制。

2. 地形图的清绘

在整饰好的铅笔原图上用绘图笔进行清绘。一般清绘的次序为图廓、注记、控制点、独立地物、居民地、道路、水系、建筑物、植被、地类界、地貌等。

如用聚酯薄膜测图时,在清绘前先把图面冲洗干净,晾干后才可清绘。清绘时,画线接头处一定要等先画好的线干后再连接,以免弄脏图面。绘图笔移动的速度要均匀,使画线粗细一致。若清绘有误,可用刀片刮去,用沙橡皮轻轻擦毛后再清绘。

任务六 地形图的应用

学习目标:

(1)掌握在地形图上确定点的坐标、高程、两点之间距离、直线的方位角。

(2)掌握选择拟定坡度的最短路线的方法,绘制指定方向的断面图。

(3)能够测算图形的面积。

任务描述:

测绘地形图的目的是为了使用地形图和解决工程建设中的问题。通过本任务的学习,要掌握在地形图上确定点的坐标、高程、两点之间距离、直线的方位角、地面坡度、区域面积等测量元素的求算方法,了解和熟悉地形图在工程建设中的应用。

相关知识:

一、求算点的平面位置

1. 求图上一点的平面直角坐标

如图 7-16 所示,平面直角坐标格网的边长为 100m,P 点位于 a、b、c、d 所组成的坐标格

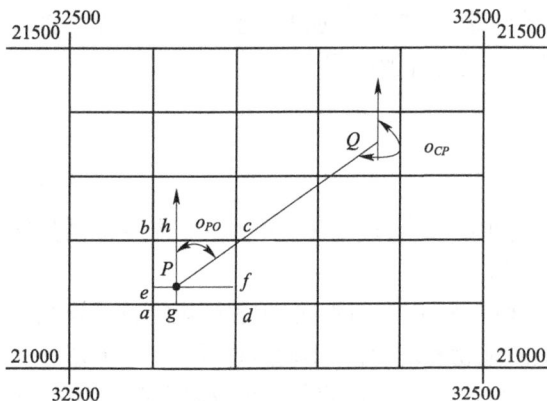

图 7-16　求图上一点的平面位置

网中,欲求 P 点的直角坐标,可以通过 P 点作平行于直角坐标格网的直线,交格网线于 e、f、g、h 点。用比例尺(或直尺)量出 ae 和 ag 两段长度分别为 27m、29m,则 P 点的直角坐标为:

$$x_p = x_a + ae = 21100 + 27 = 21127(m)$$
$$y_p = y_a + ag = 32100 + 29 = 32129(m)$$

2. 求图上一点的地理坐标

在求某点的地理坐标时,首先根据地形图内、外图廓中的分度带,绘出经纬度格网,接着作平行于该格网的纵、横直线,交于地理坐标格网,然后按照求算直角坐标的方法即可计算出点的地理坐标,具体计算可参考前述内容。

二、求算两点间的距离及方向

1. 求算两点间的距离

(1)根据两点的平面直角坐标计算

欲求图 7-16 中 PQ 两点间的水平距离,可先算出 P、Q 的平面直角坐标 (x_P,y_P) 和 (x_Q,y_Q),然后再利用下式计算:

$$D_{PQ} = \sqrt{(x_Q - x_P)^2 + (y_Q - y_P)^2} \tag{7-2}$$

(2)根据数字比例尺计算

当精度要求不高时,可使用直尺在图 7-16 上直接量取 PQ 两点的长度,再乘以地形图比例尺的分母,即得两点的水平距离。

(3)根据测图比例尺直接量取

为了消除图纸的伸缩变形给计算距离带来的误差,可以在图 7-16 上用两脚规量取 PQ 间的长度,然后与该图的直线比例尺进行比较,得出两点间的水平距离。

2. 求图上两点间的方位角

(1)根据两点的平面直角坐标计算

欲求图 7-16 中直线 PQ 的坐标方位角 α_{PQ},可由 P、Q 的平面直角坐标 (x_P,y_P) 和 (x_Q,y_Q),得:

$$\alpha_{PQ} = \arctan \frac{y_Q - y_P}{x_Q - x_P} \tag{7-3}$$

求得的 α_{PQ} 在平面直角坐标系中的象限位置,将由 $(x_Q - x_P)$ 和 $(y_Q - y_P)$ 的正、负符号确定。

(2)用量角器直接量取

如图 7-16 所示,若求直线 PQ 的坐标方位角 α_{PQ},当精度要求不高时,可以先过 P 点作一条平行于坐标纵线的直线,然后用量角器直接量取坐标方位角 α_{PQ}。

三、求算点的高程

根据地形图上的等高线,可确定任一地面点的高程。如果地面点恰好位于某一等高线上,则根据等高线的高程注记或基本等高距,便可直接确定该点高程。如图 7-17 所示,p 点的高程为 20m。

在图 7-17 中,当确定位于相邻两等高线之间的地面点 q 的高程时,可以采用目估的方法确定。更精确的方法是,先过 q 点作一条直线,与相邻两等高线相交于 m、n 两点,再依高差和平距成比例的关系求解。若图 7-17 中的等高线基本等高距为 1m,mn、mq 的长度分别为 20mm 和 16mm,则 q 点高程 H_q 为:

$$H_q = H_m + \frac{mq}{mn} \cdot h = 23 + \frac{16}{20} \times 1 = 23.8(\text{m})$$

如果要确定图上任意两点间的高差,则可采用该方法确定两点的高程后相减即得。

四、求算地面坡度

如图 7-17 所示,欲求 a、b 两点之间的地面坡度,可先求出两点的高程 H_a、H_b,计算出高差 $h_{ab} = H_b - H_a$,然后再求出 a、b 两点的水平距离 D_{ab},按下式即可计算地面坡度:

$$i = \frac{h_{ab}}{D_{ab}} \times 100\% \qquad (7-4)$$

或

$$\alpha_{ab} = \arctan \frac{h_{ab}}{D_{ab}} \qquad (7-5)$$

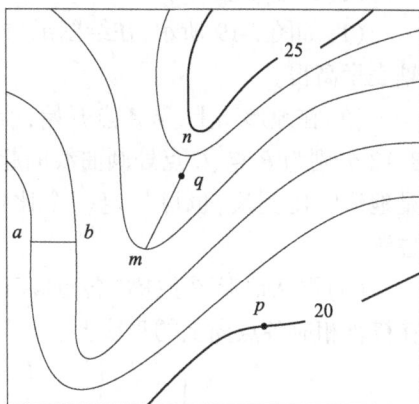

图 7-17　求图上一点的高

五、选择拟定坡度的最短路线

如图 7-18 所示,地形图的等高距为 1m,设其比例尺为 1 : 2000。现根据园林道路工程规划,需在该地形图上选出一条由车站 A 至某工地 D 的最短线路,并且要求在该线路任何处的坡度都不超 5%,操作步骤为:

(1)将两脚规在坡度尺上截取坡度为 5% 时相邻两等高线间的平距,也可按下式计算相邻等高线间的图上最小平距:

$$d = \frac{h}{iM} = \frac{1}{0.05 \times 2000} = 0.01(\text{m}) = 1\text{cm}$$

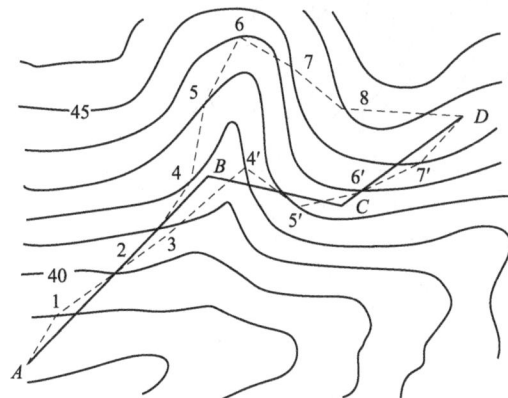

图 7-18　按规定坡度在图上选线

(2)用两脚规以 A 为圆心,以 1cm 为半径画弧,与 39m 等高线交于 1 点;再以 1 为圆心,以 1cm 为半径画弧,与 40m 等高线交于 2 点;依此作法,直到 D 点为止。将各点连接即得限制坡度的路线 A—1—2—3—4—5—6—7—8—D。

这里还会得到另一条路线,即在 3 点之后,将 2-3 直线延长,与 42m 等高线交于 4′点,3、4′两点距离大于 1cm,故其坡度不会大于规定坡度 5%,再从 4′点开始按上述方法选出 A—1—2—3—4′—5′—6′—7′—D 的路线。

(3)图 7-18 中,设最后选择 A—1—2—3—4′—5′—6′—7′—D 为设计线路,按线路设计要求,将其去弯取直后,设计出图上线路导线 A—B—C—D。

六、绘制指定方向的断面图

如图 7-19 所示,ABCD 为一越岭线路,依次交等高线于 1、2、3…点,需沿此方向绘纵断面图。其操作步骤如下:

(1)如图 7-19 所示,在绘图纸(或毫米方格纸)上绘出两垂直的直线,横轴表示距离,纵轴表示高程。

(2)在地形图上,从 A 点开始,沿线路方向量取两相邻等高线间的平距(图中点 2、6 和点 8、12 分别为 B 点、C 点处圆曲线的起点和终点,在图中也应表示出来),按一定比例尺(可以是地形图比例尺,也可另定一个比例尺)将各点依次绘在横轴上,得 A、1、2…15、D 点的位置。

(3)再从地形图上求出各点高程,按一定比例尺(一般比距离比例尺大 10 倍或 20 倍)绘在横轴相应各点向上的垂线上。

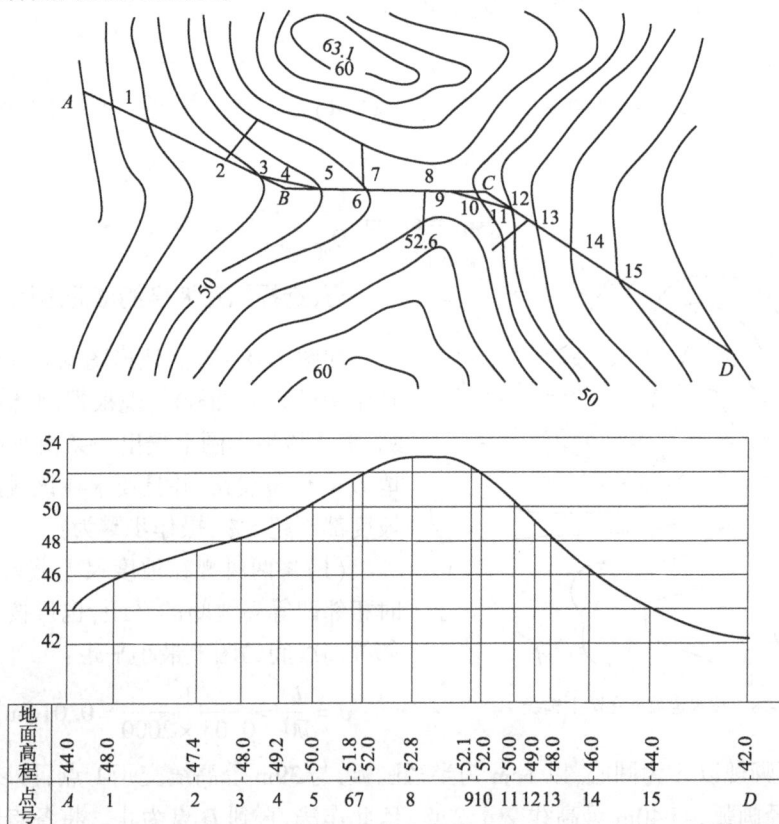

地面高程	44.0	48.0		47.4	48.0	49.2	50.0	51.8 52.0	52.8	52.1 52.0	50.0	49.0	48.0	46.0	44.0	42.0
点号	A	1		2	3	4	5	67	8	910	11	12	13	14	15	D

图 7-19　绘制地形断面图

（4）最后将相邻垂线上的高程点用平滑的曲线（或折线）连接起来，即得路线 $ABCD$ 方向的纵断面图。

七、测算图形的面积

1. 图解法

（1）几何图形法

如图 7-20 所示，当求面积的边界为直线时，可以把该图形分解为若干个规则的几何图形，如三角形、梯形或平行四边形等，然后量出这些图形的边长，利用几何公式计算出每个图形的面积。将所有图形的面积之和乘以该地形图比例尺分母的平方，即为其实地面积。

（2）透明方格纸法

对于不规则图形，可以采用透明方格纸法求算图形面积。通常使用绘有方格网的透明纸覆盖在待测图形上，统计落在待测图形轮廓线以内的方格数来测算面积。

透明方格纸法通常是在透明纸上绘出边长为 d（可用 1mm、2mm、5mm）的小方格，如图 7-21 所示，测算图上面积时，将透明方格纸固定在图纸上，先数出图形内完整小方格数 n_1，再数出图形边缘不完整的小方格数 n_2，然后按下式计算整个图形的实际面积：

$$S = \left(n_1 + \frac{n_2}{2}\right) \cdot \frac{(d \cdot M)^2}{10^6} \qquad (\text{m}^2) \qquad (7\text{-}6)$$

式中：M——地形图比例尺分母；

　　　d——方格边长（mm）。

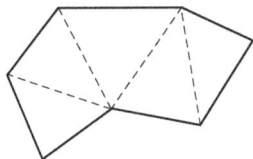

图 7-20　几何图形法测算面积　　　　图 7-21　透明方格法测算面积

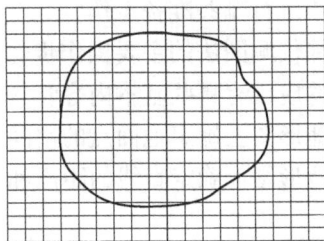

（3）网点法

网点法是利用网点板覆盖在待测图形上，统计落在待测图形轮廓线以内的网点数来测算面积的方法。网点法与透明方格纸法不同的是网点数，而计算方法相同。

为了提高测算精度，图形面积要测算 3 次，每次必须改变方格或网点的位置，最后取其平均值作为结果。

（4）平行线法

透明方格纸法和网点法的缺点是数方格和网点困难，为此，可以使用透明平行线法。在透明模片上制作相等间隔的平行线，如图 7-22 所示。测算时把透明模片放在欲量测的图形上，使整个图形被平行线分割成许多等高的梯形，设图中梯形的中线分别为 L_1、$L_2 \cdots L_n$，量其长度大小，则所测算的面积为：

$$S = h(L_1 + L_2 + \cdots + L_n) = h\sum_{i=1}^{n}L_i \qquad (7\text{-}7)$$

2. 解析法

如果图形为任意多边形，并且各顶点的坐标已知，则可利用坐标计算法精确求算该图形的面积。如图 7-23 所示，各顶点按照逆时针方向编号，则面积为：

$$S = \frac{1}{2}\sum_{i=1}^{n}x_i(y_{i-1}-y_{i+1}) \qquad (7\text{-}8)$$

式中，当 $i=1$ 时，y_{i-1} 用 y_n 代替；当 $i=n$ 时，y_{i+1} 用 y_1 代替。

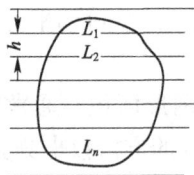

图 7-22　解析法测算面积　　　图 7-23　平行线法测算面积

思考题

1. 什么是地物？什么是地貌？
2. 什么是地形图比例尺？
3. 等高线是如何定义的？等高线分哪几种？
4. 等高线有哪些特性？
5. 测图前要进行哪些准备工作？
6. 简述经纬仪测图法的主要操作步骤。
7. 地形图的应用有哪些基本内容？
8. 如何在地形图上确定地面点的空间坐标？
9. 如何在地形图上确定直线的距离和方位角？

项目八　轨道线路测量

线路测量是指铁路线路在勘测、设计和施工等阶段中所进行的各种测量工作。它主要包括以下列程序：

(1)方案研究

在小比例尺地形图上找出线路可行的方案和初步选定一些重要技术标准,如线路等级、限制坡度、牵引种类、运输能力等,并提出初步方案。

(2)初测和初步设计

初测是为初步设计提供资料而进行的勘测工作,其主要任务是提供沿线大比例尺带状地形图以及地质和水文资料。初步设计的主要任务是在提供的带状地形图上选定线路中心线的位置。经过经济、技术比较提出一个推荐方案;同时要确定线路的主要技术标准,如线路等级、限制坡度、最小半径等。

(3)定测和施工设计

定测是为施工技术设计而做的勘测工作,其主要任务是把已经上级部门批准的初步设计中所选定的线路中线测设到地面上去,并进行线路的纵断面和横断面测量;对个别工程还要测绘大比例尺的工点地形图。施工技术设计是根据定测所取得的资料,对线路全线和所有个体工程做出详细设计,并提供工程数量和工程预算。

任务一　轨道线路初测

学习目标：

(1)了解轨道线路初测的方法。
(2)掌握高程测量和导线测量的方法。
(3)能够进行地形图测绘。

任务描述：

初测的主要任务是在指定范围内建立平面和高程控制网、测绘带状地形图,并收集沿线水文、地质等有关资料,为图上定线、编制比较方案等初步设计提供依据。传统工作主要包括插大旗、高程测量、导线测量、平面控制测量、地形图测绘等内容。

相关知识：

一、插大旗

根据方案研究中在小比例尺地形图上所选线路位置,在野外用"红白旗"标出其走向和大概位置,并在拟定的线路转向点和长直线的转点处插上标旗,为导线测量及各专业调查指出进行的方向。选点插旗是一项十分重要的工作,一方面要考虑线路的基本方向,另一方面要考虑便于导线测量、地形测量。

二、高程控制测量

初测高程测量的任务有两个,一是沿线路设计水准点作为线路的高程控制网;二是测定导线点和加桩的高程,为地形测绘和专业调查使用。

1. 水准点高程测量

线路水准点一般每隔 2km 设置一个,重点工程地段应根据实际情况增设水准点。水准点高程按五等水准测量要求的精度施测;水准点高程测量应与国家水准点联测,其路线长度不远于 30km 联测一次,形成附合水准路线。水准仪的精度不应低于 DS_3 级,水准尺宜用整体式;可采用一组往返测或两台水准仪并测。高差较差在限差以内时采用平均值。

2. 光电测距三角高程测量

光电测距三角高程测量,可与平面导线测量合并进行。水准点的设置要求、闭合差限差及检测限差应符合水准测量要求。

导线点应作为高程转点。高程转点间的距离和竖直角必须往返观测;斜距应加气象改正;高差可不加折光改正,采用往返观测取平均值;仪器高、棱镜高应在测距前和测角后分别量测一次,取位至 mm,两次量测的较差不大于 2mm 时,取其平均值。测量的技术要求见表8-1。

水准点光电测距三角高程测量技术要求　　　　表8-1

距离测回数	竖 直 角				边长范围（m）
	测回数	最大角值（"）	测回间较差（"）	指标差互差（"）	
往返各一测回	往返各测两测回	20	8	8	200~500

3. 桩(中桩)高程测量

加桩是指导线点之间所钉设的板桩,它用于里程计算和专业调查,一般每100m 钉设一桩;在地形变化处及地质不良地段,也应钉设加桩。

(1)加桩水准测量

加桩水准测量使用精度不低于原 S10 级的水准仪;采用单程观测,水准路线应起闭于水准点,导线点应作为转点,转点高程取位至 mm;加桩高程取位至 cm。其限差要求见表8-2。

（2）加桩光电测距三角高程测量

加桩高程测量可与水准点光电测距三角高程测量同时进行；若单独进行加桩光电测距三角高程测量时，其高程路线必须起闭于水准点，其限差要求见表8-2。

初测线路高程光电测距控制测量和导线点加桩高程测量限差　　　　　　　表8-2

项　　目		往返测高差不符值	附合线路闭合差	检核
水准点	水准测量	$30\sqrt{K}$	$30\sqrt{L}$	$30\sqrt{K}$
	光电测距三角高程测量	$60\sqrt{D}$	$30\sqrt{L}$	$30\sqrt{D}$
加桩	水准测量		$50\sqrt{L}$	100
	光电测距三角高程测量		$50\sqrt{L}$	100

注：K 为相邻水准点间水准路线长度；L 为附合水准路线长度；D 为光电测距边的长度；K、L、D 均以千米（km）为单位，计算数值以 mm 为单位。

三、平面控制测量

1. 导线联测及限差要求

导线的边长测量可使用全站仪、光电测距或钢尺。相邻导线点间的距离和竖直角应往返观测各一测回，距离一测回读数4次，边长采用往测平距，返测平距仅用于检核。

《既有铁路测量技术规则》（TBJ 105—1988）规定，导线起终点及不远于 30km 应与国家大地点（三角点、导线点、Ⅰ级军控点）或其他单位不低于四等的大地点联测；有条件时，也可采用 GPS 全球定位技术加密四等以上大地点。初测导线测量限差要求见表8-3。

初测导线测量限差　　　　　　　表8-3

项　　目			2秒仪器	6秒仪器
水平角	检测时较差		20	30
	闭合差	附合和闭合导线	$\pm25\sqrt{n}$	$\pm30\sqrt{n}$
		延伸导线　两端测真北	$\pm5\sqrt{n+16}$	$\pm30\sqrt{n+10}$
		延伸导线　一端测真北	$\pm25\sqrt{n+8}$	$\pm30\sqrt{n+5}$
	检测较差	光电测距仪和全站仪（mm）	$2\sqrt{2}M_D$	$2\sqrt{2}M_D$
		其他测距方法	1/2000	1/2000
长度	相对闭合差	光电测距仪和全站仪　水平角平差	1/6000	1/4000
		光电测距仪和全站仪　水平角不平差	1/3000	1/2000
		其他测距方法　水平角平差	1/4000	1/2000
		其他测距方法　水平角不平差	1/2000	1/2000
	附合导线长度（km）		30	20

注：n 为置镜点总数；M_D 为光电测距仪标称精度；附合导线长度的相对闭合差应为两化改正后的值。

2．坐标换带

在高斯平面直角坐标系中，由于分带投影，使参考椭圆体上统一的坐标系被分割成各带独立的直角坐标系。铁路初测导线与国家大地点联测，有时两已知点会处于两个投影带中，因此必须先将邻带的坐标换算为同一带的坐标才能进行检核，这项工作简称坐标换带。它包括6°带与6°带的坐标互换、6°带与3°带的坐标互换等。

首先必须考虑所用的国家控制点和初测导线点是否位于同一高斯投影带内，若不在同一投影带内，则应进行坐标换带计算。先把邻带控制点的坐标换算为一带内的坐标，再计算坐标方位角和坐标闭合差。坐标换带通常使用软件进行，可参见相关书籍。

3．导线长度的"两化"改正

国家控制点的坐标是建立在高斯平面直角系统上的坐标，用该坐标反算出来的边长也是高斯平面上边长，而我们在导线测量中所测得的边长是实地边长。当附合导线与国家控制点连接时，应进行"两化"改正，即：先将导线边长改化到大地水准面上去，然后再归化至高斯投影平面上。用"两化"改化后的边长计算出的坐标，才能与国家控制点进行比较校核。当闭合差在限差以内时，即可进行调整。特别是导线处于海拔较高或位于投影带的边缘时，必须进行"两化"改正。具体改化方法请参见相关书籍。

四、地形测量

1．线路地形图

线路地形图是以导线或线路为依据，沿线路两侧一定范围内测绘的带状地形图，主要供纸上定线或线路设计之用。

测图应采用1∶2000的比例尺；两侧测绘宽度均为100～200m。对地物、地貌简单，地势平坦的地区，可采用1∶5000的比例尺，两侧测绘宽度不应小于250m。

2．专项工程地形图

专项工程地形图是指供桥梁、隧道、渡口、改河、改渠工程、需防治的地质不良地段、大型防护工程、线路交叉口等工程设计用的地形图，又称工点地形图。图上除绘出线路地形图的有关内容外还应绘出与结构有关的内容。专项工程地形图宜采用1∶500、1∶1000的比例尺，测绘宽度应根据用地需要确定。

任务二 轨道线路定测

学习目标：

(1)了解轨道线路定测的内容。

(2)掌握中线测量的内容和方法。

(3)掌握纵、横断面测量内容和方法。

任务描述：

初测与初步设计之后，将进行线路的定测与施工设计等工作。定测阶段的主要测量工作是中线测量和纵横断面测量，要求学生要深入学习和掌握。

相关知识：

一、线路平面组成和位置标志

由于受地形、地质、技术条件等的限制和经济发展的需要，铁路线路的方向要不断改变。为了保持线路的圆顺，在改变方向的两相邻直线间须用曲线连接起来，这种曲线称平面曲线。平面曲线有两种形式，即圆曲线和缓和曲线。线路平面组成见图8-1。圆曲线是一段具有半径相同的圆弧；缓和曲线则是连接直线与圆曲线间的过渡曲线，其曲率半径由无穷大逐渐变化到圆曲线的半径。铁路干线的平面曲线都应加设缓和曲线。

图8-1　线路平面线性

在地面上标定线路的位置，是将一系列的木桩标定在线路的中心线上，这些桩称为中线桩，简称中桩。中线桩除了标出中线位置外，还应标出各个桩的名称、编号及里程等。对线路位置起控制作用的桩称线路控制桩，直线上的控制桩有交点桩和直线转点桩，曲线上也有一系列控制桩。为了详细标出直线和曲线的位置和里程，在直线上每50m、在曲线上每20m钉一中线桩，里程为整百米的桩称为百米桩，里程为整公里的桩称为公里桩，在地形明显变化和线路与其他道路管线交叉处应设置加桩。里程是指中线桩沿线路至线路起点的距离，它是沿线路中线计量，以km为单位。一般以线路起点为DK0+000。

二、中线测量

中线测量是新线定测阶段的主要工作，它的任务是把在带状地形图上设计好的线路中线测设到地面上，并用木桩标定出来。

中线测量包括放线和中线测设两部分工作。放线是把纸上定线各交点间的直线段测设于地面上；中桩测设是沿着直线和曲线详细测设中线桩。

1. 放线测量

放线的任务是把中线上直线部分的控制桩（JD、ZD）测设到地面，以标定中线的位置。放线的方法有多种，常用的有拨角法、支距法和极坐标法等。可根据地形条件、仪器设备及纸上定线与初测导线距离的远近等情况，选择一种或几种交替使用。

1）拨角法放线

它是根据纸上定线交点的坐标，预先在内业计算出两相邻交点间的距离及直线的转向角，然后根据计算资料在现场放出各个交点，定出中线位置。

拨角放线的工作程序为：计算放线资料、实地放线、联测与放线误差的调整。

（1）计算放线资料。

如图8-2所示，根据初测导线点C_i线路直线起点（JD_0）和交点（JD_i）的坐标，利用地形图查询或坐标反算公式，计算放线资料，得到拨角放线所需的转向角和距离。

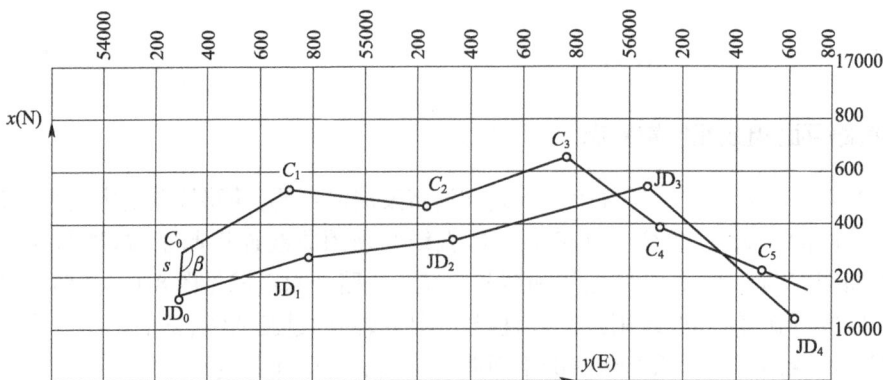

图 8-2 拨角放线法示意图

（2）实地放线。

根据放线资料，首先置经纬仪/全站仪于初测导线点 C_0 上，后视 C_1 盘左、盘右拨角 β，分中后定出 $C_0 \sim JD_0$ 方向，在此方向上放样距离 S，即定出 JD_0 点。然后在 JD 置仪，后视 C_0 同样放样出 JD_1，在 JD_1 安仪，后视 JD_0，放样出 JD_2。以此类推，根据交点转向角及直线长度，测设其他直线交点。

交点水平角（转向角）应使用正倒镜测设。在限差范围内时，分中取平均位置。距离采用往返观测，交点至转点或转点之间的距离，在使用全站仪、光电测距仪时不宜长于 1000m，使用钢卷尺时不宜长于 400m；地形平坦、视线清晰时，也不应长于 500m；而两点间的最短距离不得短于 50m，当短于 50m 时应设置远视点。

钉设转点时，正、倒镜的点位横向误差每 100m 距离不应大于 5mm；当点间距离大于 400m 时，最大点位横向误差不应大于 20mm，在限差以内分中定点。在测设距离的同时，可以钉出直线上的中线桩（公里桩、百米桩、加桩）和曲线主点桩。

（3）联测与放线误差的调整。

拨角法放线虽然速度较快，但其缺点是放线误差累积，为了保证测设的中线位置与理论位置偏离不过大，每隔 5~10km 应与初测导线（或航测外控点、GPS 点）联测一次，其水平角闭合差和长度相对闭合差不应超过表 8-3 的规定。当闭合差超限时，应查找原因，纠正放线点位；若闭合差在限差以内，则应在联测处截断累积误差，使下一个放线点回到设计位置上。

2）支距法放线

初测导线与纸上定线相距较近时，为控制好线路位置，可采用支距法放线。它是以导线点（或航测外控点）为基础，独立测设出中线的各直线段，然后将两相邻直线段延伸相交得到交点。由于每一直线段都是独立放出，误差不会积累，但放线程序较繁琐。其工作程序为：准备放线资料、实地放线、交点。

（1）准备放线资料

从地形图上选定一些导线点，用比例尺和量角器量出这些点到纸上定线的距离和角度，这些点的选择既要考虑测设方便，又要使用同一直线段上相邻两点间通视，且两点间距尽量远些；此外也可选取中线上的特征点，如明显地物点、导线与中线相交点等。为了检核和保证放线位置的精度，每一直线段上不能少于 3 个点。最后，应将量得的数据标在放线示意图上。

（2）实地放线

①放点

根据放线示意图,在现地拔出相应的导线点,利用经纬仪、方向架或直角器测设方向,用钢卷尺或皮尺量出距离,定出临时支距点,并插上一带红白旗的竹竿标出点位。

②穿线

支距法放出的各点均是独立的点,故放线误差不会累积,但由于放线资料的量取和实际测设中都会有误差,故实地放出的同一直线上的各点并非在同一直线上,需用经纬仪将相应的各点调整到同一直线上,这一工作称为穿线。

穿线时,一种方法是将经纬仪安置于一个较高的临时点上,照准最远处的一个转点（ZD）,若中间各点偏离视线方向不大,则可将各点移动,标定在视线方向上,并打桩钉上小钉;另一种方法是将经纬仪安置于某临时支点附近,使其前、后大多数点均在仪器正、倒镜视线所指直线的方向附近,则以此视线作为直线段的方向,在此方向上钉出若干个直线转点桩 ZD。

③延长直线

为了得到相邻两直线段的交点,一般采用盘左、盘右分中定点法来延长直线。如图 8-3 所示,欲将 AB 延长,置经纬仪于 B 点,盘左后视 A 点,倒转望远镜后在视线方向上打一木桩,并在桩顶上标出一点 c_1;然后盘右后视 A 点,倒镜后在桩顶上标出 c_2 点,若 c_1c_2 之间的距离小于横向误差容许值时,则取其中点 c 作为 AB 延长直线上的点,并钉一小钉标出。

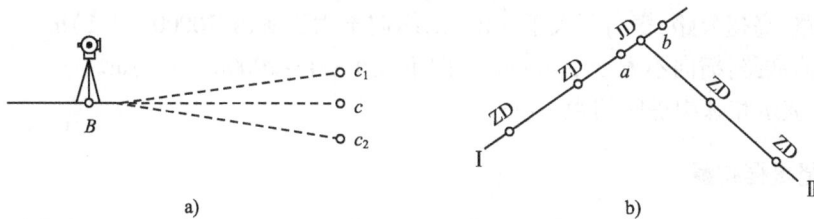

图 8-3 支距法放线示意图

为保证延长直线的测设精度,前、后视线长度不能相差太大,且后视距离不能太短;对点和设点尽量采用垂球,且距离较远时,也可用测钎或标杆,但要尽量照准其底部。

（3）交点

相邻两直线段在实地测设出来之后,将它们延长即可测设出直线的交点 JD。交点是确定中线的直线段方向和测设曲线的重要控制点。

如图 8-3 所示,将经纬仪安置在直线 I 的转点 ZD 上,延长直线 I,估计在与直线 II 相交处的前后打下 a、b 木桩,并在桩顶钉一小钉,拉上细线,这两个桩称骑马桩。然后用经纬仪将直线 II 延长,在视线与骑马桩上的细线相交处上方打木桩,然后悬吊垂球沿细线移动,当垂球线与直线 II 的视线方向重合时,即可定出交点位置,钉一小钉示之;也可先将直线 I 的方向沿细线用铅笔投画在桩顶上,利用垂球移动定出与直线 II 的交点。

3）极坐标法放线

它是利用光电测距仪测距速度快、精度高的特点,在一个导线点上安置测距仪,同时测设几条直线上的若干个点,如图 8-4 所示。测距仪安置在导线点 C_1 上,可同时测设出 A、B…

G,大大提高了放线的效率。其距离、角度应通过坐标反算来确定,而且最后也要经过穿线来确定直线段的位置。

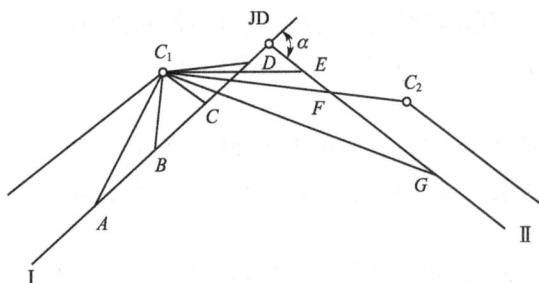

图8-4 极坐标法放线

2. 中桩测设

放线工作完成后,地面上已有了控制中线位置的转点桩 ZD 和交点桩 JD。依据 ZD 和 JD 桩,即可将中线桩详细测设在地面上,这项工作通称中桩测量。它包括直线和曲线两部分,此节先介绍直线测设,曲线测设在后面几节中介绍。

中线上应钉设公里桩、百米桩和加桩。直线上中桩间距不宜大于 50m;在地形变化处或按设计需要应另设加桩,加桩一般宜设在整米处。

中线距离应用光电测距仪或钢尺往返测量,在限差以内时取平均值。百米桩、加桩的钉设以第一次量距为准。定测控制桩——直线转点、交点、曲线主点桩,一般都应用固桩。固桩可埋设预制混凝土桩或就地灌注混凝土桩,桩顶埋入铁钉。

中桩测设精度要求:

直线上中桩测设时,中桩间距不宜大于 50m,中线距离应用全站仪。光电测距仪或钢尺测量两次,在限差以内时取平均值,中桩测设的桩位误差限差为:

(1)铁路、高速公路:横向不大于 ±10cm;纵向不大于 ±$(s/20000+0.1)$m。

(2)高速铁路:横向不大于 ±10mm;纵向不大于 ±$(s/20000+0.1)$m。

式中,s 表示相邻中桩间的距离(m)。

三、线路高程测量

铁路新线的初测和定测阶段都要进行高程测量,它包括线路水准点高程测量和中桩高程测量。

1. 线路水准点高程测量

线路水准点高程测量现场称基平测量。它的任务是沿线布设水准点、施测水准点的高程,作为线路及其他工种测量工作的高程控制点。

定测阶段水准点的布设应在初测水准点布设的基础上进行。首先对初测水准点逐一检核,采用初测成果,若确认超限,方能更改。若初测水准点远离线路,则重新移设至距线路100m 的范围内。水准点的布设密度一般 2km 设置一个,但长度在 300m 以上的桥梁和 500m 以上的隧道两端和大型车站范围内,均应设置水准点。水准点设置在坚固的基础上或埋设混凝土的标桩,以 BM 表示并统一编号。

在铁路水准点测量中,当跨越河流或深谷时,由于前、后视线长度相差悬殊及水面折光的影响,不能按通常的方法进行水准测量。当跨越大河、深沟视线长度超过 200m 时,应按跨河水准测量进行。

2. 中桩高程测量

初测时中桩高程测量是测定导线点及加桩桩顶的高程为地形测量建立图根高程控制。

定测时,则是测定中线上各控制桩、百米桩、加桩处的地面高程,为绘制线路纵断面提供资料。

（1）中桩水准测量

中桩水准采用一台水准仪单程测量,水准路线应起闭于水准点,限差为 $\pm 50 \sqrt{L}$ mm（L 为水准路线长度,以 km 计）。中桩高程宜观测两次,其不符值不应超过 10cm,取位至 cm;中桩高程闭合差在限差以内时不作平差。

将水准仪安置于 I,读取水准点 BM_1 上的尺读数,作为后视读数。然后依次读取各中线桩的尺读数,由于这些尺读数是独立的,不传递高程,故称为中视读数。最后读取转点 Z_1 的读数,作为前视读数。再将仪器搬至 II,后视转点 Z_1,重复上述方法,直至闭合于 BM_2。中视读数读至 cm,转点读数读至 mm。最后,记录、计算。

（2）跨深谷的中桩水准测量

线路中桩水准测量,往往需要跨越深谷,如图 8-5 所示。为了避免因仪器通过谷底的多次安置中产生的误差,可在测站 1 先读取沟对岸的转点 2 + 200 的前视读数,然后以支水准路线形式测定谷底中桩高程;结束后,将仪器搬至测站 4 读取转点 2 + 200 的后视读数。为了削减由于测站 1 前视距离长而产生的测量误差,可将测站 4 的后视距离适当加长。另外,沟底中桩水准测量因为是支水准路线,故应另行记录。

当跨越的深谷较宽时,也可采用跨河水准测量方法。

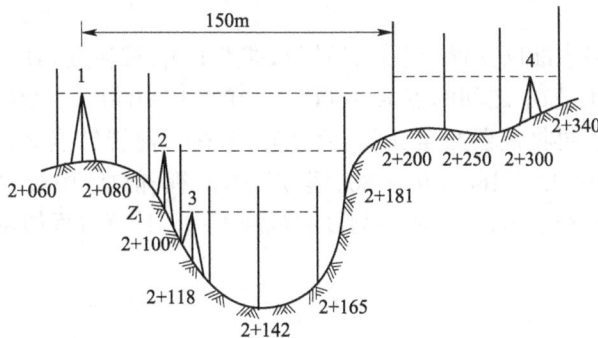

图 8-5　跨越深谷线路中桩水准测量

（3）中桩光电三角高程测量

中桩高程可与水准点光电三角高程一起进行,也可与线路中线光电测距同时进行。若单独进行中桩高程测量或与中线测设同时进行,则应起闭于水准点上。直线转点、曲线起终点及长度大于 500m 的曲线中点,均应作为中桩高程测量的转点。

四、线路纵断面测量

线路纵断面测量又称中线水准测量。它的主要任务是在线路中线测定后根据附近水准点测出线路中线各里程桩的地面高程、绘制纵断面图,为设计线路纵向坡度、计算填挖土方量提供重要的资料。

纵断面测量一般分为两步进行。一是沿线路方向设置水准点,并测量其高程建立线路的高程控制,称之为基平测量,俗称"基平";二是根据水准点的高程,分段进行中桩的水准测量,称之为中平测量,俗称"中平"。故线路纵断面测量应遵循的原则是"先基平,后中平"。

1. 基平测量

基平测量水准点的布设应在初测水准点的基础上进行。先检核初测水准点,尽量采用初测成果,水准点之间的间隔,一般每 1 ~ 2km 埋设一个永久性水准点,每 300 ~ 500m 埋设一个临时性水准点。水准点应布设在高距中线 30 ~ 50m 附近,不受施工影响、使用方便和易于保存的地方。对于不能再使用的初测水准点或远离线路的点,应根据实际需要重新设置。在大桥、隧道口及其他大型构造物两端还应增设水准点。定测阶段基平测量水准点的布设要求和测量方法均与初测水准点高程测量中的相同。

基平测量方法。首先应将起始水准点与附近国家水准点进行联测,以获得绝对高程。如果线路附近没有国家水准点,可以采用假定高程。

基平测量一般按四等水准测量方法进行。当要求高时,可按等水准要求进行。

2. 中平测量

中平测量是测定中线上各里程桩的地面高程,为绘制线路纵断面提供资料。线路中桩的地面高程,可采用水准测量的方法或光电测距三角高程测量的方法进行观测。

中平测量一般是以两相邻水准点为一测段,从一个水准点出发,逐个测定中桩的地面高程,直至附合于下一个水准点上施测时,在每一个测站上首先读取后,前两转点的尺上读数,再读取两转点间所有中间点的尺上读数。转点尺应立在尺垫、稳固的桩顶或坚石上,尺读数至毫米,视线长不应大于 150m;中间点立尺应紧靠桩边的地面,读数可至厘米。视线也可适当放长。

如图 8-6 所示,将水准仪安置于 I 站,后视水准点 BM_1,视转点 ZD_1,将读数记入后视、前视栏内,然后观测 BM_1,ZD_1 之间的点 K + 000、K + 020、K + 040、K + 060、K + 080,将读数记入后视、前视、中视栏,再将仪器搬至 II 站,后视转点 ZD_1,前视转点 ZD_2,然后观测点 K0 + 100、K0 + 120、K0 + 140、K0 + 160、K0 + 180,读数记入后视、前视、中视栏。按上述方法继续往前测,直至闭合于水准点 BM_2,完成一测段的观测工作。计算过程如表 8-4 所示。

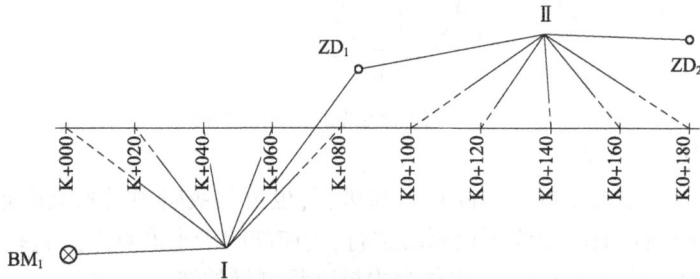

图 8-6 基平测量示意图

中平测量记录表 表 8-4

测点	水准尺读数(m)			视线高程(m)	高程(m)	备注
	后视	中视	前视			
BM_1	2.191			514.505	512.314	BM_1 高程为基平所测 基平测得BM_2 高程为524.824m
K + 000		1.62			512.89	
K + 020		1.90			512.61	

测　点	水准尺读数（m）			视线高程（m）	高程（m）	备　注
	后视	中视	前视			
K+040		0.62			513.89	
K+060		2.03			512.48	
K+080		0.90			513.61	
ZD₁	3.162		1.006	516.661	513.499	BM₁高程为基平所测 基平测得BM₂高程为524.824m
K0+100		0.50			516.16	
K0+120		0.52			516.14	
K0+140		0.82			515.84	
K0+160		1.20			515.46	
K0+180		1.01			515.65	
ZD₂	2.246		1.521	517.386	515.140	
…	…	…	…	…	…	
K1+240		2.32			523.06	
BM₂			0.606		524.782	

视线高程 = 后视点高程 + 后视读数；

转点高程 = 视线高程 - 前视读数；

中桩高程 = 视线高程 - 中视读数。

各站记录后,应立即计算出各点高程,每一测段记录后,应立即计算该段的高差闭合差。若高差闭合差超限,则应返工重测该测段;若施测精度符合要求,则不需进行闭合差的调整,中桩高程仍采用原计算的各中桩点高程。

3.典型纵断面图示

线路纵断面图中,其横向表示里程,纵向表示高程。纵断面图上还包括线路的平面位置、设计坡度、地质状况等资料,因此,它是施工设计的重要技术文件之一,道路典型的纵断面图如图8-7所示,图中各项内容说明见表8-5。

纵断面图中主要表示说明　表8-5

序　号	标　识	标识所表示的内容
1	工程地质特征	填写沿线地质情况
2	路肩设计高程	是设计路基的肩部高程
3	设计坡度	是中线纵向的设计坡度,斜线方向代表纵坡度,斜线上方。数字表示坡度的千分率(‰),下方数字表示坡段长度
4	地面高程	为中桩高程
5	加桩	竖线表示百米桩和加桩的位置,数字表示至相邻百米桩的距离
6	里程	表示勘测里程,在百米桩和公里桩处注字

113

序　号	标　识	标识所表示的内容
7	线路平面	它是线路平面形状示意图,中央实线代表直线段;曲线段向下凸者为左转,向上凸者为右转,斜线代表缓和曲线,斜线间的直线为圆曲线。曲线起、终点的里程,只注百米以下里程尾数
8	连续里程	线路自起点开始计算的里程公里数,短实线表示公里标位置,下面注字为公里数,短线左侧注字为公里标至相邻百米桩的距离

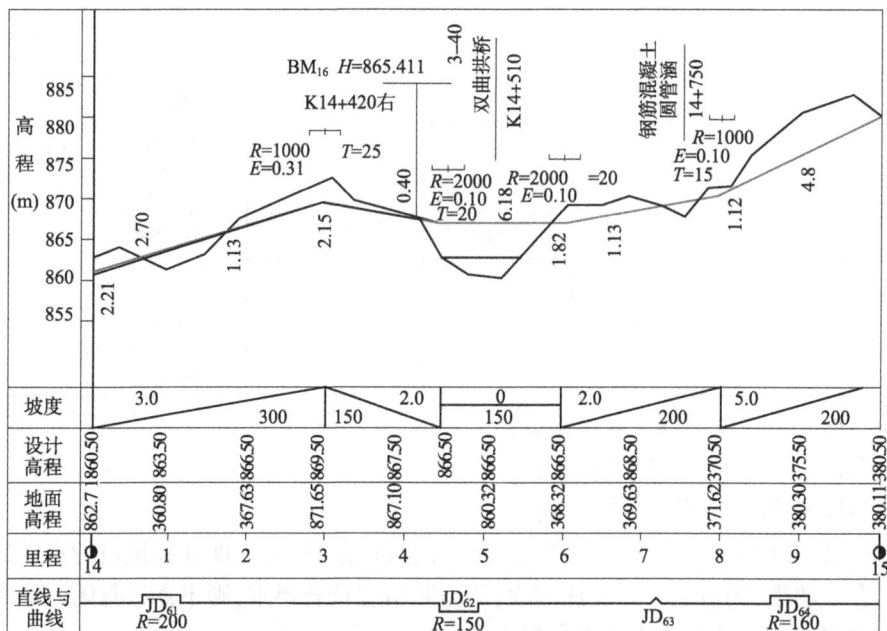

图 8-7　道路纵断面图

注:图的上部按比例绘出地面线及设计坡度线,注明沿线桥涵、隧道、车站等建筑物的形式和中心里程,并注明沿线水准点的位置和高程。

4. 纵断面图的绘制步骤

(1)按照选定的里程比例尺和高程比例尺打格制表,填写里程、地面高程、直线与曲线、土壤地质说明等资料。

(2)绘出地面线。

首先,确定起始高程在图上的位置,使绘出的地面线在图上的位置适中,一般将 10m 整数倍的高程定在 5cm 方格的粗线上,以便于绘图和阅图。然后,根据中桩的里程和高程,在图上按纵、横比例尺依次点出各中桩的地面位置。再用直线将相邻点一个个连接起来,就得到地面线。在高差变化较大的地区,地面线可能超出图幅限制,可在适当地段变更图上高程起算位置。此时地面线将形成台阶形式。

(3)计算设计高程。

当路线的纵坡确定后,即可根据设计纵坡和两点间的水平距离,由一点的高程计算另一点的设计高程。

（4）计算填挖尺寸。

同一个桩号的设计高程与地面高程之差即为该桩号的填土高度（正号）或挖土深度（负号）。

（5）在图上注记有关资料，如水准点、桥涵、竖曲线等。

五、线路横断面测量

横断面是指沿垂直线路中线方向的地面断面线。横断面测量的任务，是测出各中线桩处的横向地面起伏情况，并按一定比例尺给出横断面图。横断面图主要用于路基断面设计、土石方数量计算、路基施工放样等。

1. 横断面测量的密度和宽度

横断面施测的密度和宽度，应根据地形、地质情况和设计需要而定。一般应在百米桩和线路纵、横向地形明显变化处及曲线控制桩处测绘横断面。在大桥桥头、隧道洞口、挡土墙重点工程地段及地质不良地段，横断面应适当加密。

横断面测绘宽度，根据地面坡度、路基中心填挖高度、设计边坡及工程上的需要来决定。应满足路基、取土坑、弃土堆及排水沟设计的需要和施工放样的要求。

2. 横断面方向的测定

线路横断面方向，在直线上应垂直线路中线；在曲线地段，则应与测点处的切线相垂直。确定直线地段横断面的方向，可以用经纬仪或方向架直接测定。

3. 横断面测绘方法

横断面的测量方法很多，应根据地形条件、精度要求和设备条件来选择。下面介绍几种常用的方法。

（1）经纬仪视距法

将经纬仪安置在中线上，利用视距方法直接测出横断面上各地形变化点相对于测站的距离和高差。这种方法速度快、精度也可满足路基设计要求，尤其在横向坡度较陡地区，其优点更明显，所以它是铁路线路横断面的常用测量方法。

（2）经纬仪测距法

将经纬仪安置在中线点上，在横断面上地形变化处立标杆。用经纬仪照准标杆上仪器高的标记读取竖直角，用皮尺量出仪器到标杆标记处的斜距。根据竖直角和斜距，在现场即可绘出横断面图。这种测绘方法工效高且质量也较好。

（3）水准仪法

水准仪法是用方向架定方向，用皮尺量距，用水准仪测高程，这种方法精度最高，仅适用于地形较平坦地段，只安置一次仪器，即可测定各个断面。

（4）光电测距仪法

利用光电测距仪测量横断面，不仅速度快、精度高，而且安置一次仪器可以测多个断面，所以在有条件的单位，应大力推广使用这种方法。值得注意的是，由于视线长，为防止各断面点互相混淆，应画草图，做好记录。

4. 横断面图的绘制

横断面一般采取在现场边测边绘的方法，这样即可省略记录工作，也能及时在现场核对,减少差错,如遇天气不良等情况不便现场绘图时,也可在现场记录,回到室内绘图,再到现场核对。横断面测量记录见表8-6。

横断面测量记录 表8-6

左 侧	桩 号	右 侧
......	......	......
2.35/20.0 1.84/12.7 0.81/11.2 1.09/9.1	K0+340	−0.46/12.4 0.15/20.0
2.16/20.0 1.78/13.6 1.25/8.2	K0+360	−0.7/7.2 −0.33/11.8 0.12/20.0

横断面图的比例尺通常采用1:100或1:200,绘图时以一条纵向粗线为中线,以纵横线相交点为中桩位置,向左右两侧绘制。先标注中桩的桩号,再根据水平距离和高差,将变坡点绘在图纸上,然后再将这些点连接起来,即得到横断面的地面线。

图8-8为典型横断面图,折线即为横断面测量所得的地面线。

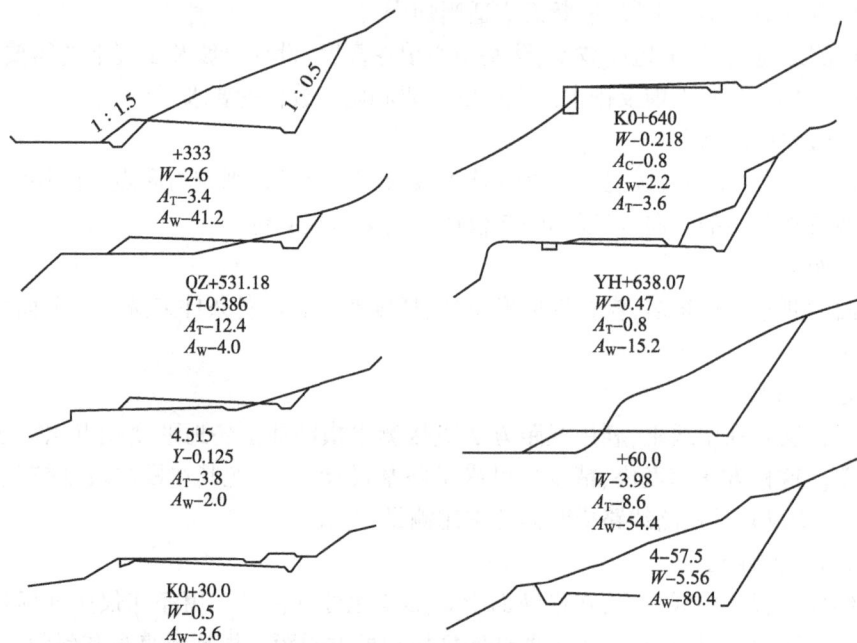

图8-8 典型横断面图

任务三 圆曲线的测设

学习目标:

(1)了解圆曲线的测设的主要内容。

(2)掌握曲线测设元素以及主点的测设过程。

(3)能够进行圆曲线详细测设。

116

任务描述：

　　圆曲线是指具有一定半径的圆弧曲线，是路线最常用的曲线形式。圆曲线的测设可分为两步进行：首先测设曲线的主点，即曲线的起点、中点和终点；然后在主点间进行中桩的详细测设。其中，详细测设需要按照规定的桩距设置方法测设曲线的各点。

相关知识：

一、曲线测设元素

　　如图 8-9 所示。设交点 JD 的转角为 α，图曲线的半径为 R，按下列公式计算：

切线长

$$T = R\tan\frac{\alpha}{2} \qquad (8\text{-}1)$$

曲线长

$$L = R\alpha\frac{\pi}{180°} \qquad (8\text{-}2)$$

外距

$$E = R\left(\sec\frac{\alpha}{2} - 1\right) \qquad (8\text{-}3)$$

切曲差

$$D = 2T - L \qquad (8\text{-}4)$$

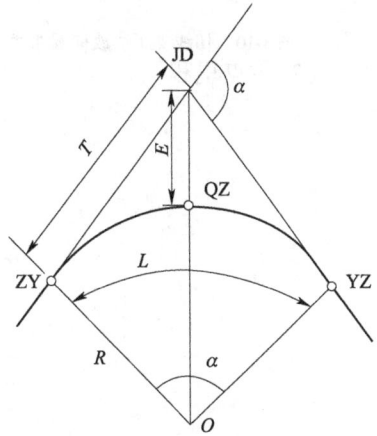

图 8-9　圆曲线的测设元素

二、主点的测设

1. 主点里程的计算

　　交点的里程是根据实测数据得到的。交点的桩号测量后，加上圆曲线的测设元素，即可计算出各主点的里程。如图 8-10 所示，有

$$\text{ZY 里程} = \text{JD 里程} - T \qquad (8\text{-}5)$$

$$\text{YZ 里程} = \text{ZY 里程} + L \qquad (8\text{-}6)$$

$$\text{QZ 里程} = \text{YZ 里程} - \frac{L}{2} \qquad (8\text{-}7)$$

$$\text{JD 里程} = \text{QZ 里程} + \frac{D}{2}（检核） \qquad (8\text{-}8)$$

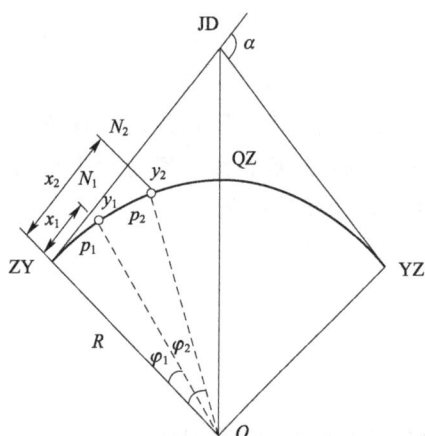

图 8-10　切线支距法放样圆曲线

【例 8-1】　已知交点的里程为 K3 + 182.76,转角 $\alpha_{右} = 25°48'$,圆曲线的半径 $R = 300\text{m}$,求圆曲线的测设元素及主点里程。

【解】(1)圆曲线测设元素

依据公式得

$$T = R\tan\frac{\alpha}{2} = 68.709$$

$$L = R\alpha\frac{\pi}{180°} = 135.088$$

$$E = R\left(\sec\frac{\alpha}{2} - 1\right) = 7.768$$

$$D = 2T - L = 2.330$$

(2)主点里程

	JD	K3 + 182.760
$-$)	T	68.709
	ZY	K3 + 114.051
$+$)	L	135.088
	YZ	K3 + 249.139
$-$)	$L/2$	67.544
	QZ	K3 + 181.595
$+$)	$\dfrac{D}{2}$	K3 + 1.165
	JD	K3 + 182.760

2. 主点的测设

将经纬仪安置在 JD_i 上,瞄准后交点 JD_{i-1} 或此方向的转点,在此方向上量取切线长 T,得到圆曲线的起点 ZY,在该点插一测钎。然后用钢尺量取 ZY 点至最近一个直线桩的距离,当所量测的距离与实际距离的差值在两个桩号之差的容许范围内时,即可在测钎处打入 ZY 桩。如超出容许范围,应查找原因,以确保桩位的正确性。

设置 YZ 桩时,将经纬仪瞄准 JD_{i+1} 或此方向的转点,量取 T 长,打入 YZ 桩。设置中点时,可自交点沿角分线方向量取外距 E 值,打入 QZ 位。

三、圆曲线详细测设

1. 圆曲线上对桩距的要求

在圆曲线的主点测设后,可进行圆曲线的详细测设。详细测设时,所用的桩距 l_0 与圆曲线的半径有关,规定如下:

①当 $R > 100\text{m}$ 时,$l_0 = 20\text{m}$;

②当 $25\mathrm{m} < R < 100\mathrm{m}$ 时,$l_0 = 10\mathrm{m}$;

③当 $R < 25\mathrm{m}$,$l_0 = 5\mathrm{m}$。

按照桩距 l_0 在圆曲线上测设中桩,有以下两种方法。

(1)整桩号法

将曲线上靠近圆曲线起点 ZY 的第一个桩的桩号凑成 l_0 的倍数的桩号,然后按照桩距 l_0 连续向曲线终点 YZ 测设中桩。这样设置的中桩均为整桩号。

(2)整桩距法

从圆曲线的起点 ZY 或终点 YZ 开始,分别以桩距 l_0 连续向曲线中点 QZ 设桩。这样设置的桩均有零头桩号。注意用此方法时不要忘记测设百米桩和公里桩。公路中线测量时普遍使用整桩号法。当位于直线段或曲线的半径较大时,可将桩距确定为 50m 或更长,需视具体的规范执行。

2.切线支距法

切线支距法是以圆曲线的起点 ZY 或曲线终点 YZ 为坐标原点,以切线为 x 轴,过原点的半径为 y 轴,按照圆曲线上各点在此坐标系下的坐标 (x, y) 进行放样点位。

如图 8-10 所示,设 p 是圆曲线上要测设的点位,该点至 ZY 点和 YZ 点的弧长为 l_i,φ_i 为 l_i 所对应的圆心角,R 为圆曲线的半径,则 p_i 的坐标可以按照下列公式计算:

$$x = R\sin\varphi_i \tag{8-9}$$

$$y = R(1 - \cos\varphi_i) \tag{8-10}$$

$$\varphi_i = \frac{l_i}{R}\frac{180°}{\pi} \tag{8-11}$$

【例 8-2】 在例 8-1 中,若采用切线支距法,并按照整桩号法列出详细测设的桩号且计算各点的坐标。具体计算见表 8-7。

例 8-1 的计算结果 表 8-7

桩　　号	各桩至 ZY、YZ 的曲线长度 l_i	圆心角 φ_i (° ′ ″)	x_i	y_i
ZY　K3 + 114.051	0.000	0 00 00	0.000	0.000
K3 + 120	5.959	1 08 10	5.949	0.059
K3 + 140	25.949	4 57 21	25.949	1.122
K3 + 160	45.949	8 46 32	45.949	3.512
K3 + 180	65.949	12 35 43	65.949	7.220
QZ　K3 + 181.595	67.544	12 54 00	66.975	7.572
K3 + 200	49.139	9 23 .6	48.920	4.015
K3 + 220	29.139	5 33 55	29.094	1.414
K3 + 240	9.139	1 44 44	9.138	0.139
YZ　K3 + 249.139	0.000	0 00 00	0.000	0.000

119

利用切线支距法测设圆曲线时,为了避免支距过长影响量测精度,一般分别由 ZY、YZ 点向 QZ 点进行测设。其步骤如下:

①在 ZY（YZ）点安置经纬仪,瞄准交点方向,此方向即为切线方向。利用钢尺、皮尺沿切线方向量取 P_i 的横坐标 x_i,得到垂足点 N_i。

②在各垂足点 N_i 用方向架定出垂线方向,量取纵坐标 y_i 即可定出 p_i 点。

③曲线上各点测设完毕后,应量测相邻点间的距离,并与相应桩号之差进行比较,若在限差之内满足要求,说明圆曲线放样合格;否则,查找原因,进行调整。

曲线闭合差规定如下:

纵向(切线方向): $\pm l/1000$;横向(半径方向): $\pm 0.1\text{m}$;其中,l 为测设圆曲线长度。

【例 8-3】 在例 8-1 中,若采用切线支距法,并按照整桩距法列出详细测设的桩号且计算各点的坐标,计算见表 8-8。

例 8-1 的计算结果 表 8-8

桩　　号	各桩至 ZY、YZ 的曲线长度 l_i	圆心角 φ_i (° ′ ″)	x_i	y_i
ZY　K3 + 114.051	0.000	0 00 00	0.000	0.000
K3 + 134.051	20.000	3 49 11	19.985	0.666
K3 + 154.051	40.000	7 38 22	39.882	2.663
K3 + 174.051	60.000	11 27 33	59.601	5.980
QZ　K3 + 181.595	67.544	12 54 00	66.975	7.572
K3 + 189.139	60.000	11 27 33	59.601	5.980
K3 + 209.139	40.000	7 38 22	39.882	2.663
K3 + 229.139	20.000	3 49 11	19.985	0.666
YZ　K3 + 249.139	0.000	0 00 00	0.000	0.000

3. 偏角法

偏角法所建立的坐标系与切线支距法相同,如图 8-11 所示,偏角法是从曲线的起点 ZY 或终点 YZ 至曲线上任一待定点 p_i 的弦线与切线 T 间的弦切角(在此称为偏角) Δ_i 和对应弦长 c_i 来确定 p_i 点位。

如图 8-11 所示,偏角 Δ_i 等于相应弧长所对圆心角 φ 的 $1/2$,即

$$\Delta_i = \frac{\varphi_i}{2} \tag{8-12}$$

由于

$$\varphi_i = \frac{l_i}{R}\frac{180°}{\pi} \tag{8-13}$$

所以

$$\Delta_i = \frac{l_i}{R}\frac{90°}{\pi} \tag{8-14}$$

弦长 c 计算公式为

$$c = 2R\sin\frac{\varphi_i}{2} \tag{8-15}$$

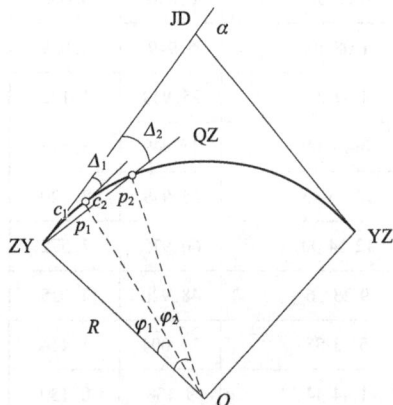

图 8-11 偏角法放样圆曲线

【例8-4】 以例8-1为例,采用偏角法,按照整桩号设桩,计算各桩的偏角和弦长。曲线的计算和放样都分别从 ZY、YZ 点方向进行,计算见表8-9。

例8-1 的计算结果   表8-9

桩　号	各桩至 ZY、YZ 的曲线长度 (l_i)	圆心角φ_i (° ′ ″)	偏角 (° ′ ″)	小 弦 长
ZY　K3 + 114.051	0.000	0 00 00	0 00 00	0.000
K3 + 120	5.959	1 08 10	0 34 05	5.949
K3 + 140	25.949	4 57 21	2 28 41	19.996
K3 + 160	45.949	8 46 32	4 23 16	19.996
K3 + 180	65.949	12 35 43	6 17 52	19.996
QZ　K3 + 181.595	67.544	12 54 00	6 27 00	1.595
K3 + 200	49.139	9 236	4 41 33	19.996
K3 + 220	29.139	5 33 55	2 46 57	19.996
K3 + 240	9.139	1 44 44	0 52 22	9.139
YZ　K3 + 249.139	0.000	0 00 00	0 00 00	0.000

因为经纬仪的度盘是顺时针注记的,放样圆曲线时,如果偏角的增加方向与水平度盘一致,是顺时针方向时,称为正拨;反之,为反拨。对于右转角的圆曲线,当仪器安置在 ZY 点时,测设由线为正拨;安置在 YZ 点时,为反拨。对于左转角的圆曲线,则恰好相反。

正拨时,将望远镜瞄准切线方向,如果水平度盘配置在 0°0′000″,各个桩的偏角读数值就等于各个桩的偏角值。反拨时,各个柱的偏角读数值应等于 360° 减去各桩的偏角值。

偏角法的测设步骤如下:

①将经纬仪安置在 ZY 点上,瞄准 JD 方向,并将水平度盘配置为 0°00′00″

②转动照准部,使水平度盘读数为桩 K3 + 120 的偏角值 0°34′05″,从 ZY 点沿此方向量取 5.949m,定出 K3 + 120。

③转动照准部,使水平度盘的读数为 K3 + 140 的偏角值 2°8′41″,由点位 K3 + 120 量取小弦长 19.996m 与视线方向相交,定出 K3 + 140 柱。

④同理可以定出 K3 + 160、K3 + 180 以及点 K3 + 181.60。此时定出的点应与圆曲线主点测设时标定的 QZ 点重合;如不重合,其闭合差应符合限差要求。其中,K3 + 180 与 QZ 点的距离与对应桩号的差值也应在限差范围内。

⑤将仪器搬至 YZ 点,瞄准交点,水平度盘配置在 0°00′00″,转动照准部,使水平度盘读数为 K3 + 240 的偏角读数 0°52′22″,沿此方向量取 9.139m 得到该桩。放样时水平度盘也可配置在 359°07′28″,当转动照准部,使度盘读数为 0°0′00″时,量取 9.139m 也可得到桩位。

⑥同理可放样出其余的桩位。偏角法不仅可以在 ZY、ZY 点安置仪器进行测设,OZ 点上测设,也可以在任意点上安置仪器。它是一种精度较高、适用性较强的圆曲线测设方法。

但是这种方法存在着测点误差累积的缺点,所以,应从圆曲线的两端向曲线的中心施测。

任务四 缓和曲线的测设

学习目标:

(1)了解缓和曲线测设的基本内容。

(2)掌握缓和曲线的基本公式及其计算。

(3)能够正确进行圆曲线带有缓和曲线的主点测设。

任务描述:

车辆在曲线上行驶,会产生离心力。由于离心力的作用,使车辆向外侧倾斜,影响车辆的安全行驶和舒适程度。为了减少离心力的影响,路面必须在外侧加高,称为超高。在直线段超高为0,在圆曲线上为 h,这就需要在直线和圆曲线间插入一段曲率由无穷大逐渐变化至圆曲线半径为 R 的曲线,使超高由0增加到 h 的过程中,实现曲线的半径的过渡,这段曲线称为缓和曲线。

本节内容要求学生掌握缓和曲线的基本公式及其计算,以及正确进行圆曲线带有缓和曲线的主点测设。

相关知识:

缓和曲线可采用回旋线、三次抛物线、双组线等线形。目前,我国铁路系统中均采用回旋线作为缓和曲线。

一、缓和曲线公式

1. 缓和曲线的基本公式

如图 8-12 所示,缓和曲线是曲率半径随着曲线的增大而成反比地均匀减小的曲线,即在回旋线上任一点的曲率半径 ρ 与曲线的长度的 l 成反比。用公式表示为

$$\rho = c/l \tag{8-16}$$

其中,c 值可以按照以下方法确定,在缓和曲线终点,即 HY(YH)点的曲率半径等于圆曲线的半径,即 $\rho = R$。该点的曲线长度是缓和曲线的全长,即 $l = l_h$,可得

$$c = R\, l_h \tag{8-17}$$

式中:c——常数,表示缓和曲线半径的变化率,与车速有关,目前,我国公路采用:

$$c = 0.035\, v^3 \tag{8-18}$$

式中:v——计算行车速度(km/h)。

缓和曲线全长为:

$$l_h = 0.035\, \frac{v^3}{R} \tag{8-19}$$

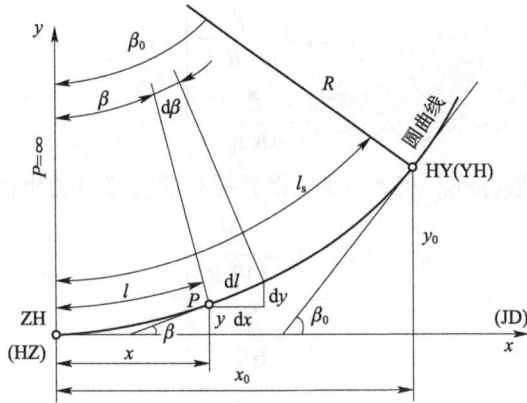

图 8-12　缓和曲线

2. 切线角公式

如图 8-12 所示,设回旋线上任一点 P 的切线与起点 ZH 或 HZ 切线的交角为 β,该角值与 P_1 点至起点曲线长 1 所对的中心角相等。在 P 处取一微分弧段 dl,所对的中心角为 $d\beta$,于是

$$d\beta = \frac{dl}{\rho} = \frac{l\,dl}{c} \tag{8-20}$$

积分得

$$\beta = \frac{l^2}{2c} = \frac{l^2}{2R\,l_h} \tag{8-21}$$

当 $l = l_h$ 时,β 以 β_0 表示,上式可写成

$$\beta_0 = \frac{l_h}{2R} \tag{8-22}$$

换算成角度为

$$\beta_0 = \frac{l_h}{2R} \cdot \frac{180°}{\pi} \tag{8-23}$$

β_0 为缓和曲线全长 L_h 所对应的中心角,即切线角,也称为缓和曲线角。

3. 缓和曲线参数方程

如图 8-12 所示,设缓和曲线起点为原点,过该点的切线为 x 轴,半径为 y 轴,任取一点 P 的坐标为 (x, y),则微分弧段 dl 在坐标轴上的投影为

$$\begin{cases} dx = dl \cdot \cos\beta \\ dy = dl \cdot \sin\beta \end{cases} \tag{8-24}$$

将上式中的 $\cos\beta$,$\sin\beta$ 按照级数展开,将 β 代入并积分,则

$$\left. \begin{array}{l} x = l - \dfrac{l^5}{40\,R^2 l_h^2} + \dfrac{l^9}{3456\,R^5 l_h^5} - \dfrac{l^{13}}{599040\,R^6 l_h^6} \\[3mm] y = \dfrac{l^3}{6R\,l_h} - \dfrac{l^7}{336\,R^3 l_h^3} + \dfrac{l^{11}}{42240\,R^5 l_h^5} - \dfrac{l^{15}}{9676800\,R^7 l_h^7} \end{array} \right\} \tag{8-25}$$

略去高次项,得

$$x = l - \frac{l^5}{40\,R^2 l_h^2} \left.\begin{matrix}\\\\\end{matrix}\right\}$$

$$y = \frac{l^3}{6R\,l_h}$$

$$(8\text{-}26)$$

此为缓和曲线的参数方程。当 $l = l_h$ 时,得到缓和曲线终点的坐标:

$$x_0 = l_h - \frac{l_h^3}{40\,R^2} \left.\begin{matrix}\\\\\end{matrix}\right\}$$

$$y_0 = \frac{l_h^2}{6R}$$

$$(8\text{-}27)$$

二、圆曲线带有缓和曲线的主点测设

1. 内移值与切线增值

如图 8-13 所示,在直线与圆曲线之间插入缓和曲线时,必须将原有的圆曲线向内移动距离 p,才能使缓和曲线的起点位于直线方向上,这时切线增长 q。公路上采用圆心不动的平行移动方法,即未设缓和曲线的圆曲线为 $\overset{\frown}{FG}$ 弧,其半径为 $R+p$;插入两段缓和曲线 $\overset{\frown}{AC}$ 弧和 $\overset{\frown}{BD}$ 弧后,圆曲线向内移,其保留部分为 $\overset{\frown}{CMD}$ 弧,半径为 R,所对的圆心角为 $\alpha - 2\beta_0$。由图 8-13 可知:

$$p = y_0 - R(1 - \cos\beta_0) \left.\begin{matrix}\\\\\end{matrix}\right\}$$

$$q = x_0 - R\sin\beta_0$$

$$(8\text{-}28)$$

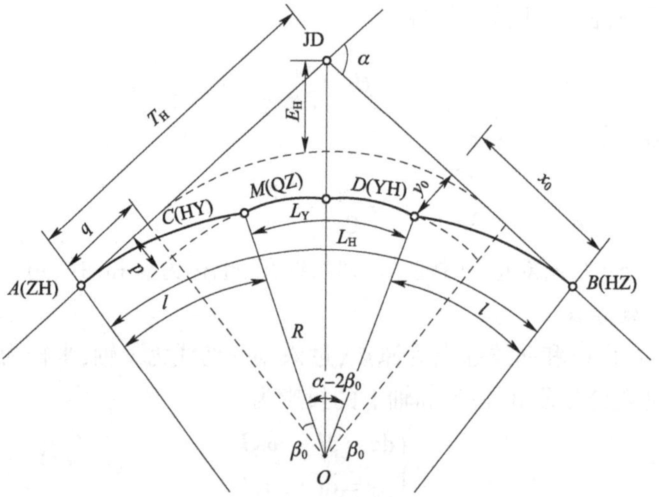

图 8-13 圆曲线带缓和曲线的主点测设

将式中的 $\cos\beta_0$、$\sin\beta_0$ 利用级数展开并略去高次项,将 β_0、x_0、y_0 代入,可得:

$$p = \frac{l_h^2}{24R} \left.\begin{matrix}\\\\\end{matrix}\right\}$$

$$q = \frac{l_h}{2} - \frac{l_h^3}{240\,R^2}$$

$$(8\text{-}29)$$

由此可知,内移值 p 等于缓和曲线中点纵坐标 y 的 2 倍;切线增值 q 约为缓和曲线长度的 $1/2$,缓和曲线大致是一半占用直线部分,另一半占用原圆曲线部分。

2. 曲线测设元素

当测得转角 α、圆曲线的半径 R;和缓和曲线长 l 确定后,即可按照式(8-28)及式(8-29)计算切线角内移值 p 和切线增值 q。在此基础上,计算曲线的测设元素。如图 8-13 所示,曲线的测设元素可按下列公式计算:

切线长

$$T_H = (R + p)\tan\frac{\alpha}{2} + q \tag{8-30}$$

曲线长

$$L_H = R(\alpha - 2\beta_0)\frac{\pi}{180°} + 2\,l_h \tag{8-31}$$

或

$$L_H = R\alpha\frac{\pi}{180°} + l_h \tag{8-32}$$

其中,圆曲线长

$$L_Y = R(\alpha - 2\beta_0)\frac{\pi}{180°} \tag{8-33}$$

外距

$$E_H = (R + p)\sec\frac{\alpha}{2} - R \tag{8-34}$$

切曲差

$$D_H = 2\,T_H - L_H \tag{8-35}$$

3. 主点的测设

根据交点的里程和曲线测设元素,计算主点的里程。

直缓点里程

$$ZH = -JD - T_H \tag{8-36}$$

缓圆点里程

$$HY = ZH + l_h \tag{8-37}$$

圆缓点里程

$$YH = HY + L_Y \tag{8-38}$$

缓直点里程

$$HZ = YH + l_h \tag{8-39}$$

曲中点里程

$$QZ = HZ - \frac{L_H}{2} \tag{8-40}$$

交点里程

$$JD = QZ + \frac{D_H}{2}\,(校核) \tag{8-41}$$

主点 ZH、HZ 和 QZ 的测设方法与圆曲线主点的测设方法相同。HY、YH 点的测设,可以按照缓和曲线终点坐标公式,计算 (x_0, y_0),用切线支距法测设。

三、带有缓和曲线的圆曲线的测设

1. 切线支距法

切线支距法是以直缓点 ZH 或缓直点 HZ 为坐标原点,以切线为 x 轴过原点半径为 y 轴,利用缓和曲线和圆曲线上各点的横纵坐标值来测设曲线,如图 8-14 所示。

在缓和曲线上各点的横纵坐标计算,即

$$\left.\begin{array}{l} x = l - \dfrac{l^5}{40\,R^2 l_{\mathrm h}^2} \\[3mm] y = \dfrac{l^3}{6R\,l_{\mathrm h}} \end{array}\right\} \tag{8-42}$$

圆曲线上各点的横纵坐标计算公式可按照图 8-14 写出:

$$\left.\begin{array}{l} x = R\sin\varphi + q \\[2mm] y = R(1 - \cos\varphi) + p \end{array}\right\} \tag{8-43}$$

$$\varphi = \frac{l}{R} \cdot \frac{180°}{\pi} + \beta_0 \tag{8-44}$$

式中:l——计算点至 HY 或 YH 点的曲线长,仅为圆曲线部分的长度。

在计算缓和曲线和圆曲线上各点的坐标后,即可按照圆曲线切线支距法的测设方法进行设置。

圆曲线上各点也可按照以缓圆点 YH 或圆缓点 HY;为坐标原点,用切线支距法进行测设。此时,只需将切线确定下来即可。

2. 偏角法

偏角法利用偏角法测设缓和曲线上各点,可将仪器安置在 ZH 或 HZ 点上,坐标系建立与切线支距法相同。如图 8-15 所示,设缓和曲线上任一点 P 的偏角为 δ,至 ZH;或 ZH 点的曲线弧长为 1,其弦长近似地与曲线弧长相等,也为 l。由直角三角形可得

$$\sin\delta = \frac{y}{l} \tag{8-45}$$

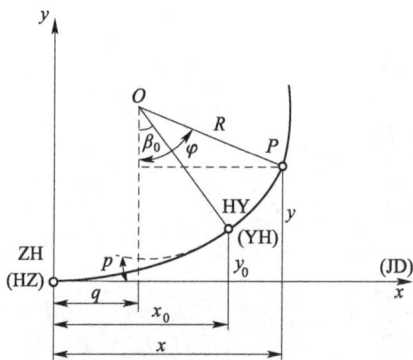

图 8-14　切线支距法测设

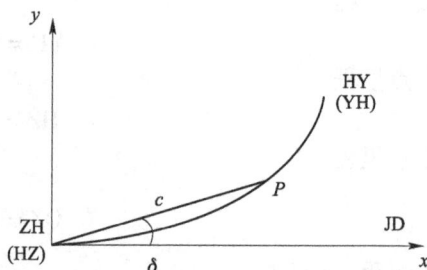

图 8-15　偏角法测设

因 δ 值很小,则 $\sin\delta \approx \delta$。由于

$$\delta_0 = \frac{l^3}{6Rl_{\mathrm h}} \tag{8-46}$$

则

$$\delta_0 = \frac{l^2}{6Rl_h} \qquad\qquad (8\text{-}47)$$

HY 或 YH 点的偏角为 δ_0，即缓和曲线的总偏角。将 $l = l_h$ 代入上式，得

缓和曲线上弦长 c 计算公式为

$$\delta_0 = \frac{l_h}{6R} \qquad\qquad (8\text{-}48)$$

缓和曲线上弦长 c 计算公式为

$$c = l - \frac{l^5}{90R^2 l_h^2} \qquad\qquad (8\text{-}49)$$

因为依照上式计算的弦长与弧长近似相等，所以测设时不再计算弦长，而用弧长代替。

任务五　线路施工测量

学习目标：

(1)掌握线路复测和施工控制桩测设的方法。

(2)掌握路基中线施工零点的测设、护桩的设置的方法。

(3)掌握竣工测量的方法。

任务描述：

在施工阶段，线路施工测量的主要任务是将线路施工桩点的平面位置和高程测设于实地，工作主要包括恢复线路中线、测设施工控制桩、路基中线施工零点、路基边桩和竖曲线等。

相关知识：

一、线路复测

线路复测工作的内容和方法与定测时基本相同。施工复测前，施工单位应检核线路测量的有关图表资料，会同设计单位进行现场桩橛交接。主要桩橛点有：直线转点(ZD)、交点(JD)、曲线主点、有关控制点、三角点、导线点、水准点等。

线路复测包括：转向角测量、直线转点测量、曲线控制桩测量和线路水准测量。它的目的是恢复定测桩点和检查定测质量，而不是重新测设，所以要尽量按定测桩点进行。若桩点有丢失和损坏，则应予以恢复；若复测与定测成果的误差在容许范围之内，则以定测成果为准；若超出容许范围，则应多方查找原因，确实证明定测资料错误或桩点位移时，方可采用复测成果。

复测与定测成果的不符值限差为：

(1)水平角：±30″；

（2）距离：钢卷尺 1/2000，光电测距 1/4000；

（3）转点点位横向差：每 100m 不应大于 5mm，当点间距离长于 400m 时，也不应大于 20mm；

（4）曲线横向闭合差：10cm（施工时应调整桩位）；

（5）水准点高程闭合差：$\pm 30\sqrt{k}$ mm；

（6）中桩高程：± 10cm。

在施工复测中要增加或移设的水准点，增测的横断面等工作，一律按新线勘测的要求进行。由于施工阶段对土石方数量计算的要求比定测时要准确，所以横断面要测得密些，其间隔应根据地形情况和控制土石方数量需要的精度而定，一般平坦地区每 50m 一个；而在起伏大的地区，应不大于 20m 一个，同时中线上的里程桩也应加密。

二、施工控制桩的测设

由于线路中线桩在施工中要被挖掉或堆埋，为了在施工中控制中线位置，需要在不易受施工破坏、便于引测、易于保存桩位的地方测设施工控制桩，方法有如下两种：

1. 平行线法

在设计的路堤宽度以外，设两排平行于中线的施工控制性。控制桩的间距一般取 10 ~ 20m。

2. 延长线法

在线路转折处的中线延长线以及曲线中点 QZ 至交点 JD 的延长线上测设施工控制桩，量出控制桩至交点的距离并记录。

三、路基中线施工零点的测设

路基横断面是在线路横断面图上设计的，在路基中需要填方的横断面称为路堤，需要挖方的称为路堑。当在线路中线方向某点的填挖量为零时，该点为线路中线方向上不填不挖的点，也就是线路纵断面图上设计中线与地面线的交点，是路基中线的施工零点。

如图 8-16 所示，A、B 为中线上的里程桩，O 是路基在线路中线方向的施工零点，设 x 是路基中线的施工零点距邻近里程桩 A 的水平距离，d 为两相邻里程桩 A、B 之间的水平距离，a 为 A 点挖深；b 为 B 点填高，根据几何关系有：

$$\frac{a}{x} = \frac{b}{d-x} \Rightarrow x = \frac{a}{a+b} \cdot d \tag{8-50}$$

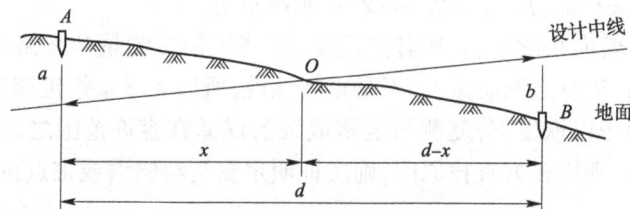

图 8-16　路基中线施工零点

施工时，自 A 桩起，沿中线方向量取水平距离 x，即可测设出施工零点桩 O。

四、护桩的设置

设置护桩可采用图 8-17 中的任意一种方式进行布置。一般设两根交叉的方向线,交角不小于 60°,每一方向上的护桩应不少于 3 个,以便在有一个不能利用时,用另外两个护桩仍能恢复方向线。如地形困难,也可用一根方向线加测精确距离,用 3 个护桩作距离交会。

设护桩时将经纬仪置在中线控制桩上;选好方向后,以远点为准用正、倒镜定出各护桩的点位;然后测出方向线与线路所构成的夹角,并量出各护桩间的距离。为便于寻找护桩,护桩的位置用草图及文字作详细说明,如图 8-17 所示。护桩的位置应选在施工范围以外,并考虑施工中桩点不至于被破坏,视线也不至于被阻挡。

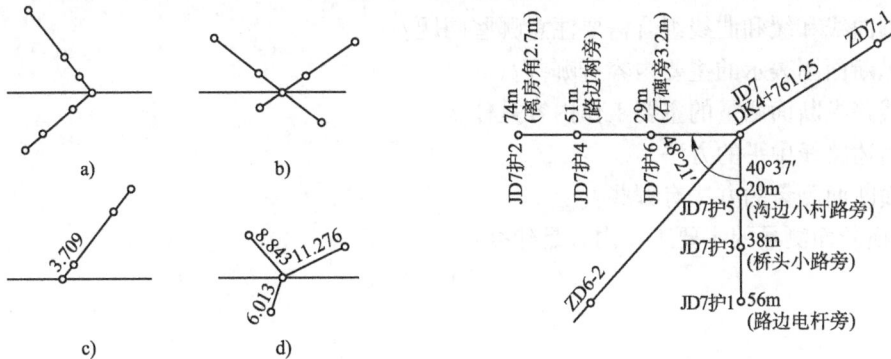

图 8-17　护桩的设置

五、竣工测量

在路基土石方工程完工之后,铺轨之前应当进行线路竣工测量。它的任务是最后确定线路中线位置,作为铺轨的依据;同时检查路基施工质量是否符合设计要求。竣工测量的内容包括中线测量、高程测量和横断面测量。

1. 中线测量

首先,根据护桩将主要控制点恢复到路基上进行线路中线贯通测量;在有桥、隧的地段,应从桥梁、隧道的线路中线向两端引测贯通。贯通测量后的中线位置,应符合路基宽度和建筑物接近限界的要求;同时中线控制桩和交点桩应固桩。

对于曲线地段应支出交点,重新测量转向角值;当新测角值与原来转向角之差在允许范围内时,仍采用原来的资料;测角精度与复测时相同。曲线的控制点应进行检查,曲线的切线长、外矢距等检查误差在 1/2000 以内时,仍用原桩点;曲线横向闭合差不应大于 5cm。

中线上,直线地段每 50m、曲线地段每 20m 测设一桩;道岔中心、变坡点、桥涵中心等处均需钉设加桩;全线里程自起点连续计算,消灭由于局部改线或假设起始里程而造成的里程不能连续的"断链"。

2. 高程测量

竣工测量时,应将水准点移设到稳固的建筑物上,或埋设永久性混凝土水准点,其间距不应大于 2 km,其精度与定测时要求相同;全线高程必须统一,消灭因采用不同高程基准而产生的"断高"。中桩高程按复测方法进行,路基高程与设计高程之差不应超过5cm。

3.横断面测量

主要检查路基宽度,侧沟、天沟的深度,宽度与设计值之差不得大于5cm;路堤护道宽度误差不得大于10cm。若不符合要求且误差超限者,应进行整修。

思考题

1.线路工程测量的重要性有哪些? 主要包括哪些方面?

2.简述圆曲线定义和要素。主点桩如何测设?

3.里程桩的确定需要符合什么要求?

4.简述缓和曲线定义和要素。主点桩如何确定与测设?

5.圆曲线和缓和曲线组合需要注意哪些问题?

6.纵断面图表示的主要内容有哪些?

7.线路纵断面测量的主要工作内容是什么?

8.简述路线中平的方法。

9.横断面测量的方法有哪些?

10.横断面测量的主要工作内容是什么?

项目九　高速铁路精密控制网复测

任务一　高速铁路精密施工测量概述

学习目标：

(1)了解高速铁路精密工程测量的内容和目的。

(2)掌握高速铁路精密测量体系的特点。

任务描述：

传统铁路测量方法采用定测中线控制桩作为联系铁路勘测设计与施工的线路平面测量控制基准,中线控制桩在线路竣工后已不复存在,铁路平面控制基准已经失去,因而在竣工和运营阶段的线路复测只能通过相对测量的方式进行,这种方式只适合测量精度要求低的普速铁路测量。而高速铁路轨道必须具有非常精确的几何参数,使轨道的几何参数与设计的目标位置之间的偏差保持最小,精度要保持在毫米级范围以内。仅仅依靠相对测量方法对线路进行维护是远远不够的,必须引入绝对测量系统,建立一套完整精密测量系统。

相关知识：

一、高速铁路精密工程测量的内容

高速铁路精密工程测量贯穿于高速铁路工程勘测设计、施工、竣工验收及运营维护测量全过程,包括以下内容:

(1)高速铁路平面高程控制测量;

(2)线下工程施工测量;

(3)轨道施工测量;

(4)运营维护测量。

二、高速铁路精密工程测量的目的

高速铁路精密工程测量的目的是通过建立各级平面高程控制网,在各级精密测量控制网的控制下,实现线下工程按设计线型准确施工和保证轨道铺设的精度能满足旅客列车高速、安全行驶。为了达到在高速行驶条件下,旅客列车的安全性和舒适性,线路严格按照设计的线形施工,即保持精确的几何线性参数;轨道必须具有非常高的平顺性,精度要保持在毫米级的范围以内。

三、高速铁路轨道铺设的精度要求

高速铁路轨道施工的定位精度决定着高速铁路的平顺性,高速铁路轨道铺设应满足轨道内部几何尺寸(轨道自身的几何尺寸)和外部几何尺寸(轨道与周围建筑物的相对尺寸)的精度要求。其中内部尺寸描述轨道的几何形状,外部几何尺寸体现轨道的空间位置和高程。

轨道内部几何尺寸体现着轨道的形状,轨道上相邻点的相对位置关系就可以确定,表现为轨道上各点的相对位置。轨道内部几何尺寸的各项规定是为了给列车的平稳运行提供一个平顺的轨道,即通常提到的平顺性。因此,除轨距和水平之外,还规定了轨道纵向高低和方向的参数,这些参数能保证轨道有正确的形状。利用这些参数可以检查轨道的实际形状是否与设计形状相符,轨道内部几何尺寸的测量也称之为轨道的相对定位。

轨道的外部几何尺寸是轨道在空间三维坐标系中的坐标和高程,由轨道中线与周围相邻建筑物的关系来确定。轨道外部几何尺寸的测量也称之为轨道的绝对定位,轨道的绝对定位必须与路基、桥梁、隧道、站台等线下工程的空间位置坐标和高程相匹配协调。轨道的绝对定位精度必须满足轨道相对定位精度的要求,即轨道平顺性的要求。由此可见,高速铁路各级测量控制网测量精度应同时满足线下工程施工和轨道工程施工的精度要求,即必须同时满足轨道绝对定位和相对定位的精度要求。

四、高速铁路精密测量体系的特点

1. "三网合一"的测量体系

高速铁路工程测量的平面、高程控制网,按施测阶段、施测目的及功能不同分为:勘测控制网、施工控制网、运营维护控制网。我们把高速铁路无砟轨道铁路工程测量的这三个阶段的测量控制网,简称"三网"。

勘测控制网包括:CPⅠ控制网、CPⅡ控制网、二等水准基点控制网。

施工控制网包括:CPⅠ控制网、CPⅡ控制网、水准基点控制网、CPⅢ控制网。

运营维护控制网包括:CPⅡ控制网、水准基点控制网、CPⅢ控制网、加密维护基标。

为保证三阶段的测量控制网满足高速铁路勘测、施工、运营维护 3 个阶段测量的要求,在设计、施工和运营阶段构建和保持高速铁路轨道空间几何形位的一致性,以满足高速铁路工程建设和运营管理的需要,3 阶段的平面、高程控制测量必须采用统一的基准。即勘测控制网、施工控制网、运营维护控制网均采用 CPⅠ为基础平面控制网,以二等水准基点网为基础高程控制网,简称为"三网合一"。

控制网统一是"三网合一"重要性的体现,必须在勘测阶段时就开始为无砟轨道建造测量系统。铁路建设特点决定轨道测量控制网必然是分期建设的,在某一个阶段建立的控制网,都需在已有的控制网(此控制网一般是上一级控制网基础上进行加密),形成分级布网的形式,而且后期建网在平差时应该将先期控制点的坐标值作为已知数据加入计算中,这样就能确保后期建立的控制网不会影响前期工程的控制网,并且设计坐标值不变。这种固定数据的平差形式是在假设这些控制点没有误差,这在实际当中是不可能的,这样控制点将会以原始数据误差的方式来对加密控制网精度产生影响。

由上可知,测量控制网主要分为平面控制网和高程控制网,测量控制网必须进行分级。其中分级的级数是由国家测量控制点的精度和密度决定,对控制网执行分级实质是对测量控制网的一种完善,让其更具有效用并且精度更高。

为了保证高速行驶条件下旅客列车的安全性和舒适性的要求,高速铁路(含无砟和有砟)有如下要求:

(1)严格按照设计的线形施工,即保持精确的几何线性参数;

(2)精度保持在毫米级,对线路的平顺性要求,具体见表9-1、表9-2。

轨道静态几何尺寸允许偏差 表9-1

项　　目		高低	轨向	水平	轨距	扭曲 基长6.25m
无砟轨道	$350km/h \geqslant v > 200km/h$	2mm	2mm	1mm	±1mm	—
	$v = 200km/h$	2mm	2mm	2mm	+1~-2mm	3mm
	弦长	10m				—
有砟轨道	$350km/h \geqslant v > 200km/h$	2mm	2mm	2mm	±2mm	2mm
	$v = 200km/h$	3mm	3mm	3mm	±2mm	3mm
	弦长	10m				—

轨道轨面高程、轨道中线及线间距允许偏差 表9-2

类　　别	项　　目		允许偏差(mm)
无砟轨道	轨面高程与设计比较	一般路基	+4
		在建筑物上	-6
		紧靠站台	+4~0
	轨道中线与设计中线差		10
	线间距		+10~0
有砟轨道	轨面高程与设计比较	一般路基	±20
		在建筑物上	±10
		紧靠站台	+20~0
	轨道中线与设计中线差		30
	线间距		+20~0

2.建立框架控制网 CP0

高速铁路建立框架控制网 CP0,是在总结京津城际铁路,郑西、武广、哈大、京沪、石武高速铁路平面控制测量实践经验基础上提出的。由于高速铁路线路长、地区跨越幅度大且平面控制网沿高速铁路呈带状布设,为了控制带状控制网的横向摆动,沿线必须每隔一定间距联测高等级的平面控制点。但是由于沿线国家高级控制点之间的兼容性差,基础平面控制网 CPⅠ经国家点约束后使高精度的 CPⅠ控制网发生扭曲,大大降低了 CPⅠ控制点间的相对精度,个别地段经国家点约束后的 CPⅠ控制点甚至不能满足规范要求的 CPⅠ控制点相对中误差≤1/80000。在测量中不得不采用一个点和一个方向的约束方式进行 CPⅠ控制网平差,但这种平差方式给 CPⅠ控制网复测带来不便。为此,在京津城际铁路,哈大、京沪、石武高速铁路平面控制测量首先采用 GPS 精密定位测量方法建立高精度的框架控制网 CP0,作为高速铁路平面控制测量的起算基准,不仅提高了 CPⅠ控制网的精度,也为平面控制网复测提供了基准。

3. 高速铁路平面控制网的分级布网

高速铁路工程测量平面控制网应在框架控制网 CP0 基础上分三级布设,第一级为基础平面控制网 CPⅠ,主要为勘测、施工、运营维护提供坐标基准;第二级为线路平面控制网 CPⅡ,主要为勘测和施工提供控制基准;第三级为轨道控制网 CPⅢ,主要为轨道铺设和运营维护提供控制基准。高速铁路工程平面控制测量各级平面控制测量网的主要技术要求及控制布设示意图分别见图 9-1 与表 9-3。

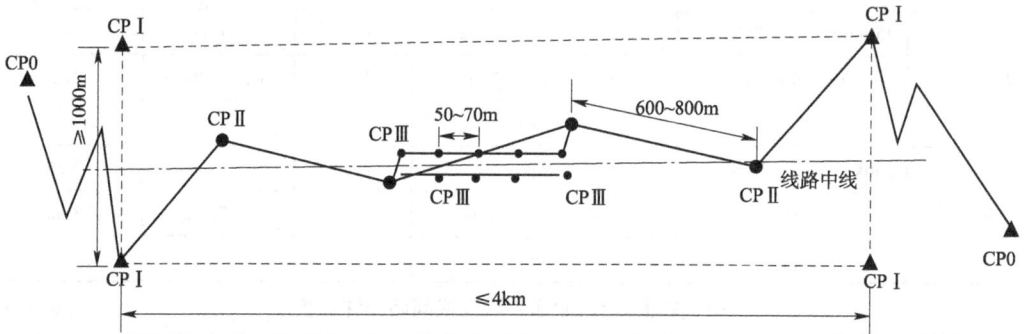

图 9-1　高速铁路三级平面控制网示意图

高速铁路控制网复测等级要求　　　　　　　　　　　　　　　表 9-3

控制网	测量方法	测量等级	点间距	相邻点的相对中误差(mm)	备　注
CP0	GPS	—	50km 一对点	20	—
CPⅠ	GPS	二等	≤4km 一对点	10	点间距≥800m
CPⅡ	GPS	三等	600～800m	8	—
	导线	三等	400～800m	8	附合导线网
CPⅢ	自由测站边角交会		50～70m 一对点	1	

注:相邻点的相对点中误差为平面 x、y 坐标分量中误差;设计速度250km/h有砟轨道技术标准同高速铁路标准一致。

4. CPⅢ自由测站边角交会网测量

CPⅢ为轨道控制网是铺轨加密基标和轨道精调的基准,为了保证铺轨加密基标和轨道精调测量的精度,其点位间距以 60m 为宜。CPⅢ控制网应采用自由测站边角交会网进行构网测量,以 CPⅠ或 CPⅡ作为基准进行固定数据约束平差。CPⅢ自由测站边角交会网如图 9-2所示,自由测站间距为 120m 左右,每个 CPⅢ控制点有 3 个自由测站点的距离、方向交会。CPⅢ自由测站边角交会网测量与常规导线网测量比较具有以下优点:

(1)点位分布均匀,有利于铺轨加密基标和轨道精调作业精度的控制;

（2）网形均匀对称，图形强度高，每个 CPⅢ 控制点有 3 个方向交会，多余观测量多，有利于提高网的可靠性和测量精度；

（3）相邻点间相对精度高，兼容性好，能有效控制轨道的平顺性；

（4）控制点采用强制对中标志，自由测站没有对中误差，消除了点位对中点误差对控制网精度的影响。

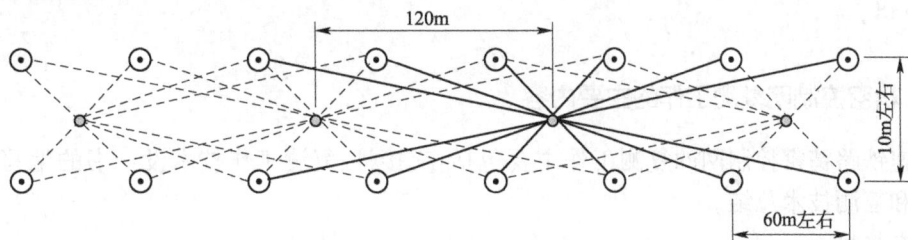

图 9-2 CPⅢ 控制网示意图

5. 采用的平面坐标系统

前已述及，高速铁路工程测设精度要求高，施工放样要求由现场实测值与坐标反算的边长值应一致，即要求尺度统一。由于地球表面近似于于椭球曲面，在地球表面观测的测量数据需归化到小范围的施工平面上是将曲面上的几何图形投影到平面的过程，这个过程定会产生一定程度变形。通过计算可知，用国家 3° 带投影的坐标系统，位于投影带边缘的图形，其长度投影变形值达到 340mm/km，这不利于无砟轨道的轨道铺设工作。

从理想状况来说，边长投影的变形值越小越有利。德国高速铁路采用 MKS 特殊技术平面坐标系统，将地球表面正形投影到设计和计算平面上，产生的长度变形限定在 10mm/km 的量级上，即投影变形误差控制在 1/100000 以内。多条线路的无砟轨道 CPⅢ 控制网的测量实践也表明，在满足边长投影长度变形值不大于 10mm/km 的条件下进行线下工程施工时，可不进行边长投影改正，而直接利用坐标反算的距离进行施工放线，CPⅢ 距离观测不需进行投影改化，仅仅进行平差计算就可满足 CPⅢ 控制网的精度要求。因此，无砟轨道控制测量的平面坐标系统应采用边长投影变形值 mm/km 的独立施工坐标系，CP0 控制网应以 2000 国家大地坐标系作为坐标基准，以 IGS 参考站或国家 A、B 级 GPS 控制点作为约束点，进行控制网整体三维约束平差。

任务二 各级控制网建立及复测技术要求

学习目标：

（1）掌握精密控制网复测工作的主要内容。

（2）掌握各级控制网的建立及复测技术要求。

（3）掌握高速铁路工程测量高程控制网精度分析。

任务描述：

高速铁路测量控制网的布设也遵循控制测量的基本准则，即先整体后局部、由高级到低

级、逐级控制的准则。高铁框架控制网 CP0,主要为线路提供坐标数据来源;基础平

面控制网 CPⅠ,为整条线路的规划、建设及以后管理维修提供基准;线路平面控制网
CPⅡ,为路基建设提供坐标依据;轨道铺设控制网 CPⅢ,为线上工程各项测量项目及后期运
营维修管理提供坐标依据。

相关知识:

一、精密控制网复测工作的主要内容

高速铁路精密控制网的复测工作主要包括:交接桩、复测工作技术设计书的编写、控制
点复测和复测技术总结。

1. 交接桩

铁路工程施工前,建设单位组织设计单位向施工单位现场移交各级平面、高程控制点和
测量成果资料,并履行交接手续,监理单位按有关规定参加交接工作。交接桩工作完成后由
建设单位、施工单位、设计单位、监理单位共同签署交接桩纪要。

设计单位需向施工单位交接的控制桩主要有:CP0、CPⅠ、CPⅡ 控制桩,线路水准基点
桩;需交接的测量成果资料主要有:CP0、CPⅠ、CPⅡ 控制桩成果表及点之记,CPⅠ、CPⅡ 测
量平差计算资料,线路水准基点成果表及点之记,水准测量平差计算资料,测量技术报告,线
路曲线要素表等。

交接桩后,施工单位应及时组织人员和设备,对设计单位交接的本段内的控制点进行全面
复测,复测的控制桩包括全线的 CPI、CPII 控制点,线路水准基点。CP0 的复测工作由建设单位
组织设计单位统一实施,施工单位应联测 CP0 点,作为 CPⅠ 控制网平差的起算依据。

2. 复测工作技术设计书的编写

复测工作开展前应编写复测技术设计书。其内容包括:任务来源、复测范围及内容、测
区概况、复测技术依据及收集的设计资料、复测工作组织和计划、复测实施计划和方法、坐标
高程系统、复测精度等级要求、复测技术标准和规范要求、相邻标段联测计划、复测数据处理
和平差方法、复测评判方法和标准、复测完成后应提交的成果资料。

3. 控制点复测

严格按照复测工作技术设计书,实施控制点复测工作。施工复测时采用的方法、复测的
精度应与原控制测量相同,复测使用的仪器和精度应符合相应等级的 GPS 测量、导线测量、
水准测量的技术要求。对于丢失和破坏的控制点,在复测中应该按原控制网标准,用同精度
内插方法恢复;对连续破坏的控制点应由设计单位组织恢复。

复测值与设计值的较差限差在规范允许范围内时,采用设计单位的测量成果作为施工
依据。当复测较差超限时必须重新复测,确认设计单位控制测量成果有误时,及时与设计单
位沟通解决。

4. 复测技术总结

复测工作完成后,编写复测报告或复测技术总结。主要包括:任务基本情况、生产单位
任务组织与完成情况、作业技术标准、采用的坐标高程系统、起算数据来源与质量、作业方法
及测量精度等级、复测成果质量及精度统计分析、复测与原测成果的对比分析、与相邻标段

的联测存在的问题及解决建议、复测结论。

二、各级控制网的建立及复测技术要求

1. CP0 框架控制网

我国已有的国家大地网有国家三角测量控制网和国家 GPS A、B 级网,然而运用这两种控制网作为高速铁路测量控制网数据来源时都不同程度出现弊端。国家三角测量控制网的控制点数量虽然较多,与既有的地形图的衔接性也较平顺,且方便与其他行业协调,但是由于传统的测量方法和设备原因,造成控制点的精度较低,且时间较长,点位破坏严重。国家GPS A、B 级网的点位精度虽然较高,坐标系统也与作为高铁线路基础平面控制网一致,但是它的控制点数量相对较少,且施测时的 GPS 定位设备较落后,控制点精度还可提高。因此,通过自建高等级控制网 CP0,采用 WGS-84 坐标系,即可得到高精度的控制点,又可将控制点约束到可靠基准上来。

CP0 控制网应在测段起点和终点处布设多个控制点,相邻点间的距离大约 50km 左右,且应与均匀分布于整个线路的至少 2 个国家 GPS A、B 网点、IGS 控制网点联测。CP0 控制网的布设、测量、平差方面应做到一次性、统一性、整体性。具体测量时的整平、对中、量取天线高、天气及其他干扰因素等相关误差要求和操作规范,应严格根据《高速铁路工程测量规范》(TB 10601—2009)的标准,以提高控制网的质量。CP0 控制网 GPS 法测量标准如表9-4、表9-5 所示。

各等级 GPS 测量作业的基本技术要求　　表9-4

项目等级		一等	二等	三等	四等	五等
静态测量	卫星截止高度角(°)	≥15	≥15	≥15	≥15	≥15
	同时观测有效卫星数	≥4	≥4	≥4	≥4	≥4
	有效时段长度(min)	≥120	≥90	≥60	≥45	≥40
	观测时段数	≥2	≥2	1~2	1~2	1
	数据采样间隔(s)	10~60	10~60	10~60	10~30	10~30
	接收机类型	双频	双频	双频	单/双频	单/双频
	PDOP 或 GDOP	≤6	≤6	≤8	≤10	≤10
快速静态测量	卫星截止高度角(°)	—	—	—	≥15	≥15
	有效卫星总数	—	—	—	≥5	≥5
	观测时间(min)	—	—	—	5~20	5~20
	平均重复设站数	—	—	—	≥1.5	≥1.5
	数据采样间隔(s)	—	—	—	5~20	5~20
	PDOP(GDOP)	—	—	—	≤7(8)	≤7(8)

各等级 GPS 控制网的主要技术要求　　表9-5

等　级	固定误差 a (mm)	比例误差系数 b(mm/km)	基线方位角中误差(″)	约束点间的边长相对中误差	约束平差后最弱边边长相对中误差
一等	≤5	≤1	0.9	1/500000	1/250000

续上表

等级	固定误差 a (mm)	比例误差系数 b(mm/km)	基线方位角中误差(″)	约束点间的边长相对中误差	约束平差后最弱边边长相对中误差
二等	≤5	≤1	1.3	1/250000	1/180000
三等	≤5	≤1	1.7	1/180000	1/100000
四等	≤5	≤2	2.0	1/100000	1/70000
五等	≤10	≤2	3.0	1/70000	1/40000

GPS接收机自带的基线解算软件可以进行基线解算的长度有限，长度越高的基线解算对平差软件的要求也越高。我国自行生产的平差软件的解算长度大概在20km以内，LGO、TGO等软件能够解算长达200km的基线，但是解算精度已不能保证。基线解算的误差源头包括三方面，即轨卫星、信号传播及接收机。目前世界上广泛应用的长基线解算软件有美国的 GAMIT/GLOBK、GIPSY/OASIS 和瑞士的 Bernese 软件。

在线路施工前，各个标段施工单位应对CP0控制网进行复测，其复测原理与相关精度要求与原测相同。同一控制点的复测前后结果 X、Y 坐标较差应在 ±20mm 以内。由于复测工作由各个标段施工单位独立进行，在各标段复测接头处会因原测数据与复测数据的误差出现各种线路连接问题。

2. CPⅠ基础平面控制网布设及技术要求

CPⅠ控制网作为高铁线路的基础平面控制网，是在承接框架控制网和国家 GPS A、B 级网点的基础上，保证线路控制网和铺轨控制网的关键。CPⅠ控制网一般是在勘测阶段建立CP0控制网后立即建立，确保数据的现势性，特殊情况下，可以在定测完成前建立。其布网方式在布网、测量、平差方面也应做到一次性、统一性、整体性。CPⅠ控制点应布设在沿线路距离线路中心 50～1000m 的区域，要能够满足 GPS 定位的各项标准，且有利于线路中的桥梁、涵洞、隧道等的建设需要。其相邻控制点的间距一般大于 1km、小于 4km，在控制网的起点、终点处，以及其他有需要的地方，应布设不少于 2 个以上的控制点。在测量过程中应尽量同国家三等或者更高级别的控制点联测，一般要至少 3 个，困难时不少于 2 个。

3. CPⅡ线路平面控制网布设及技术要求

CPⅡ控制网的建立一般是在定测阶段，用导线法或 GPS 定位法均可，CPⅡ控制点由于直接用于路基定测，距线路中心较近，约 50～200m。其控制网点的选取应满足三等 GPS 定位测量及三等导线测量的要求，点位的埋设应当更加牢固、易于保存，在施工过程中不易受车辆、重物等的损毁，以便长期使用。其布设方法是由三角形和四边形组成的并符合于 CPⅠ基础网的带状网。在建设初期要对 CPⅡ线路平面网进行复测，必要时还要加密。当采用导线法测量时，其各项测量指标如表 9-6～表 9-8 所示。

水平角方向观测法的技术要求 表9-6

等级	仪器等级	半测回归零差(″)	一测回内2c互差(″)	同一方向值各测回互差(″)
四等及以上	0.5″级仪器	4	8	4
	1″级仪器	6	9	6
	2″级仪器	8	13	9

续上表

等　　级	仪器等级	半测回归零差（"）	一测回内2c互差（"）	同一方向值各测回互差（"）
一级及以下	2"级仪器	12	18	12
	6"级仪器	18	—	24

注：当观测方向的垂直角超过±3°的范围内时，该方向2c互差可按相邻测回同方向进行比较，其值应满足表中一测回内2c互差的限值。

CPⅡ控制网导线法测量的技术要求　　　　表9-7

等级	测角中误差（"）	测距相对中误差	方位角闭合差（"）	导线全长相对闭合差	测　回　数			
					0.5"级仪器	1"级仪器	2"级仪器	6"级仪器
二等	1.0	1/250000	$\pm 2.0\sqrt{n}$	1/100000	6	9	—	
三等	1.8	1/150000	$\pm 3.6\sqrt{n}$	1/55000	4	6	10	
四等	2.5	1/80000	$\pm 5\sqrt{n}$	1/40000	3	4	6	
一级	4.0	1/40000	$\pm 8\sqrt{n}$	1/20000			2	2
二级	7.5	1/20000	$\pm 15\sqrt{n}$	1/12000			1	3

注：表中 n 为测站数。

导线法边长测量技术要求　　　　表9-8

等　　级	使用测距仪精度等级	每边测回数		一测回读数较差限值（mm）	测回间较差限值（mm）	往返观测距较差限值
		往测	返测			
二等	Ⅰ	4	4	2	3	$2m_D$
	Ⅱ			5	7	
三等	Ⅰ	2	2	2	3	$2m_D$
	Ⅱ	4	4	5	7	
四等	Ⅰ	2	2	2	3	$2m_D$
	Ⅱ			5	7	
	Ⅲ	4	4	10	15	
一级及以下	Ⅰ	2	2	2	3	$2m_D$
	Ⅱ			5	7	
	Ⅲ			10	15	
	Ⅳ	4	4	20	30	

　　中等隧道及长大型隧道内部布设的 CPⅡ控制网布设方法应用导线法。其应在隧道相向挖通后，依据表9-9 的技术标准建立。由于隧道内部空间狭小，且施工强度大，控制点的位置应充分利用隧道贯通测量控制桩，确保点位精度不被损失。具体施测时应注意：所用全站仪的一方向测回中误差须优于 1"，测距中误差须优于 2mm + 2ppm；测量前应等仪器与隧道内温度相一致时再开始施测。在隧道内详细测量的技术指标如表9-9 所示。

CPⅡ控制网隧洞内导线法测量主要技术要求　　　　　表9-9

控制网级别	附合长度（km）	边长（m）	侧距中误差（mm）	测角中误差（"）	相邻点位坐标中误差（mm）	导线全长相对闭合差限差	方位角闭合差限差（"）	导线等级	备注
CPⅡ	$L \leq 2$	300~600	3	1.8	7.5	1/55000	$\pm 3.6\sqrt{n}$	三等	单导线
CPⅡ	$2 < L \leq 7$	300~600	3	1.8	7.5	1/55000	$\pm 3.6\sqrt{n}$	三等	导线网
CPⅡ	$L > 7$	300~600	3	1.8	5	1/100000	$\pm 2.6\sqrt{n}$	隧道二等	导线网

4. CPⅢ铺轨控制网的布设及技术要求

CPⅢ铺轨控制网又称为基桩控制网,不仅为线路线上工程提供平面基准,也为线上工程提供高程基准。它的平面基准约束于 CPⅡ控制网,高程基准约束于线路二等水准网。主要为铺轨、检测、轨道精调、轨道变形及监测修复提供基准。CPⅢ铺轨控制网的各项技术指标如表9-10~表9-12所示。

CPⅢ平面网的主要技术要求　　　　　表9-10

平面控制点	测量方法	方向观测中误差（"）	距离观测中误差（mm）	可重复性测量精度（mm）	相邻点间相对点位中误差（mm）
CPⅢ	自由测站边角交会	±1.8	±1.0	±1.5	±1.0

CPⅢ控制网距离观测技术要求　　　　　表9-11

控制网等级	测回数（测回）	半测回间距离较差（mm）	测绘间距离较差（mm）
CPⅢ平面控制网	≥2	1	1

CPⅢ控制网水平方向观测技术要求　　　　　表9-12

控制网等级	仪器等级（"）	测回数（测回）	半测回归零差（"）	不同测回同一方向2c互差（"）	同一方向归零后方向值互差（"）
CPⅢ平面控制网	0.5	2	6	9	6
	1	3	6	9	6

由于 CPⅢ直接应用于轨道铺设,为保证铺轨精度,其测量方法采用自由测站边角后方交会法,此方法与传统的测设方法相比,在避免了仪器对中误差、棱镜对中误差的同时,没有连续搬站产生的误差累积。CPⅢ网宜在对 CPⅠ和 CPⅡ网复测无误且路基沉降稳定后布设,布设时不应有大型施工机械的存在且其施测时不应有振动及高压设备的存在。每600m与 CPⅠ和 CPⅡ网点进行联测。CPⅢ点布设于路基上靠近边线的位置,每隔60~70m建立一对点。CPⅢ点宜设置专用 CPⅢ水泥柱桩,且高度大致相等,所有的 CPⅢ点应设立强制对中装置,其具体棱镜组件安装精度要求如表9-13所示。

棱镜组件安装精度要求　　　　　表9-13

CPⅢ标志	重复性安装误差（mm）	互换性安装误差（mm）
X	0.4	0.4
Y	0.4	0.4
H	0.2	0.2

三、高速铁路工程测量高程控制网精度分析

高速铁路的高程控制网主要作用包括两方面,一方面为线下工程勘测、设计、施工提供高程依据,另一方面为高铁的线上工程的施工建设、后期管理、变形监测及维护提供高程依据。其水准网的布设等级如表9-14所示,在特殊路段,如大型桥梁、隧道处应根据具体要求确定控制网的等级。

高程控制测量等级及布点要求 表9-14

控制网级别	测量等级	点间距
线路水准基点测量	二等	≤2km
CPⅢ控制点高程测量	测量水准	50~70m

高程控制网施工复测的目的是复核设计单位所提交水准基点的高差是否满足相应的水准测量等级要求。当复测高差与设计高差的较差限差在规范允许的范围内时,采用设计单位提供的成果作为施工依据。

高程控制测量等级划分依次为二等、精密水准、三等、四等、五等。高速铁路水准测量等级为二等,高速铁路的CPⅢ水准测量称为精密水准测量,精度介于二等和三等水准之间。各等级水准测量的技术要求见表9-15。

高程控制网的技术要求 表9-15

水准测量等级	每公里高差偶然中误差 M_Δ(mm)	每公里高差全中误差 M_W(mm)	附合路线或环线周长的长度(km)	
			附合路线长	环线周长
二等	≤1	≤2	≤400	≤750
精密水准	≤2	≤4	≤300	—
三等	≤3	≤6	≤150	≤200
四等	≤5	≤10	≤80	≤100
五等	≤7.5	≤15	≤30	≤30

表中,M_Δ和M_W,按下式计算:

$$M_\Delta = \sqrt{\frac{1}{4n}\left[\frac{\Delta\Delta}{L}\right]} \tag{9-1}$$

$$M_W = \sqrt{\frac{1}{N}\left[\frac{MM}{L}\right]} \tag{9-2}$$

式中:Δ——测段往返高差不符值(mm);

L——测段长或环线长(km);

n——测段数;

N——水准路线环数。

各等级水准测量限差符合表9-16中的规定。

水准测量限差要求（mm）

表 9-16

水准测量等级	测段、路线往返测高差不符值		测段、路线的左右路高差不符值	附合路线成环线闭合差		检测已测测段高差之差
	平原	山区		平原	山区	
二等	$\pm 4\sqrt{K}$	$\pm 0.8\sqrt{n}$	—	$\pm 4\sqrt{L}$		$\pm 6\sqrt{R_i}$
精密水准	$\pm 8\sqrt{K}$		$\pm 6\sqrt{K}$	$\pm 8\sqrt{L}$		$\pm 8\sqrt{R_i}$
三等	$\pm 12\sqrt{K}$	$\pm 2.4\sqrt{n}$	$\pm 8\sqrt{K}$	$\pm 12\sqrt{L}$	$\pm 15\sqrt{L}$	$\pm 20\sqrt{R_i}$
四等	$\pm 20\sqrt{K}$	$\pm 4\sqrt{n}$	$\pm 14\sqrt{K}$	$\pm 20\sqrt{L}$	$\pm 15\sqrt{L}$	$\pm 30\sqrt{R_i}$
五等	$\pm 30\sqrt{K}$		$\pm 20\sqrt{K}$	$\pm 30\sqrt{L}$		$\pm 40\sqrt{R_i}$

注：1. K 为测段水准路线长度（km）；L 为水准路线长度（km）；R_i 为检测测段长度（km）；n 为测段水准测量站数。

2. 当山区水准测量每公里测站 $n \geqslant 25$ 站以上时，采用测站数计算高差测量限差。

水准观测的测站限差应符合表 9-17 中的规定。

水准观测的测站限差（mm）

表 9-17

等级 项目		基、辅分划［黑红面］读数之差	基、辅分划［黑红面］所测高差之差	检测间歇点高差之差	上下丝读数平均值与中丝读数之差
二等		0.5	0.7	1	3
精密水准		0.5	0.7	1	3
三等	光学测微法	1	1.5	3	—
	中丝读数法	2	3		—
四等		3	5	5	—
五等		4	7	—	—

四、复测成果

复测结果与设计单位提供的控制网数据不相符时，必须重新测量。当确认设计勘测资料有误或精度不符合要求时，应及时与设计单位联系协商，对成果进行改正。复测结果与设计单位勘测成果的不符值，满足下列规定时，应采用设计单位勘测成果。

（1）采用 GPS 复测 CPⅠ、CPⅡ 控制点时，复测与原测成果较差应满足表 9-18、表 9-19 的规定。

CPⅠ、CPⅡ控制点复测坐标较限差要求（mm）

表 9-18

控制点类型	坐标较差限差	控制点类型	坐标较差限差
CPⅠ	20	CPⅡ	15

注：表中坐标较差限差指 X、Y 坐标分量较差。

GPS 复测相邻点坐标差之差的相对精度限差

表 9-19

控制网等级	相邻点间坐标差之差的相对精度限差	控制网等级	相邻点间坐标差之差的相对精度限差
CPⅠ	1/130000	CPⅡ	1/80000

表 9-19 中相邻点间坐标之差的相对精度按下式计算：

$$\frac{\mathrm{d}s}{s} = \frac{\sqrt{\Delta x_{ij}^2 + \Delta y_{ij}^2 + \Delta z_{ij}^2}}{s} \tag{9-3}$$

式中：　s——相邻点间的二维平面距离或三维空间距离；

$\Delta x_{ij}, \Delta y_{ij}$——相邻点 i 与 j 间二维坐标差之差（m）；

Δz_{ij}——相邻点 i 与 j 间 z 方向坐标差之差，当只统计二维坐标系差之差的相对精度时该值为零。

（2）采用导线复测 CPⅡ 控制点时，水平角、边长和坐标较差应满足表9-20 的规定。

导线复测较差的限差
表 9-20

控 制 网	等 级	水平角较差限差（″）	边长较差限值（mm）	坐标较差限差（mm）
CPⅡ	三等	3.6	$2\sqrt{2}m_D$	15
CPⅡ	隧道二等	2.6	$2\sqrt{2}m_D$	15

注：m_D 为仪器标称精度。当隧道洞内 CPⅡ 控制测量的导线附合长度大于 7km 时，导线等级为隧道二等。

任务三　CPⅠ、CPⅡ控制网复测

学习目标：

（1）了解控制网复测相关规定。

（2）掌握基础平面控制网 CPⅠ 复测方法以及网平差。

（3）能够基础平面控制网 CPⅡ 复测方法以及网平差。

任务描述：

本节内容主要讲解了控制网复测相关规定，以及基础平面控制网 CPⅠ、CPⅡ复测方法以及网平差的计算。要求学生重点掌握以上内容。

相关知识：

一、控制网复测相关规定

（1）工程开工前，施工单位应会同设计单位参加由业主组织并有监理单位参与的控制桩和测量成果资料交接工作。

（2）施工单位应对设计单位交付的 CPⅠ、CPⅡ平面控制网进行同精度复测。

（3）为确保高速铁路轨道的线性，相邻施工标段、相邻施工单位之间应共同协商并现场确认交界处附近的同一对 CPⅠ平面控制点和同一个水准点作为搭接和公共点进行复测。双方应签订共用控制点协议并使用满足精度要求的相同坐标成果。

（4）线下工程开工前或最迟在结构工程施工前应完成 CPⅠ、CPⅡ控制点的复测工作。

（5）基础平面控制网 CPⅠ应采用GPS测量。线路控制网 CPⅡ宜优先选用GPS测量，也可采用常规导线测量。CPⅠ控制网和复测工作一般宜单独进行。当接收机数量较多时也可和 CPⅡ的复测同时进行,但应分别处理数据。CPⅡ的复测与加密工作可以同时进行,但加密点的数据处理应在完成 CPⅡ数据处理的基础上进行。

(6)平面控制网布网要求应按表9-21规定执行。

平面控制网布网要求 表9-21

控制网级别	测量方法	测量等级	点 间 距	备 注
CPⅠ	GPS	B	≥800~1000m	≤4km 一对点
CPⅡ	GPS	C	800~1000m	距线路中线 50~100m
	导线	四等		

(7)平面控制网的主要技术要求应符合下列规定。

①GPS测量精度指标应符合表9-22的规定。

GPS 测量精度指标 表9-22

控制网级别	基线边方向中误差(")	最弱边相对中误差	可重复性测量精度(mm)	相对点位精度(mm)
CPⅠ	≤1.3	1/170000	10	$8+D\times10^{-6}$
CPⅡ	≤1.7	1/100000	15	10

②导线测量的精度及主要技术指标应符合表9-23的规定。

导线测量的精度及主要技术指标 表9-23

控制网级别	附合长度(km)	边长(m)	测距中误差(mm)	测角中误差(")	相邻点位中误差(mm)	导线全长相对闭合差限差	方位角闭合差限差(")	对应导线等级
CPⅡ	≤4	800~1000	5	2.5	14	1/40000	$5\sqrt{n}$	四等
CPⅡ加密	≤4	300~500	4	2.5	7	1/40000	$5\sqrt{n}$	四等

(8)测量仪器的配置应符合下列规定。

①GPS接收机:CPⅠ控制测量应采用双频接收机,CPⅡ控制测量可采用单频接收机,其标称精度应不低于 $5mm+1\times10^{-6}\times D$;同步观测的接收机数量应不少于3台。

②全站仪标称精度应不低于 $2''$,$2mm+2\times10^{-6}\times D$。

(9)GPS测量外业除应遵照《铁路工程卫星定位测量规范》(TB 10054—2010)的有关规定执行外,还应满足表9-24的要求。

GPS 测量作业的基本技术要求 表9-24

项 目		B 级	C 级
	接收机	双频	单频
	卫星高度角(°)	≥15	
	同时有效卫星总数	≥5	≥4
	时段中任一卫星有效观测时间(min)	≥15	
静态测量	时段长度(min)	≥90	≥60
	观测时段数	≥2	2
	平均重复设站数	>2	≥2
	数据采样间隔(s)	15~60	15~60
	PDOP 或 GDOP	≤6	≤8

（10）当 CPⅠ、CPⅡ复测与设计的坐标 X、Y 较差超过 20mm 时应再次测量确认；当核实复测精度符合相应等级要求后，应将复测成果报设计单位认定。满足精度要求时，应采用设计成果。

二、基础平面控制网 CPⅠ复测

1. CPⅠ复测

（1）构网方式

复测 CPⅠ时应采用边联结方式构网，并组成三角形或大地四边形相连的带状网。重复观测时应重新对仪器进行整平对中一次，一般需要在 180°方向上。联测 CP0 时，可将其纳入 CPⅠ控制网。每个 CP0 最好有三个方向与之相连。

（2）基线解算和检核

用于基线解算的起算点的 WGS-84 绝对坐标精度应不低于 15m，各时段的基线解算应采用同一起算点推算所得 WGS-84 坐标。解算的基线向量结果应满足该仪器以及解算软件的质量指标。完成基线向量解算后，应检查同步环和独立环的闭合差以及重复观测基线的较差，并应符合表 9-25 的规定。

基线质量检验限差表　　　　　　　　　　　表 9-25

检验项目	限差要求			
	X 坐标分量闭合差	Y 坐标分量闭合差	Z 坐标分量闭合差	环线全长闭合差
同步环	$w_x \leq \dfrac{\sqrt{n}}{5}\sigma$	$w_y \leq \dfrac{\sqrt{n}}{5}\sigma$	$w_z \leq \dfrac{\sqrt{n}}{5}\sigma$	$w \leq \dfrac{\sqrt{3n}}{5}\sigma$
独立环（含附合路线）	$w_x \leq 3\sqrt{n}\sigma$	$w_y \leq 3\sqrt{n}\sigma$	$w_z \leq 3\sqrt{n}\sigma$	$w \leq 3\sqrt{3n}\sigma$
重复观测基线较差	$d_s \leq 2\sqrt{2}\sigma$			

注：σ-相应等级规定的精度，$\sigma = \sqrt{a^2 + (b \cdot d)^2}$。当使用的接收机标称精度高于等级规定的 a、b 值时，应采用接收机的标称精度计算 σ。n-闭合边边数。

当闭合环由长短悬殊的边组成时，宜按边长和等级规定的精度计算每条边的 σ，并按误差传播定律计算环闭合差的精度以代替表中的 $\sqrt{n}\sigma$，计算环闭合差的限差。

坐标转换时，应使用 WGS-84 参考椭球参数为基础，采用工程椭球直接投影法将大地坐标系转换为高斯平面坐标系成果。复测后的坐标计算应使用与设计坐标系相同的基准，如中央子午线经度、坐标系投影面高程和高程异常值等。

CPⅠ控制点复测成果与设计成果比较可采用点间距离、方位、坐标比较的方法，以判别控制点是否满足精度要求。当 X、Y 坐标较差超过限差 20mm 时，应再次测量确认。

（3）CP0 联测

CP0 联测：作为 CPⅠ基础控制网的起算基准，如果有 WGS-84 坐标，则可与设计坐标直接比较。一个 CP0 点仅作为 CPⅠ控制网的位置起算基准坐标，需要提供（设计）WGS-84 三维坐标，尺度基准需要顾及；有多个 CP0 点作为约束平差的条件，位置、方位、尺度基准都可以解决，一般软件需要的是二维平面坐标；如果跨投影带，则需要分别提供各投影带的二维坐标作为约束条件。

没有联测 CP0 点时,需要对作为起算数据的 CP Ⅰ 控制点的兼容性进行检验,然后作为约束条件进行平差,但处理总归不够严密。

(4)长标段施工

长标段施工建议处理方法:复测时由施工单位按测量技术方案、精度要求分段进行 GPS 测量,距离 CP0 近的,需要联测 CP0,提供合格的基线向量结果数据,然后各标段统一处理联测了(1 个以上)CP0 点的 GPS 网。设计单位应提供相应的基准参数。

(5)兼容性检验方法

兼容性检验方法:选取测网两端附近的两对 CP Ⅰ 点,检查基线的距离、方位,相邻边的距离较差满足(2s/170000)、方位较差满足 1.8″,则可作为约束条件;或使用约束平差分析法、应变分析法。

2. 观测注意事项

(1)观测组必须遵守调度命令,按规定的时间同步观测同一组卫星。当不能按计划到达点位时,应及时通知其他各组,并经观测计划编制者同意对时段作必要的调整,观测组不得擅自更改观测计划。

(2)观测者到达测站后,应先安置好接收机,使其处于静置状态,并应在关机状态下连接接收机、控制器、天线、数据链间的电缆。

(3)一般情况下,安装天线应利用脚架直接对中,对中误差应小于 1mm;当精度要求较低时,可用带支架的对中杆对中,观测期间对中杆上的圆水准气泡必须居中;需在觇标基板上安置天线时,应将觇标顶部卸掉,将标志中心投影到基板上,依投影点安置天线。

(4)天线定向标志宜指向正北方向,对于定向标志不明显的接收机天线,可预先设置标记。每次应按此标记安置天线。

(5)天线高应在时段观测前、后各量取一次,其较差小于 3mm 取平均值作为最后的天线高。当较差超限时,应查明原因,提出处理意见。天线高应根据仪器类型量取至厂方指定的天线高的部位,并应注明天线高的类型(斜距、垂距)。

(6)一般量取三个方向高度进行检查。经检查,接收机的电源电缆、天线电缆等项连接正确,接收机预置状态正常后,方能启动接收机开始观测。

(7)接收机开始记录数据后,应及时将测站名、测站号、时段号、天线高等信息输入接收设备。观测过程中,应注意观察并记录卫星变化的升落时刻、各通道的信噪比、接收信号的类型和数量、卫星信号质量、存储器余量与电池余量等。对特殊的变化过程(如刮风、下雨等作业中出现的异常情况)、仪器显示的警告信息及处理情况等均应作必要的记录。卫星测量手簿中的内容应逐项填写。

(8)一个时段观测过程中严禁进行以下操作:关闭接收机重新启动、进行自测试(发现故障除外)、改变接收设备预置参数、改变天线位置、按关闭和删除文件功能键等。

(9)观测员在作业期间不得擅自离开测站,应防止碰动仪器或仪器受震动。注意防止行人和其他物体靠近天线遮挡卫星信号。

(10)观测时,使用对讲机应距天线 10m 以上,使用车载台应离开天线 50m 以上。

(11)雷雨过境时应关机停测,并卸下天线以防雷击。

(12)观测记录应包括如下内容:①接收机自动记录的信息包括:相位观测值及其对应的

时间、卫星星历参数、测站和接收机初始信息(测站名、测站号、时段号、近似坐标及高程、天线及接收机编号、天线高)等;②测量手簿的记录内容应符合本规范附录 G 的规定。记录手簿中的记事项目应现场填写,不得事后补记或追记。

(13)经检查,调度命令已执行完毕,所有规定的作业项目已经完成并符合要求,记录和资料完整无误后方可迁站。

(14)外业记录的管理应符合下列要求:

①当天的观测记录数据应及时录入计算机硬盘,并拷贝成一式两份;数据文件备份时,不得进行任何剔除或删改,不得调用任何对数据实施重新加工组合的操作指令。

②测量手簿应按控制网装订成册,交内业验收。

3. 网平差

在基线的质量检验符合要求后,应根据控制网技术设计方案,以所有独立基线构成控制网,以三维基线向量及其相应的方差——协方差阵作为观测信息,以一个点的 WGS-84 坐标系下的三维坐标为起算数据,进行无约束平差。

(1)平差计算应进行如下检验

①观测值的误差分布是否合理,检验误差是否存在粗差。若有粗差,则剔除该观测值,重新进行平差和检查,直至参加平差的观测值无粗差为止。

②控制网方位角中误差、距离相对中误差、最弱点中误差应满足相应等级规定的精度指标。无约束平差结束后,应提供各控制点在 WGS-84 坐标系下的三维坐标,基线矢量及其改正数和其精度信息。

(2)可靠性和稳定性检验

联测的大地点和高程点应进行可靠性和稳定性检验,并应符合下列规定:

联测大地点的可靠性检验可采用边长比较法,其较差:三等点不应大于每公里 $\pm12.5\text{mm}$,四等点不应大于每公里 $\pm25\text{mm}$;当联测点数量多于三个时,对三角点间构成的角度也应进行检核,其较差应小于 $2\sqrt{2}\,m_\beta$(m_β 按三角点等级选取)。

(3)平差处理

利用无约束平差后的可靠观测量为基础,在国家坐标系或地方独立坐标系下,进行三维约束平差或二维约束平差。作为约束条件的已知坐标、已知距离、已知方位角、可以作为强制约束的固定值,也可以作为加权约束的可变值。

约束平差基线向量改正数与无约束平差的同名基线改正数的较差($\mathrm{d}v_x$、$\mathrm{d}v_y$、$\mathrm{d}v_z$)应符合下式的规定;否则,认为参与约束的已知坐标、已知距离、已知方位角误差太大,应删除误差较大的约束值,直至满足下式:

$$\left.\begin{array}{l}\mathrm{d}v_x \leqslant 2\sigma \\ \mathrm{d}v_y \leqslant 2\sigma \\ \mathrm{d}v_z \leqslant 2\sigma\end{array}\right\} \tag{9-4}$$

平差结束应输出国家或地方坐标系的坐标、基线向量改正数、边长、方位角、转换参数及其精度信息。

4. 其他

当卫星控制网长度太长、横跨多个投影带,在联测的三角点数量充足时,可采用分区平差。平差时相邻两分网应有一定数量的重合点,重合点在两分网中坐标之差不得大于点位中误差的2倍。

隧道、桥梁控制网应采用WGS-84坐标系下的无约束平差成果计算施工独立坐标。进行无约束平差时,应选取工程始端轴线上的控制点作为WGS-84坐标系下的起算点,施工独立坐标可采用工程椭球直接投影法或其他适用的方法计算。

三、CPⅡ复测

1. 一般规定

复测线路控制网CPⅡ的构网应以边联方式为主,组成大地四边形、三角形,并附合到就近的CPⅠ控制点上。CPⅡ基线解算、基线质量控制、坐标转换等应按照基础控制网CPⅠ复测处理的方法和要求进行。控制指标按C级网精度要求。

计算复测控制网平面坐标时,采用满足精度要求的CPⅠ控制点数据对CPⅡ进行约束平差。当复测与设计的坐标 X、Y 较差超过20mm时,应再次测量确认。

2. 导线水平角观测

导线水平角观测应采用方向观测法。导线边长测量应进行仪器加常数、乘常数和气象改正,距离应归算至工程设计的投影高程面上。导线水平角、距离、竖直角观测应满足表9-26和表9-27的相关规定。

导线水平角观测技术要求及限差规定　　　　　　　　　　　　　表9-26

控制网等级	仪器等级	测回数	半测回归零差限差(″)	$2c$ 较差限差(″)	同方向各测回间较差限差(″)
CPⅡ和CPⅡ加密	DJ$_1$	2~4	6	9	6
	DJ$_2$	4~6	8	13	9

导线测边技术要求和限差规定　　　　　　　　　　　　　表9-27

仪器等级	距离和竖直角测回数	测回中各次读数互差和限差(mm)	同高程面往返测平距较差的限差(mm)
Ⅰ	1	5	$\leq 2\sqrt{2}\,m_D$
Ⅱ	1	10	$\leq 2\sqrt{2}\,m_D$

3. 导线的测角精度和测边精度

CPⅡ导线复测和加密控制导线测量的测角精度、测边精度及导线全长相对闭合差的限差和方位角闭合差的限差,应符合规定。CPⅡ复测和加密控制导线的外业结束时,应进行上述各项精度和限差的检验。

导线的测角精度和测边精度估算应符合下列要求。

(1)测角中误差应按下式估算:

$$m_\beta = \sqrt{\frac{1}{N}\left[\frac{f_\beta f_\beta}{n}\right]} \tag{9-5}$$

式中:f_β——附合导线或闭合导线的角度闭合差(″);

　　　n——计算 f_β 时的测站数;

　　N——附合导线或闭合导线环的个数。

　　(2)测距中误差应按下式估算:

$$m_{\mathrm{D}} = \sqrt{a^2 + (bD)^2} \tag{9-6}$$

式中:a——固定误差(mm);

　　　b——比例误差(mm/km);

　　　D——测距边长度(km)。

　　4.平差和限差要求

　　平差时,应将CPⅡ作为附合导线在CPⅠ的约束下进行平差。CPⅡ复测的平差成果满足精度要求后,再对加密点进行平差。CPⅡ平差,同CPⅠ控制网平差类似,首先在WGS-84坐标系下,以一个稳定的CPⅠ点为基准进行CPⅠ控制网的三维无约束平差,并按CPⅠ控制网平差公式进行成果检验。最后以已确认稳定的CPⅠ点的二维坐标为约束,对CPⅡ基线向量网进行二维约束平差,并进行检验,从而得到各CPⅡ点的平面成果坐标。按验后精度估算的CPⅡ相邻点位中误差不应大于14mm、CPⅡ加密点相邻点位中误差不应大于7mm。

　　完成CPⅡ控制导线复测后,应将复测成果与设计单位成果进行比较。复测与设计的导线水平角、导线边长和导线点坐标较差的限差应符合表9-28的要求。

表9-28

CPⅡ导线复测成果限差要求

水平角限差(″)	边长限差(mm)	Δx、Δy 坐标限差(mm)
7	8	20

任务四　二等精密水准网复测

学习目标:

　　(1)了解水准测量作业的主要技术要求。

　　(2)掌握二等水准测量的方法和计数原则。

　　(3)掌握二等水准测量的平差计算。

任务描述:

　　二等水准基点的复测和加密测量可采用几何水准同时进行。水准测量工作实施时依据各水准点的相对位置关系,在相邻间距最短的水准控制点之间构成水准测量路线。目前国内高速铁路工程中,二等精密水准网一般多采用精密电子水准仪进行操作。

相关知识:

一、水准测量作业的主要技术要求

　　高程控制网复测宜优先使用满足精度要求的电子水准仪。若采用补偿式自动安平水准仪时,其补偿误差 $\Delta\alpha$ 不应超过 0.2″,并应符合《国家一、二等水准测量规范》(GB/T 12897—

2006)、《铁路工程测量规范》(TB 10101—2009)的相关规定。二等水准测量的主要技术标准应符合表9-29的规定,水准测量作业的主要技术要求应符合表9-30的规定,水准测量观测的读数限差应符合表9-31 规定。

水准测量的主要技术标准   表9-29

等级	每千米偶然中误差(mm)	每千米全中误差(mm)	水准仪等级	水准尺	往返较差或附合、环线闭合差(mm)
二等	1	2	DS_1	铟瓦	$4\sqrt{L}$

注:L 为往返测段、附合或环线的水准路线长度,单位为 km。

水准测量作业的主要技术要求   表9-30

等级	水准尺类型	水准仪等级	视距(m)	前后视距差(m)	任一测站前后视距差累积(m)	视线高度(m)
二等	铟瓦尺	DS_1 DS_{05}	≥3 且≤50	≤1.0/1.5(数字)	≤3.0/6.0(数字)	下丝读数≥0.3/0.55(数字)

水准测量观测限差(mm)   表9-31

等级	基、辅分划读数差	基、辅分划所测高差之差/两次读数所测高差之差(数字)	检测间歇点高差之差
二等	0.4	0.6	1.0

二、二等水准测量的方法和计数原则

1. 二等水准测量的方法

二等水准测量应进行测段往返观测。测站观测宜采用下列观测顺序:

往测:奇数站采用"后—前—前—后",偶数站采用"前—后—后—前"。

返测:奇数站采用"前—后—后—前",偶数站采用"后—前—前—后"。

由往测转向返测时,两根标尺应互换位置。

2. 二等水准测量的计数原则

二等水准测量观测读数和记录的数字取位见表9-32 和表9-33。

二等水准测量观测读数取位   表9-32

仪　器	读数取位(mm)	仪　器	读数取位(mm)
DS_{05}	0.05	数字水准仪	0.01
DS_1	0.1		

二等水准测量记录的数字取位   表9-33

等级	往返测距离总和(km)	往返测距离中数(km)	各测站高差(mm)	往返测高差总和(mm)	往返测高差中数(mm)	高程(mm)
二等	0.01	0.1	0.01	0.01	0.1	0.1

3. 二等水准测量的平差计算

水准测量作业结束后,应对外业观测数据进行各项指标检查,各项指标应满足表9-34要求。各项精度指标和限差满足要求后,采用严密平差计算。

水准测量精度要求   表9-34

水准测量等级	每千米偶然中误差 M_Δ(mm)	每千米全中误差 M_W(mm)	限 差(mm)		
			检测已测段高差之差	往返测不符值	附合或环线闭合差
二等	≤1.0	≤2.0	$6\sqrt{L}$	$4\sqrt{L}$	$4\sqrt{L}$

每千米偶然中误差按下式估算:

$$M_\Delta = \pm\sqrt{\frac{1}{4n}\left[\frac{\Delta\Delta}{L}\right]} \tag{9-7}$$

每千米全中误差按下式估算:

$$M_W = \pm\sqrt{\frac{1}{N}\left[\frac{WW}{L}\right]} \tag{9-8}$$

式中:Δ——测段往返高差不符值(mm);

L——测段长或环线周长(km);

n——测段数;

W——水准路线的环线闭合差(mm);

N——水准环数。

当用每条水准路线测段往返测高差较差算得的高差偶然中误差 M_Δ 和按环闭合差算得的全中误差 M_W 超限时,应先重测不符值或闭合差较大的测段,使其满足精度要求;与设计较差超限的测段应再次测量确认。

4. 二等水准测量的成果

水准基点和加密水准点应整体平差后求得高程成果。联测深埋水准点或基岩水准点:往返测量高差符合 $4\sqrt{L}$ 要求为合格取平均值;与设计高差比较符合 $6\sqrt{L}$ 要求为合限;以基岩水准点或深埋水准点为起算高程点,推算高程,与设计高程比较(如果有,则需考虑水准面不平行改正);或者使用设计高程作为近似值利用自由网转换方法,处理复测成果,然后与设计高程比较,以期发现沉降趋势或规律。

任务五 复测测量成果报告

学习目标:

(1)了解平面控制网复测成果报告应包括的内容。

(2)掌握高程复测成果报告应包括的内容。

(3)掌握卫星测量成果资料。

任务描述:

二等水准基点的复测和加密测量可采用几何水准同时进行。水准测量工作实施时依据各水准点的相对位置关系,在相邻间距最短的水准控制点之间构成水准测量路线。目前国内高速铁路工程中,二等精密水准网一般多采用精密电子水准仪进行操作。

相关知识：

一、平面控制网复测成果报告

平面控制网复测成果报告应包括以下内容：

(1)工程概况、复测范围、设计CPⅠ、CPⅡ控制网概况、测量时间等情况。

(2)CPⅠ控制网测量网形略图、CPⅡ测量网形略图。

(3)测量仪器、人员情况。

(4)测量外业作业情况(技术指标)与测量结果(含闭合环、重复基线检核)。

(5)网平差与后处理结果(基准数据的采用与检验、基线边改正数与精度、无约束和约束平差坐标及其精度、基线边距离和方位及其精度等)。

(6)复测与设计成果比较结果(坐标、距离、方位等)。

(7)复测结论。

(8)标段搭接测量用桩协议。

(9)主要测量人员的专业证书、仪器检定证书、测绘资质附件。

二、高程复测成果报告

高程复测成果报告应包括以下内容：

(1)工程概况、复测范围、水准网布设概况、测量时间等情况。

(2)测量仪器情况、人员情况。

(3)测量外业作业情况与测量结果(往返高差测量汇总)。

(4)数据平差处理和结果(约束平差高程机器精度)。

(5)复测与设计高程或高差比较结果。

(6)复测结论。

(7)标段搭接测量用桩协议。

(8)测量人员专业证书、仪器检定证书、测绘资质附件。

三、卫星测量成果资料

1. 卫星测量成果文档

卫星测量任务完成后,应完成成果文档资料包括:①卫星网技术设计书;②卫星控制测量成果书。

2. 卫星网技术设计书

卫星网技术设计书主要内容应包括。

(1)任务来源、工作量、测区概况、采用的作业技术标准。

(2)测区既有国家三角点、水准点及其他控制点资料情况,既有资料精度及可靠性评价和利用方案,控制网坐标系设计,不采用国家统一坐标系时既有大地点坐标的转换,控制网WGS-84坐标系坐标转换为国家统一坐标系坐标或者独立坐标系坐标的方法。

(3)控制网方案设计:以独立基线矢量形成控制网的图形设计既有国家三角点联测方案。

（4）设计控制网精度等级、标志埋设规格，观测的主要技术要求，数据处理的要求；对作业中可能出现的问题，提出应采取的措施，以及其他注意事项。

（5）工作计划安排：参加测量作业的人员，预计任务的完成日期等。

（6）附件：既有资料成果表、控制网设计图。

3. 卫星控制测量成果书

卫星控制测量成果书的编制应包括如下内容：

（1）测量说明：任务依据、工程概况、测区概况、测量日期、采用基准（坐标、高程）、作业技术标准、既有资料利用情况、作业方法、测量精度、数据处理及质量检验情况、无约束平差WGS-84 起算点的三维坐标、约束平差的基准值（X,Y,H）、独立坐标系的建立方法及相关参数、对控制网的评价以及成果使用注意事项等。

（2）平面控制网图：控制网示意图和控制网布置图。控制网布置图应包括控制网范围内的地形、点位布设、线路方案、起讫里程、沿途主要地名、交通道路等。

（3）基线处理成果及质量因子、WGS-84 三维无约束平差的控制点三维坐标成果及点位精度、基线的坐标方位角、边长及精度等。

（4）控制网（地方坐标系或独立坐标系）成果包括点名、平面坐标、坐标中误差、点位中误差、坐标方位角及精度、边长及精度等。

隧道控制测量，还应提供隧道理论中线选择、施工数据推算成果、横向贯通误差预计以及对洞内测量的建议。

桥梁控制测量，应提供桥轴线的长度测量中误差，施工放样数据及建议等。

（5）控制点点之记。

（6）附表。包括基线质量因子、同步环、异步环检验统计表、重复边检验、国家三角点检验表、WGS-84 及地方坐标系（1954 年北京坐标系、1980 西安坐标系、独立坐标系）下的方位角和边长精度、仪器检定资料。

思考题

1. 叙述高速铁路控制网体系。

2. CPⅠ、CPⅡ控制网的主要精度指标是什么？CPⅠ、CPⅡ控制网复测应采用什么测量方法？

3. GPS 复测 CPⅠ、CPⅡ时如何组网？GPS 测量的质量检核包括哪些内容？GPS 设备的要求是什么？

4. CPⅡ导线测量的主要技术要求与精度、技术指标是什么？

5. CPⅠ、CPⅡ的 GPS 数据平差处理原则是什么？复测与设计成果比较的内容有哪些？

6. 高速铁路精密水准网复测应采用什么方法？精度等级如何？水准测量设备的要求如何？

7. 叙述二等精密水准测量主要技术指标和技术要求。

8. 精密水准复测后如何评定测量精度？如何处理复测结果数据？与设计成果相比较的内容有哪些？

9. CPⅠ、CPⅡ复测、高程复测后提交的成果资料主要内容是什么？

10. 你对现行的《高速铁路工程测量规范》（TB 10601—2009）有何建议？

项目十 高速铁路轨道施工测量

任务一 CPⅡ平面控制网加密点测量

学习目标：

(1)了解CPⅡ加密点一般规定和线上CPⅡ加密点的埋设。

(2)掌握外业测量技术要求和作业方法。

(3)掌握数据处理及网平差。

任务描述：

本节内容主要讲解了CPⅡ加密点一般规定和线上CPⅡ加密点的埋设，以及外业测量技术要求和作业方法，最后介绍了数据处理及网平差的要求，需要学生做重点掌握。

相关知识：

一、CPⅡ加密点一般规定

为满足CPⅢ网测量的要求，应按照"线路两侧200m范围内CPⅡ点具有500～650m的点间距"要求在既有CPⅡ控制网基础上进行线上CPⅡ加密点测量。线上CPⅡ加密点应至少有一个方向与相邻的CPⅡ点(CPⅡ加密点)或CPⅠ点通视。CPⅢ网分区段测量时，在区段的头尾以及用于接边的六对CPⅢ点的头尾应各布设一个CPⅡ加密点。

1. 桥梁段CPⅡ加密点布设

桥梁段CPⅡ加密点应布设在桥上，沿线路前进方向埋设于桥梁的固定支座(纵横向均固定)顶端的防护墙顶，且不能与CPⅢ点共桩。

2. 路基段CPⅡ加密点布设

路基段CPⅡ加密点应左右交替布设在征地界范围内便于CPⅢ网联测的地方，一般布设在CPⅢ点专用控制桩顶。

3. 隧道段CPⅡ加密点布设

隧道段CPⅡ加密点应布设在隧道电缆槽顶面上。

对于长度大于2km隧道，CPⅡ加密网需按导线网方式进行测设，CPⅡ加密点应成对布设,点对间距 300 ~ 500m。

二、线上 CPⅡ 加密点的埋设

1. CPⅡ 加密点的标志

在具备条件的地段 CPⅡ 加密点可采用强制对中标。在桥梁部分 CPⅡ 加密点需上桥,并且沿线路前进方向埋设于桥梁的固定支座(纵横向均固定)顶端的防撞墙顶,因连接杆不同,CPⅡ 加密点不可于线路 CPⅢ 点共桩,必须单独布设;路基段应在线路拉线基础上埋设加密桩,加密桩位置选择应保证 CPⅢ 网联测条件,埋设应满足《高速铁路工程测量规范》(TB 10601—2009)中 CPⅡ 控制桩要求,需埋设在稳固可靠、不影响 GPS 观测、不影响行车安全、方便 CPⅢ 网联测的地方。

2. CPⅡ 加密点标志的埋设

CPⅡ 加密点标志埋设时,首先在桥梁防护墙顶、路基 CPⅢ 专用控制桩顶、隧道电缆槽顶选定位置处打孔,将预埋孔注入 1∶16(水∶干料)的桥梁支座灌浆料,灌浆料比孔口低 1 ~ 2cm,利用铁丝弯折成的埋设临时支架将预埋件缓缓吊入预埋孔,将灌浆料挤出。预埋件顶面比孔口高出 1mm 左右。因悬吊作用,预埋件自然整平,30min 左右灌浆料凝固,可拆除临时支架。预埋件整平精度为 4′ ~ 8′。

CPⅡ 加密点埋设完成后应在点位旁边清晰、明显地设置点号标识。

3. CPⅡ 加密点的编号规则

CPⅡ 加密点按照公里数递增进行编号,编号统一为七位数,具体规则为:××××(里程整公里数) + P2(表示 CPⅡ 加密点) + ×(该公里段流水号,从小里程向大里程方向顺次编号)。

例如 0256P21,其中"0256"代表里程数,"P2"代表 CPⅡ 平面控制点,"1"代表 1 号点。

4. CPⅡ 加密点点之记

CPⅡ 加密点埋设完成后,应按既有 CPⅡ 网要求绘制点之记。点之记包含点号、概略经纬度(现场采集)、所在地、交通情况、交通略图、点位通视情况及点位略图、选点情况及埋石情况。绘制时要符合要求、要素齐全,标识点位的距离用皮尺现场实测,交通路线图指向要齐全、清楚。点之记应按照既有精测网控制点点之记的格式在 CAD 下绘制整理。

三、外业测量

1. 主要技术要求

(1)采用 GPS 测量方法进行 CPⅡ 加密点测量时,主要技术要求如表10-1 所示。

CPⅡ 加密点测量主要技术要求　　　　　　　　　表 10-1

等　　级	固定误差 a (mm)	比例误差系数 b (mm/km)	基线方位角中误差(″)	约束点间的边长相对中误差	约束平差后最弱边边长相对中误差
三等 GPS 网	≤5	≤1	1.7	1/180000	1/100000

注:当基线长度短于 500m 时,三等边长中误差应小于 5mm。

(2)采用导线测量方法进行隧道段 CPⅡ 加密点测量时,主要技术要求如表 10-2 所示。

洞内 CPⅡ加密点测量的主要技术要求　　　表10-2

控制网级别	附合长度（km）	边长（m）	测距中误差（mm）	测角中误差（"）	相邻点位坐标中误差（mm）	导线全长相对闭合差限差	方位角闭合差限差（"）	对应导线等级	备注
CPⅡ	$L \leq 2$	300~600	3	1.8	7.5	1/55000	$\pm 3.6\sqrt{n}$	三等	单导线
CPⅡ	$2 < L \leq 7$	300~600	3	1.8	7.5	1/55000	$\pm 3.6\sqrt{n}$	三等	导线网
CPⅡ	$L > 7$	300~600	3	1.3	5	1/100000	$\pm 2.6\sqrt{n}$	隧道二等	导线网

当同一测区内,导线环(段)数超过20个时导线测角中误差按下式计算:

$$m_\beta = \sqrt{\frac{1}{N} \cdot \frac{f_\beta f_\beta}{n}}$$ （10-1）

式中：f_β——导线环(段)的角度闭合差("）；

n——导线环(段)的测角个数；

N——导线环(段)的个数。

2.作业方法

（1）采用 GPS 方法进行 CPⅡ加密点测量

①CPⅡ加密点测量应采用双频 GPS 接收机观测,仪器的标称精度不低于5mm+1ppm。

②CPⅡ加密点采用 GPS 测量方法施测,起闭于经复测合格的既有 CPⅠ、CPⅡ控制点,测量等级和精度要求应满足表10-3的技术要求。

CPⅡ加密点 GPS 测量的技术要求　　　表10-3

项　　目	CPⅡ加密点 GPS 测量
等级	三等 GPS
卫星截止高度角（°）	≥15
同时观察有效观测卫星数	≥4
有效时段长度（min）	≥60
观测时段数	1~2
数据采样间隔（s）	15
接收机类型	双频
PDOP 或 GDOP	≤8

③CPⅡ加密点测量采用边联结方式构网,形成由三角形或大地四边形组成的带状网。每加密1个 CPⅡ加密点应联测不少于2个 CPⅠ点及部分 CPⅡ点,且加密点要位于所联测的 CPⅠ、CPⅡ点所构成的网形中部。观测前要对网形进行设计,保证 CPⅡ点间的基线长度不小于300m,并尽可能多地联测既有精测网点,以保证与既有精测网系统的统一。

④全部仪器、光学对中基座作业前都必须按要求进行检校合格后才能投入使用。

（2）采用导线测量方法进行 CPⅡ加密点测量

①CPⅡ加密点测量按表10-2的要求采用导线测量方法进行测设,起闭于既有 CPⅠ点、CPⅡ点或 CPⅡ加密点。当采用导线网进行测量时构网方法如图10-1所示。

②CPⅡ导线观测应采用标称精度不低于1″、2mm+2ppm 的全站仪施测。观测前应先将

156

仪器开箱放置20min左右,让仪器与洞内温度基本一致。

③洞口测站观测宜在夜晚或阴天进行,隧道洞内观测应充分通风,无施工干扰,避免尘雾。目标棱镜人工观测时应有足够的照明度,受光均匀柔和、目标清晰,避免光线从旁侧照射目标。采用自动观测时应尽量减少光源干扰。

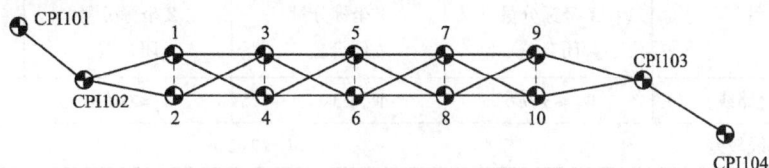

图 10-1　CPⅡ加密点导线网测量示意图

（3）水平角观测要求

水平角观测各项技术指标,按表10-4中的技术要求执行。

水平角方向观测法的技术要求　　　　　　　　　表 10-4

等　　　级	仪器等级	半测回归零差(″)	一测回内2c互差(″)	同一方向值各测回互差(″)
三等	0.5″级仪器	4	8	4
	1″级仪器	6	9	6

注:当观测方向的垂直角超过±3°的范围时,该方向2c互差可按相邻测回同方向进行比较,其值应满足表中一测回内2c互差的限值。

（4）边长测量技术要求

边长测量技术要求按表10-5中技术要求执行。测距边的斜距应进行气象改正和仪器常数改正。气象改正应将观测时记录的气压、气温输入仪器,仪器自动进行气象改正。

边长测量技术要求　　　　　　　　　表 10-5

等级	使用测距仪精度等级	每边测回数		一测回读数较差限值(mm)	测回间较差限值(mm)	往返观测平距较差限值
		往测	返测			
三等	Ⅰ	2	2	2	3	2m_D
	Ⅱ	4	4	5	7	

注:测距仪精度等级划分如下:Ⅰ级,$\lvert m_D \rvert \leq 2mm$;Ⅱ级,$2mm < \lvert m_D \rvert \leq 5mm$。

其中,$m_D = a + b \times D$。

式中:m_D——仪器标称精度;

a——标称精度中的固定误差(mm);

b——标称精度中的的比例系数(mm/km);

D——测距长度(km)。

3.区段接边测量要求

CPⅡ加密点测量可分区段进行测量,分区段测量时应联测上一区段至少两个CPⅡ加密点进行接边重复测量。

四、数据处理及网平差

1.GPS基线解算

GPS网基线向量解算采用相关软件、静态相对定位模式进行。用于解算基线的起算点在 WGS-84 坐标系中的绝对坐标精度不低于 10m,计算同一时段观测值的剔除率应小于 10%。解算后按表 10-6 的要求进行基线质量检验和分析。

基线质量检验限差表   表 10-6

检验项目	限 差 要 求			
	X 坐标分量闭合差	Y 坐标分量闭合差	Z 坐标分量闭合差	环线全长闭合差
独立环(附合路线)	$W_x \leqslant 3\sqrt{n}\sigma$	$W_y \leqslant 3\sqrt{n}\sigma$	$W_z \leqslant 3\sqrt{n}\sigma$	$W \leqslant 3\sqrt{3n}\sigma$
重复观测基线较差	$d_s \leqslant 2\sqrt{2}\sigma$			

注:$\sigma \leqslant \sqrt{a^2 + (b \cdot d)^2}$,$d$ 取基线或环平均边长(以 km 计)。

2. GPS 网平差

(1)GPS 网平差计算采用经鉴定合格的商用软件。

(2)在 GPS 网整体平差前,应先对网中的原 CPⅠ和 CPⅡ点的稳定性进行分析。对不满足精度要求的原 CPⅠ和 CPⅡ进行剔除,满足要求的全部作为起算点。

(3)GPS 网基线的质量检核符合要求后,以一个点的 WGS-84 三维坐标为起算数据进行无约束平差,求出各控制点 WGS-84 坐标系下的地心坐标和大地坐标、各基线的改正数以及其精度信息。无约束平差中基线向量各分量的改正数绝对值应满足下式要求:

$$V_{\Delta X} \leqslant 3\sigma \quad V_{\Delta Y} \leqslant 3\sigma \quad V_{\Delta Z} \leqslant 3\sigma \tag{10-2}$$

(4)无约束平差精度满足要求后,采用所联测的 CPⅠ、CPⅡ点作为已知点进行二维约束平差,按相关技术要求进行约束平差精度评定,平差后 CPⅡ点的点位精度应小于 10mm。

(5)CPⅡ加密点网平差分区段进行时,平差时应采用一个区段内所有联测的原精测网 CPⅠ、CPⅡ点和重复联测的上一区段的 CPⅡ加密点作为已知点进行二维约束平差。平差前需检核已知点间的兼容性,对兼容性不好的已知点进一步分析原因,必要时进行重新测量。

3. 导线网数据处理

CPⅡ加密点导线网在测量距离经高程和高斯投影改化后进行平差计算。起算数据为 CPⅠ或 CPⅡ点,平差计算采用经过鉴定合格的专用平差软件。在角度闭合差、方位角闭合差及导线全长相对闭合差满足要求后,进行严密的平差计算。CPⅡ加密点点位中误差应满足 m_x、$m_y \leqslant \pm 10$mm。

分区段测量平差时应首先检核区段接边 CPⅡ加密点的重复测量精度,检验合格后以既有 CPⅠ、CPⅡ点以及重复测量的 CPⅡ加密点作为约束点进行平差计算。

任务二　线上水准加密点测量

学习目标:

(1)了解线上水准加密点的测量方案和线上水准加密点的埋设。

(2)掌握外业测量技术要求和作业方法。

(3)掌握数据处理及网平差。

任务描述：

本节内容主要包括线上水准加密点的测量方案和线上水准加密点的埋设，外业测量技术要求和作业方法，以及数据处理及网平差的要求，需要学生重点掌握。

相关知识：

一、测量方案

加密线路水准基点埋设在线路附近稳定且不易被破坏的地方，桥梁部分应上桥埋设，尽量保证在梁上下联测关系时不用再进行水准测量。

线路水准基点的埋设可与加密 CPⅡ 共桩（采用加密 CPⅡ 相同预埋件），也可按线路水准基点埋石要求单独埋设。水准点加密应采用不低于 DS_1 的水准仪，须经过检定，并处于检定有效期内。

高程控制网加密时，对于沉降区水准线路必须联测到线路两端各两个以上线路水准基点上，以检验联测水准点是否发生显著沉降；对于非沉降区水准路线必须联测两个以上线路水准基点或深埋水准点。

高程控制网加密按二等水准测量的技术要求执行，作业前及作业过程中检查 i 角均应不超过 15″；水准尺须采用辅助支撑进行安置，测量转点应安置尺垫，尺垫选择坚实的地方并踩实以防尺垫的下沉。

水准线路采用往返观测，并沿同一路线进行。每一测段均采用偶数站结束，往返观测在一日的不同时间段进行。

水准测量的仪器及水准尺类型应按测量等级的要求选择，宜优先采用相应等级的数字水准仪及其自动记录功能采集数据，观测数据采用仪器内置储存器记录，并转换成电子手簿。

二、线上水准加密点的埋设

（1）线上水准加密点应埋设在线路附近稳定可靠、不易破坏的地方，且能够满足 CPⅢ 控制网高程测量的要求：

①路基段水准加密点布设在接触网基础顶面，钻孔埋设水准点专用测量标志。

②桥梁段水准加密点布设在墩台顶部桥梁固定支座端上方，钻孔埋设水准点专用测量标志。

③隧道段水准加密点布设在电缆沟及边墙交接处且方便立尺、便于保存的地方，钻孔埋设水准点专用测量标志。

（2）线上水准加密点按照公里数递增进行编号，编号统一为七位数，具体规则为：××××（里程整公里数）+H2（表示高程加密点）+×（该公里段流水号，从小里程向大里程方向顺次编号）。如 0056H21，其中"0056"代表里程数，"H2"代表水准加密点，"1"代表 1 号点。

（3）水准加密点埋设完成后应在点位旁边清晰、明显地设置点号标识。

（4）水准加密点埋设完成后，应按既有线路水准基点要求绘制点之记。点之记包含点号、概略经纬度(现场采集)、所在地、交通情况、交通略图、点位通视情况及点位略图、选点情况及埋石情况。绘制时要符合要求、要素齐全,标识点位的距离用皮尺现场实测,交通路线图指向要齐全、清楚。

三、外业测量

(1)线上水准加密点按照国家二等水准测量标准施测,以原精测网的线路水准基点为起算点,进行严密平差计算。

(2)水准加密点测量时,水准路线必须联测两个以上线路水准基点或深埋水准点。对于沉降区水准线路必须联测到线路两端各两个以上线路水准基点上,以检验联测水准点是否发生显著沉降。

(3)外业测量使用型号不低于 DS_1 的精密电子水准仪及配套的 2m 或 3m 铟瓦条码水准尺进行观测。作业前及作业过程中检查 i 角均应不超过 15″。水准尺须采用辅助支撑进行安置,测量转点应安置尺垫,尺垫选择坚实的地方并踩实以防尺垫的下沉。

(4)采用单路线往返观测,一条路线的往返测必须使用同一类型仪器和转点尺垫,沿同一路线进行。观测时,按二等水准测量的相关技术要求进行,每一测段应为偶数测站。由往测转为返测时,两支水准标尺应互换。

(5)跨越较大河流或水域时,应按《国家一、二等水准测量规范》(GB/T 12897—2006)中跨河水准测量有关技术要求执行。

(6)测量技术要求如表 10-7 ~ 表 10-10 所示。

线路水准基点加密测量的主要技术标准 表 10-7

等　　级	路线长度 (km)	水准仪 最低型号	水准尺	观测次数
二等水准	≤400	DSZ_1、DS_1	铟瓦	往返

二等水准测量的精度要求 表 10-8

水准测量 等级	每千米高差 偶然中误差 M_Δ	每公里高差 全中误差 M_W	限　　差			
			检测已测段 高差之差(mm)	往返测高差 不符值(mm)	附和线路或 环线闭合差(mm)	左右线路高差 不符值
二等	≤1.0	≤2.0	$\pm 6\sqrt{L}$	$\pm 4\sqrt{L}$	$\pm 4\sqrt{L}$	—

水准观测主要技术要求 表 10-9

等级	水准仪最 低型号	水准尺 类型	视距 (m)		前后视距差 (m)		测段的前后视 距累积差(m)		视线高度 (m)		数字 水准仪 重复测量 次数
			光学	数字	光学	数字	光学	数字	光学 (下丝读数)	数字	
二等	DS_1	铟瓦尺	≤50	≥3 且 ≤50	≤1.0	≤1.5	≤3.0	≤6.0	≥0.3	≤2.8 且 ≥0.55	≥2 次

等 级	两次读数之差（mm）	两次读数 所测高差之差（mm）	检测间歇点 高差之差（mm）	上下丝读数平均值与 中丝读数之差（mm）
二等	0.5	0.7	1	—

（7）当桥面与地面间高差大于 3m 时,采用不量仪器高和棱镜高的中间设站光电测距三角高程测量法传递,如图 10-2 所示。中间法三角高程测量实施时,可选择在桥下桥墩侧面和桥上挡墙外侧各埋设一个水准转点,转点标志和埋设方法与 CPⅢ点相同。

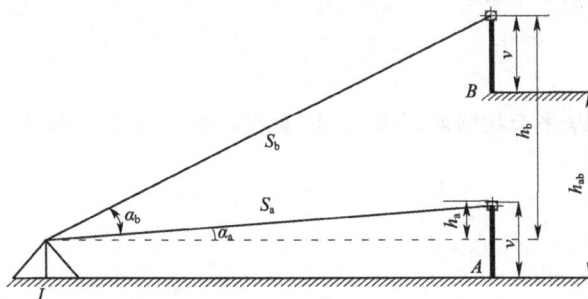

图 10-2 中间法三角高程方法施测示意图

中间设站光电测距三角高程测量外业观测应满足表 10-11 的规定。仪器与棱镜的距离一般不大于 100m,最大不得超过 150m,前后视距差不应超过 5m。观测时要准确测量温度、气压值,以便进行边长改正。

中间设站光电测距三角高程测量外业观测技术要求   表 10-11

垂直角测量			距离测量		
测回数	指标差较差	测回间较差	测回数	测回内较差	测回间较差
4	5.0″	5.0″	4	2.0mm	2.0mm

中间设站光电测距三角高程测量应进行 2 组独立观测,两组高差较差不应大于 2mm,满足限差要求后,取两组高差平均值作为传递高差。

（8）水准加密点可以分区段测量,分区段测量时应联测上一区段至少一个水准加密点进行接边重复测量。

四、数据处理及网平差

（1）水准加密点测量数据计算、平差处理,应以稳定的既有线路水准基点为起算点,采用经鉴定合格的商用软件进行严密平差计算,并按技术规范要求进行精度评定。

（2）水准加密点分区段测量平差时,首先检核区段接边水准加密点的重复测量精度,检核合格后以既有二等线路水准基点以及重复测量的水准加密点作为约束点进行平差计算。

（3）水准加密点测量平差计算取位应满足表 10-12 的要求。

二等水准测量计算取位   表 10-12

等 级	往（返）测距离 总和（km）	往（返）测距离 中数（km）	各测站高差 （mm）	往（返）测高 差总和（mm）	往（返）测高 差中数（mm）	高程 （mm）
二等水准	0.01	0.1	0.01	0.01	0.1	0.1

任务三　CPⅢ控制网的网形

学习目标：

(1)了解平面控制网测量网形和高程控制网测量网形。

(2)掌握CPⅢ控制网的特点。

任务描述：

本节主要内容包括平面控制网测量网形、高程控制网测量网形及CPⅢ控制网的特点，要求学生重点掌握。

相关知识：

一、平面控制网测量网形

(1)测站间距为120m时CPⅢ平面控制网测量网形示意图如图10-3所示。

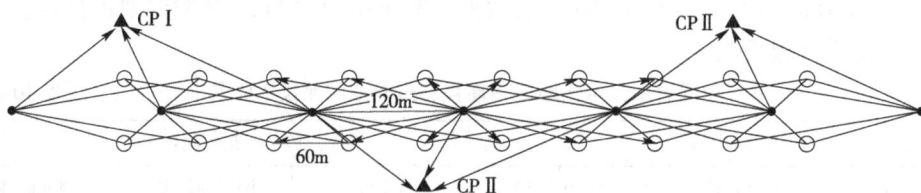

图10-3　测站间距为120m时CPⅢ平面控制网测量网形示意图

(2)测站间距为60m时CPⅢ平面控制网测量网形示意图如图10-4所示。

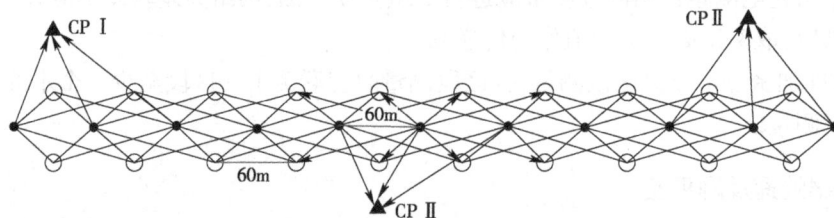

图10-4　测站间距为60m时CPⅢ平面控制网测量网形示意图

(3)采用测站间距120m的标准网形测量过程中如某CPⅢ点由于障碍物被挡，可以考虑采用由测站间距120m转测站间距60m的测量网形，如图10-5所示。

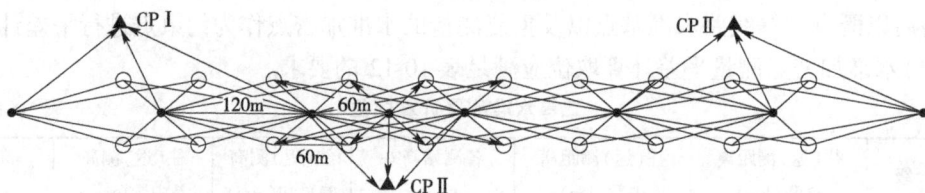

图10-5　测站间距由120m转60m时的平面控制网测量网形示意图

（4）在实际测量过程中，如果 CP I 或者 CP II 点离线路较远，可以在线路外合适位置设置辅助点，在辅助点上架设仪器，观测临近的 CP III 点和 CP I 或者 CP II 点，此时其测量网形示意图如图 10-6 所示。

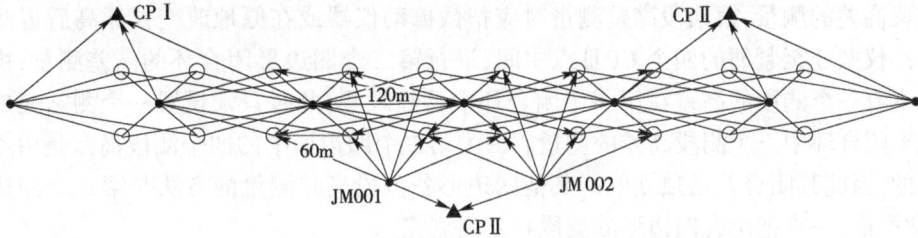

图 10-6　辅助点联测 CP I 或者 CP II 点平面控制网测量网形示意图

二、高程控制网测量网形

1. 德国中视法

德国中视法 CP III 高程网观测采用往返观测的方式进行，其往返测水准路线如图 10-7 和图 10-8 所示。图中实心黑点表示水准仪测站点，空心圆表示 CP III 高程点，实心双箭头表示后视，空心双箭头表示前视，单箭头表示中视。从图 10-7 可以看出，该方法往测时以轨道一侧（图中下方）的 CP III 点为主线进行前后视水准测量，而另一侧（图中上方）的 CP III 点则以中视的方式联测其高程。返测时刚好相反，即以另一侧（图中上方）的 CP III 水准点为主线进行前后视水准测量，而对侧（图中下方）的 CP III 点也是以中视的方式联测其高程，返测示意如图 10-8 所示。

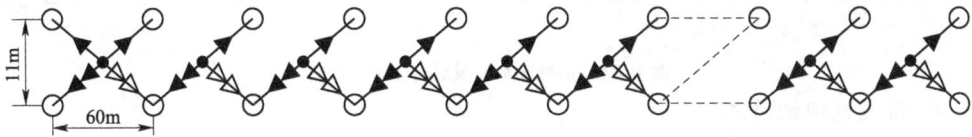

图 10-7　德国中视法往测水准路线示意图

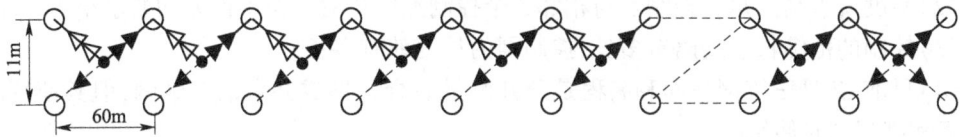

图 10-8　德国中视法返测水准路线示意图

德国中视法往返测高差及其所形成的闭合环情况如图 10-9 所示。其中，单箭头为往测高差，双箭头为返测高差，箭头方向为高差的传递方向。

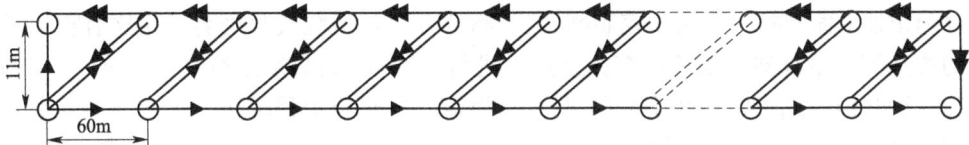

图 10-9　德国中视法水准测量闭合环示意图

2. 矩形法

矩形法观测的水准路线如图 10-10 所示。其中实心黑点表示水准仪测站点，空心圆表示 CPⅢ高程点,空心箭头表示高差传递方向。假设 CPⅢ网的高程测量从左侧推向右侧,则在最左侧四个 CPⅢ点中间设置测站,测量四个 CPⅢ点间的四段高差,考虑到这四段高差所组成四边形闭合环的独立性,这四段高差至少应该设置两个测站完成测量(如在第一测站完成前三段高差的测量,第四段高差测量时应稍微挪动仪器或在原地改变仪器高后再测量);随后水准仪搬迁至紧邻的四个 CPⅢ点中间,进行第二个四边形闭合环的高差测量,由于此闭合环中有一个测段的高差在第一个闭合环中已经观测,此时只须设置一个测站完成第二个四边形闭合环中三个测段高差的测量。因为第二个四边形中的四个测段高差是由不同测站测量的,因此其闭合差是独立的。其他四边形各测段高差测量的方法与第二个四边形相同,依此类推,一直把所有四边形的测段高差观测完。

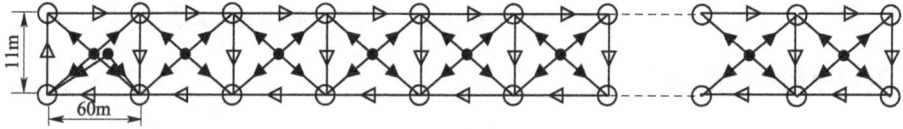

图 10-10　矩形法 CPⅢ高程网测量原理示意图

由于上述 CPⅢ高程网测量方法形成的四边形闭合环(图中空心箭头组成的图形)为规则的矩形,因此简称此方法为矩形法。矩形法 CPⅢ高程网测量可只进行单程观测。

矩形法水准测量闭合环的情况如图 10-11 所示。其中,箭头方向为高差传递方向。由图可知,每相邻两对 CPⅢ点均构成独立的矩形闭合环,方便形成闭合差检核,可靠性高。

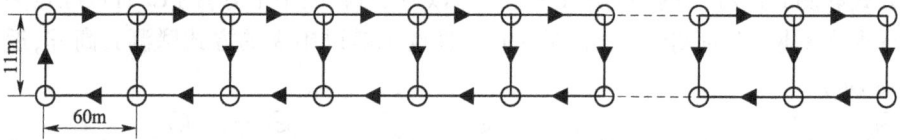

图 10-11　矩形法水准测量闭合环示意图

3. CPⅢ控制网的特点

(1)控制点数量众多。沿线路方向通常每公里有 16 对,即 32 个控制点。

(2)精度要求高。每个控制点与相邻 5 个控制点的相对点位中误差均要求小于 1mm。

(3)控制的范围长。线路有多长,控制网的长度就有多长。

(4)目前 CPⅢ三维网平面和高程是分开测量后合并形成共点的三维网,但其使用时却是平面和高程同时使用的。

(5)控制点的位置、CPⅢ测量标志较传统控制测量有很大不同。控制点通常设置在接触网杆上(路基部分)、防撞墙上(桥梁部分)和围岩上(隧道部分)。CPⅢ测量标志通常由永久性的预埋件、平面测量杆、高程测量杆和精密棱镜组成。

(6)CPⅢ平面网是一个边角控制网,但其测量方法与传统边角网测量相比有很大差异。传统的边角网测量仪器都是架设在控制点上进行观测,距离必须进行往返观测,但 CPⅢ平面网却采用自由设站进行边角交会测量,而其距离只能进行单程观测。

(7)CPⅢ控制网测量的仪器均采用高精度和自动化程度高的电子测量仪器。其平面网测量要求全站仪具有电子驱动、目标自动搜索和操作系统功能的测量机器人(如 Leica TCA2003 和 TCRA1201、Trimble S6 和 S8 系列全站仪等);高程测量一律采用电子水准仪(如 Trimble DiNi12、Leica DNA03 等)。

(8)测站和测点均强制对中,测点标志要求具有互换性和重复安装性。

(9)图形规则对称,多余观测数多,可靠性强。

(10)CPⅢ控制网是一个标准的带状控制网,其纵向精度高、横向精度略差。

任务四　　CPⅢ控制点的布设与编号

学习目标:

(1)了解CPⅢ预埋件及安装、布设。

(2)掌握CPⅢ点编号规则。

任务描述:

本节主要内容包括CPⅢ预埋件及安装、布设,以及CPⅢ点编号规则,要求学生重点掌握。

相关知识:

一、CPⅢ预埋件及安装

CPⅢ点应设置强制对中标志,标志几何尺寸的加工误差应不大于0.05mm,CPⅢ标志棱镜组件安装精度应符合表10-13的要求。

CPⅢ标志棱镜组件安装精度要求　　　　　　　　表10-13

CPⅢ标志	重复性安装误差(mm)	互换性安装误差(mm)
X	0.4	0.4
Y	0.4	0.4
H	0.2	0.2

在路基段CPⅢ标志桩、桥梁段防撞墙、隧道电缆槽顶预留孔位或竖立钻孔,采用50mm左右直径钻头,钻深80mm。埋设时应注意预埋件应尽量竖直,采用水泥砂浆填充孔位,安放预埋件,竖立安装调整预埋件,让预埋件管口平行于结构物顶面,并清理干净沿预埋件外壁四周被挤出的水泥砂浆。待水泥砂浆凝固后进行复检,标志须稳固,不可晃动,标志内须无任何异物,并检查保护管是否正常。预埋件埋设完成及不使用时,必须加设防层盖,以防异物进入预埋件内影响预埋件使用及其精度。

二、CPⅢ点的布设

CPⅢ点应成对布设,距离布置一般为50~70m,个别特殊情况下相邻点间距最短不小于40m,最长不大于80m。CPⅢ控制点埋设于接触网杆旁加设CPⅢ桩柱顶、桥梁防撞墙顶、隧道边墙等位置。同一点对里程差不大于3m,CPⅢ点布设高度应大致等高,并应与设计轨道高程面0.3m以上。

CPⅢ点的埋设一般宜采用预埋方式进行布设;对于后埋的,应采用水泥砂浆进行固定,确保 CPⅢ标志预埋件的稳固。

1. 桥梁段 CPⅢ点的布设

CPⅢ点宜布设在简支梁固定端距梁端 0.5m 的位置,见图 10-12。

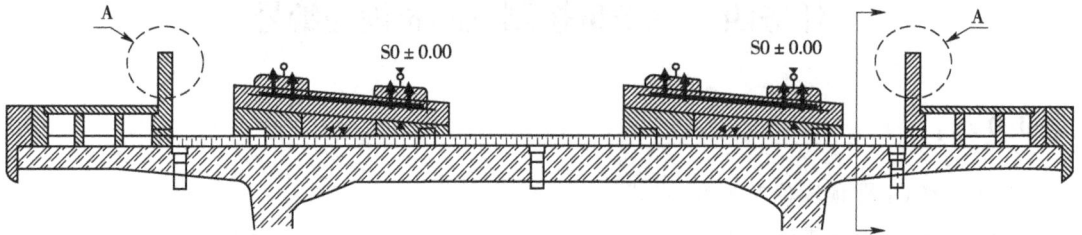

图 10-12　桥梁部分 CPⅢ点布置图

(1)简支梁部分

对于 24 或 32m 简支梁每 2 孔布设一对 CPⅢ点,相邻两对 CPⅢ点相距约为 64m、56m 或 48m。对于连续 24m 简支梁,根据实际情况也可每三孔布设一对 CPⅢ点。

(2)普通连续梁

对于连续梁,CPⅢ点应优先布设于固定端上方。对于跨度超过 80m 的连续梁,应在跨中 50~80m 间均匀布设一对或几对 CPⅢ点,对跨中 CPⅢ点对应尽可能保证施测与使用的外部环境相同,使用前应对整个连续梁段进行复核。

(3)大跨连续梁和特殊结构

结合梁跨结构形式、跨度、材料的不同,按 CPⅢ点对布设要求和间距进行布点,可适当增大相邻点对间距,但最长不超过 90m。整个段落要在较短的同一段时间、同一温度、环境下进行测量。测量 CPⅢ点的时间和铺板的时间尽量相隔时间要短,且荷载没有大的变化。如果相隔时间较长或温度、环境、荷载有较大的变化,要进行重新复测后使用。铺板的时间段要和测量 CPⅢ点的时间、温度、环境一致。如尽量在夜间或阴天温度变化较小的时间段内进行。

2. 路基段 CPⅢ点的布设

一般路基地段 CPⅢ点,宜布置在专门的混凝土立柱上,待基础稳定后,在基础使用水泥砂浆埋设 CPⅢ点标志预埋部分,具体见图 10-13。

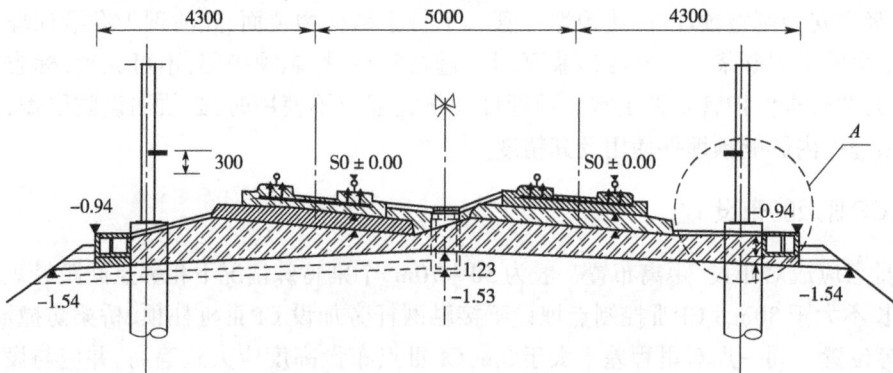

图 10-13　路基上 CPⅢ点布置示意图(尺寸单位:cm)

（1）路基段 CPⅢ 一般布设于接触网杆基础大里程端侧线路方向,控制点纵向间距 50～70m 左右布设一对,其基础须与接触网杆基础形成整体;埋设应特别注意不能与接触网补偿下锚坠砣及电力开关操作箱冲突。当冲突时,其基础应设置在线路小里程端。

（2）施工完成后 CPⅢ 下部基础应与接触网杆基础顶面等高。

（3）施工中应采用钢模浇筑混凝土,以使 CPⅢ 下部基础及 CPⅢ 立柱尺寸标准、统一,外观光滑、美观。

（4）若采用 PVC 管施工 CPⅢ 立柱,施工完成后应将 PVC 管拆除。

（5）以上为路基段 CPⅢ 控制桩基础施工示意图。

3. 隧道段 CPⅢ 点的布设

隧道内 CPⅢ 点一般布置在距电缆槽顶部 0.5m 高的边墙上。隧道内布点时,左右线分修隧道需要独立布设,相邻 CPⅢ 点对相距 60m 左右,布置形式见图 10-14。

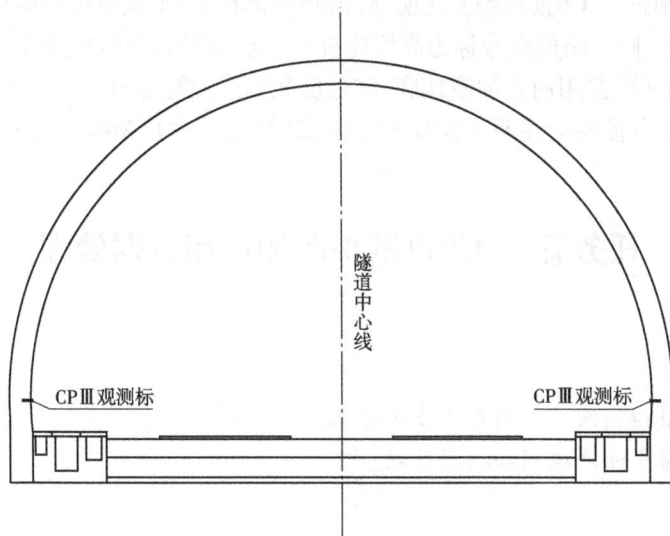

图 10-14　隧道内 CPⅢ 控制点

三、CPⅢ 点编号规则

1. CPⅢ 点编号

CPⅢ 的点号由七位数组成,从左到右前四位数表示 CPⅢ 点所在里程的整公里数,第五位是"3"表示是 CPⅢ 网点,后两位数字表示点的顺序号,点的顺序号为单数表示该点在里程增加方向的左侧,点的顺序号为双数表示该点在里程增加方向的右侧,当里程不足千、百、十公里时,加"0"填充,以保证 CPⅢ 的点号都是七位数齐全;CPⅢ 网测量的自由测站点号也由七位数组成,从左到右第一位为大写英文字母"C"表示测站,第二、三、四、五位数为 CPⅢ 点所在里程的整公里数,第六、七位数字表示测站的序号。当里程不足千、百、十公里时,加"0"填充以保证 CPⅢ 的自由测站号都是七位数齐全。

CPⅢ 点编号路基地段宜标绘于 CPⅢ 标志柱内侧,标志正下方 0.2m;桥梁地段宜标绘于挡砟墙内侧,侧面及顶面与防撞墙边缘齐;隧道地段宜标绘于标志正上方 0.2m 处。点号标志字号应采用统一规格字模,字高为 6cm 的正楷字体刻绘。点号铭牌白色抹底规格为 40cm ×

轨道工程测量技术

30cm,红色油漆应注明工程线名简称,CPⅢ编号,严禁破坏,每行居中排列。严禁采用手写标识。

具体编号说明如表10-14所示。

CPⅢ编号示例说明表

表10-14

点编号	含　义	点的位置
0056301	表示线路里程 DK0056 范围内线路里程增大方向左侧的 CPⅢ 第1号点,"3"代表"CPⅢ"	(线路左侧)奇数 1、3、5、7、9、11 等
0056302	表示线路里程 DK0056 范围内线路里程增大方向右侧的 CPⅢ 第1号点,"3"代表"CPⅢ"	(线路右侧)偶数 2、4、6、8、10、12 等

2. CPⅢ 点点号标注

CPⅢ控制点编号全线统一采用字高6cm的正楷字体标绘于点位下部,用白色油漆抹底,红色油漆喷写编号。CPⅢ点编号应明显、清晰的标在CPⅢ点专用控制桩上、桥梁防护墙内侧或隧道边墙上,同一路段点号标志高度应统一。点号标志字号应采用统一规格字模,字高6cm正楷字体刻绘,并用白色油漆抹底,红色反光油漆喷写点号。点号铭牌白色抹底规格为40cm×30cm,红色油漆应注明工程线名简称、CPⅢ编号、"严禁破坏",每行居中排列。严禁采用手写标识。

任务五　CPⅢ网平面测量和数据处理

学习目标:

(1)了解 CPⅢ 控制网平面测量的技术要求。

(2)掌握 CPⅢ 平面网观测和数据处理。

任务描述:

本节主要内容包括 CPⅢ 控制网平面测量的技术要求及 CPⅢ 平面网观测和数据处理,要求学生重点掌握。

相关知识:

1. 主要技术要求

(1)CPⅢ控制网平面测量应在线下工程竣工且通过沉降变形评估后施测。

(2)施测前应对全线的 CPⅠ、CPⅡ控制网进行复测和加密,并采用合格的 CPⅠ、CPⅡ 及加密点成果进行 CPⅢ 控制网测设。

(3)CPⅢ控制网平面测量主要技术要求如表10-15所示。

CPⅢ控制网平面测量的主要技术要求

表10-15

控制点	测量方法	方向观测 中误差(″)	距离观测 中误差(mm)	相邻点的相对中误差 (mm)
CPⅢ平面网	自由测站边角交会测量	1.8	1.0	1.0

2.CPⅢ平面控制网布设

CPⅢ平面网的主要技术要求应符合表10-16的规定。

CPⅢ平面网的主要技术要求　　　　表10-16

控制网名称	测量方法	方向观测中误差(″)	距离观测中误差(mm)	相邻点的相对中误差(mm)
CPⅢ平面网	自由测站边角交会	±1.8	±1.0	±1.0

CPⅢ控制网应采用自由测站边角交会法施测。CPⅢ平面网应附合于CPⅠ或CPⅡ控制点上,每600m左右应联测一个CPⅠ或CPⅡ控制点,采用固定数据平差。当CPⅡ点位密度和位置不满足CPⅢ联测要求时,应按同精度内插方式加密CPⅡ控制点。

自由测站距CPⅢ控制点距离一般应小于120m左右,最大不超过180m;自由测站距CPⅠ或CPⅡ控制点的距离不宜大于300m。每个CPⅢ点至少应保证有3个自由测站的方向和距离观测量。

(1)一般情况下采用测站间距为120m的CPⅢ平面网型,每个CPⅢ控制点被3个自由测站观测,控制网构网形式见图10-15。

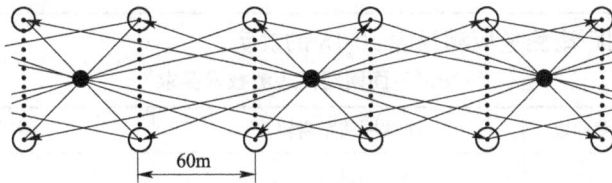

图10-15　测站间距为120m的CPⅢ平面网构网形式

注:中间点表示自由置镜位置,由中间点引出的色方向线为由此测站须观测的CPⅢ点。

(2)因遇施工干扰或观测条件稍差时,CPⅢ平面控制网可采用如图10-16所示的构网形式,平面观测测站间距应为60m左右,每个CPⅢ控制点应有4个方向交会。

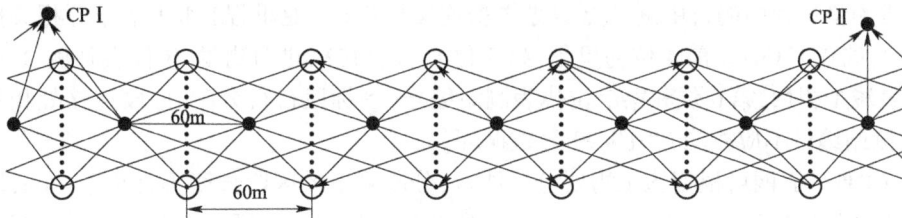

图10-16　测站间距为60m的CPⅢ平面网构网形式

(3)CPⅢ控制点测量方法及与上一级控制网的关系。

联测高等级控制点CPⅠ、CPⅡ应采用以下联测网型:当采用在自由设站置镜观测CPⅠ、CPⅡ控制点时,应在2个或以上连续的自由测站上观测CPⅠ、CPⅡ控制点,如图10-17所示。

在自由站上测量CPⅢ的同时,将靠近线路的全部CPⅡ点进行联测,纳入网中。应确保线路两侧200m范围内可视的CPⅡ控制点密度达到400~800m,否则应按同精度加密CPⅡ控制点。

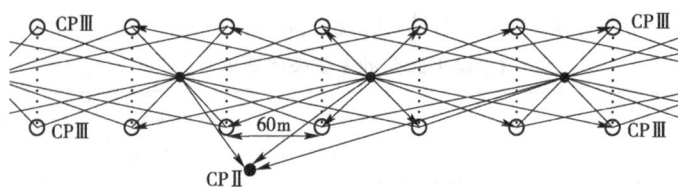

图 10-17　自由测站置镜联测高等级点

3. CPⅢ平面网观测

（1）CPⅢ控制网水平方向应采用全圆方向观测法进行观测。当观测方向较多时也可以采用分组全圆方向观测法。全圆方向观测应满足表 10-17 的规定。

CPⅢ平面网水平方向观测技术要求　　　　　　　　　　　　表 10-17

控制网名称	仪器等级	测回数	半测回归零差	不同测回同一方向 2c 互差	同一方向归零后方向值较差
CPⅢ平面网	0.5″	3	6″	9″	6″
	1″	3	6″	9″	6″

（2）CPⅢ平面网距离测量应满足表 10-18 的规定。

CPⅢ平面网距离观测技术要求　　　　　　　　　　　　表 10-18

控制网名称	测回数	半测回间距离较差	测回间距离较差
CPⅢ平面网	≥3	±1mm	±1mm

注：距离测量一测回是指全站仪盘左、盘右各测量一次的过程。

当 CPⅢ平面网外业观测的水平方向和距离的技术要求不满足以上技术要求时，该测站外业观测值应部分或全部重测。

（3）自由测站编号。

CPⅢ测量过程中的自由测站点编号根据连续里程（贯通里程）和测站号等相关信息来进行编制，如 0613C01。前 4 位为里程，第 5 位 C 代表初次建网测量、B 代表补测、F 代表复测、J 代表竣工测量，第 6 位和第 7 位代表测站编号（各标段自行分配，标段连接处相邻标段的 CPⅢ测站编号不应相同），01～99 号数循环。

（4）CPⅢ平面网可根据施工需要分段测量，分段测量的区段长度不宜小于 4km，区段间重复观测不应少于 6 对 CPⅢ点，每一独立测段首尾必须封闭。区段接头不应位于车站范围内。CPⅢ平面网测段首尾网型及重叠测段衔接网形如图 10-18、图 10-19 所示。

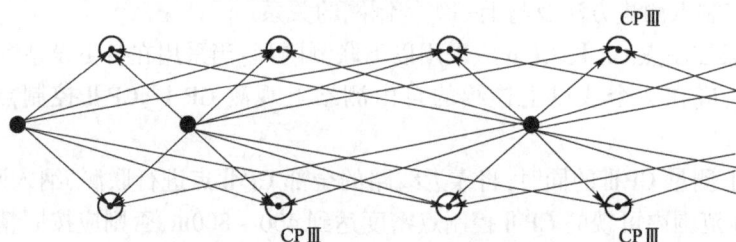

图 10-18　CPⅢ平面网测段首尾网形示意图

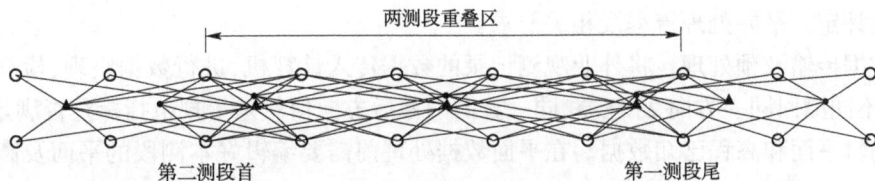

图 10-19　CPⅢ平面网重叠测段衔接网形示意图

(5)在 CPⅢ 自由测站边角交会法测量中,必须用平差软件兼容的数据采集软件进行自动记录,采集软件必须通过原铁道部相关部门正式鉴定。观测数据存储之前,必须对观测数据的质量进行检核。

4. CPⅢ平面网数据处理

(1)CPⅢ控制网精度指标如下:

CPⅢ平面自由网平差后的主要技术指标应满足表 10-19 的规定。

CPⅢ平面网的主要技术指标　　　　　　　　　　　　　表 10-19

控制网名称	测量方法	方向观测中误差	距离观测中误差	相邻点的相对点位中误差
CPⅢ平面网	自由测站边角交会	±1.8″	±1.0mm	±1.0mm

CPⅢ平面自由网平差后的主要技术指标应满足表 10-20 的规定。

CPⅢ平面自由网平差后的主要技术指标　　　　　　　　　　　表 10-20

控制网名称	方向改正数	距离改正数
CPⅢ平面网	3″	2mm

CPⅢ平面网约束平差后的精度应满足表 10-21 的规定。

CPⅢ平面网平差后的主要技术要求　　　　　　　　　表 10-21

控制网名称	与 CPⅠ、CPⅡ联测		与 CPⅢ联测		点位中误差
	方向改正数	距离改正数	方向改正数	距离改正数	
CPⅢ平面网	4.0″	4mm	3.0″	2mm	2mm

(2)CPⅢ 可以根据施工需要分段测量,分段测量的测段长度不宜小于 4km。测段间应重复观测不少于 6 对 CPⅢ 点,其作为分段重叠观测区域以便进行测段衔接。施工时,CPⅢ网两端宜分别预留 6 对 CPⅢ 点,作为后续 CPⅢ 控制网连接区域。测段之间衔接时,前后测段独立平差重叠点坐标差值应满足 ≤ ±3mm。满足该条件后,后一测段 CPⅢ 网平差,应采用本测段联测的 CPⅠ、CPⅡ控制点及重叠段前一区段连续的 1 ~ 3 对 CPⅢ点(一般采用 6对重叠点)坐标进行约束平差。再次平差后,其他未约束的重叠点在两个区段分别平差后的坐标差值不宜大于 1mm。

(3)坐标换带处 CPⅢ平面网计算时,应分别采用相邻两个投影带的 CPⅠ、CPⅡ 坐标进行约束平差,并分别提交相邻投影带两套 CPⅢ平面网的坐标成果。分带投影测段之间衔接时,前后测段独立平差重叠点,通过坐标转换成相同坐标系的坐标差值应满足 ≤ ±3mm。满足该条件后,后一测段 CPⅢ网平差,应采用本测段联测的 CPⅠ、CPⅡ控制点及前测段所有CPⅢ点转换坐标成果进行固定约束平差。

(4)CPⅢ平面数据计算、平差处理采用高速铁路通用平差软件,平差计算时,要对各项精度作出评定。平差处理流程及相关要求：

①数据传输及预处理。将外业观测记录的数据传入计算机,进行数据整理、检查半测回归零差、不同测回同一方向2c互差、同一方向归零后方向值较差等规范指标是否满足要求。

②编辑平面和高程已知数据。在平面数据处理前需要编辑好本测段的平面及高程已知点数据,以及本测段的投影面高程、高程异常等数据。

③生成平差文件。生成平差文件时软件会提示是否进行两化改正,为了保证三网合一的原则,本线全线均采用两化改正,故在计算过程中会自动生成两个平差文件,一个为未进行任何改正的数据、一个为进行两化改正后的数据,后续平差计算均采用两化改正后的平差文件进行。

④闭合差检验。此为CPⅢ网专用的闭合差检测功能,检测每一对CPⅢ点由不同测站测量后的兼容性,检测后CPⅢ点对环闭合环精度不应低于1/3500,此精度值仅作参考,不作规范指标。

⑤输出观测手簿。必要时或需要进行数据检查时使用,提交评估时可暂不进行此项工作。

⑥设置平差参数。

⑦解算概略坐标。

⑧自由网平差校正。此功能为检查已知点的兼容性及整网的内符合精度、尺度比等规范指标参数,如果有超过限差的观测数据,应对其原始数据进行检查,若确实因测量误差,应进行补测。

⑨约束网平差。测站平差报告应标明控制等级、观测仪器、棱镜类型、天气、观测日期和时间、观测者、记录者、检查者等信息,应正确标明观测量的差值和限差指标。

任务六　CPⅢ网高程测量和数据处理

学习目标：

(1)了解CPⅢ高程测量技术要求及控制网布设。

(2)掌握CPⅢ高程网观测和数据处理。

任务描述：

本节主要内容包括CPⅢ高程测量技术要求、控制网布设,以及CPⅢ高程网观测和数据处理,要求学生重点掌握。

相关知识：

一、CPⅢ高程测量技术要求及控制网布设

(1)CPⅢ控制点水准测量应附合于线路水准基点,按精密水准测量技术要求施测,水准

路线附合长度不得大于 3km。CPⅢ控制点水准测量按如图 10-20 所示的矩形环单程水准网构网观测。CPⅢ水准网与线路水准基点联测时按精密水准测量要求进行往返观测。

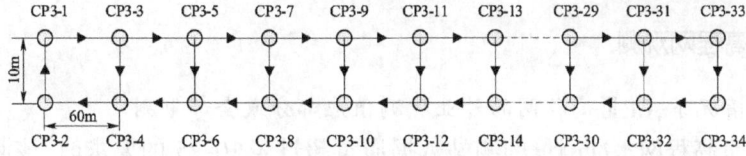

图 10-20 CPⅢ控制点水准测量

每个闭合环的四个高差均由两个测站独立完成,同一里程点对间高差应为相反方向,精密水准测量测站按照"后—前—前—后或前—后—后—前"的顺序测量。

(2)CPⅢ高程控制网精密水准测量应满足以下主要技术要求:

①精密水准测量主要技术要求见表 10-22。

精密水准测量的主要技术要求 表 10-22

附合路线长度(km)	水准仪最低型号	水准尺	观 测 次 数	
			与已知点联测	环线
≤3	DS_1	钢瓦尺	往返	单程

②精密水准测量精度要求见表 10-23。

精密水准测量精度要求表(mm) 表 10-23

水准测量等级	每千米水准测量偶然中误差 M_Δ	每千米水准测量全中误差 M_W	限 差			
			线路方向CPⅢ点对高差之差	往返测不符值	附合路线或环线闭合差	左右路线高差不符值
精密水准	≤2.0	≤4.0	$8\sqrt{L}$	$8\sqrt{L}$	$8\sqrt{L}$	$4\sqrt{L}$

注:表中 L 为往返测段、附合或环线的水准路线长度,单位为 km。

③精密水准测量的主要技术标准要求见表 10-24。

精密水准测量的主要技术标准 表 10-24

等 级	每千米高差全中误差(mm)	路线长度(km)	水准仪等级	水准尺	观 测 次 数		往返较差或闭合差(mm)
					与已知点联测	附合或环线	
精密水准	4	2	DS1	钢瓦尺	往返	往返	$8\sqrt{L}$

注:1. 结点之间或结点与高级点之间,其路线的长度,不应大于表中规定的 0.7 倍。
2. L 为往返测段、附合或环线的水准路线长度,单位为 km。

④精密水准观测应符合的技术要求见表 10-25。

精密水准观测主要技术要求 表 10-25

等 级	水准尺类型	水准仪等级	视距(m)	前后视距差(m)	测段的前后视距累积差(m)	视线高度(m)
精密水准	钢瓦尺	DS_1	≤60	≤2.0	≤4.0	下丝读数≥0.3
		$DS_{0.5}$	≤65			

注:1. L 为往返测段、附合或环线的水准路线长度,单位为 km。
2. $DS_{0.5}$ 表示每千米水准测量高差中误差为 ±0.5mm。

⑤CPⅢ控制点水准测量应对相邻 4 个 CPⅢ点,构成的水准闭合环进行环闭合差检核,相邻 CPⅢ点的水准环闭合差不得大于 1mm。

二、CPⅢ高程网观测

1. 在下列情况下,CPⅢ高程网的外业观测值应部分或全部重测

(1)当 CPⅢ高程网水准测量的测站数据质量超过表 10-25 的要求时,该测站的数据应该重测。

(2)当独立闭合环闭合差超限时重新观测该闭合环。

(3)当 CPⅢ高程网水准路线的限差超过表 10-23 的要求时,该水准路线的数据应该重测。

(4)当根据闭合环闭合差计算的每千米水准测量的高差全中误差超限时,首先应对闭合差较大的闭合路线进行重测,重测后 M_W 仍超限,则整个 CPⅢ高程网水准测量的数据都应重测。

2. 水准测量所使用的仪器及水准尺,应符合下列规定

(1)水准仪视准轴与水准管轴的夹角,DS₁ 级不应超过 15″;DS₃ 级不应超过 20″。

(2)水准尺上的米间隔平均长与名义长之差,对于铟瓦水准尺,不应超过 0.15mm,对于双面水准尺,不应超过 0.5mm。

(3)二等水准测量采用补偿式自动安平水准仪时,其补偿误差 Δa 不应超过 0.2″。观测读数和记录的数字取位:使用 DS₀₅ 或 DS₁ 级仪器应读记至 0.05mm 或 0.1mm,使用数字水准仪应读记至 0.01mm。

三、CPⅢ高程内业数据处理

(1)CPⅢ高程网外业观测成果的质量评定与检核的内容包括:测站数据检核、水准路线数据检核。计算每千米水准测量的高差偶然中误差,当 CPⅢ水准网的附合(闭合环)数超过 20 个时还要进行每千米水准测量的高差全中误差的计算。CPⅢ高程网内业平差计算和基础控制资料的选用应满足下列原则:

①CPⅢ高程网水准测量的外业观测数据全部合格后,方可进行内业平差计算。

②CPⅢ高程网采用联测的稳定线路水准基点的高程作为起算数据进行固定数据平差计算。

精密水准测量计算取位见表 10-26。

精密水准测量计算取位 表 10-26

往(返)测距离总和(km)	往(返)测距离中数(km)	各测站高差(mm)	往(返)测高差总和(mm)	往(返)测高差中数(mm)	高程(mm)
0.01	0.1	0.01	0.01	0.1	0.1

(2)CPⅢ高程测量分段方式与 CPⅢ平面测量分段方式一致,每段长度不宜小于 4km,前后段接边时应联测另外一段两对 CPⅢ点。区段之间衔接时,前后区段独立平差重叠点高程差值应不大于 ±3mm。满足该条件后,后一区段 CPⅢ网平差,应采用本区段联测的线路水

准基点及重叠段前一区段连续两对 CPⅢ 点高程成果进行约束平差,平差后采用本次测量成果。

四、提交成果

平差计算完成后,若平差后精度指标均满足要求,即可形成最终成果;如有超限的应分析原因,并查找原因补测或重测,直到测量成果满足要求。应提交相应段落的下列文件:外业观测原始数据、外业观测数据检查文件、平面控制点文件、高程控制点文件、平差文件、闭合差检查文件、自由网平差文件、约束网平差文件、控制网形图、技术总结报告、成果表、计算表、重叠点坐标比较表。

任务七　CPⅢ控制网的复测与维护

学习目标:

(1)了解 CPⅢ 网复测的基本内容。
(2)掌握平面、高程、成果选用及成果报告的要求。
(3)掌握 CPⅢ 网的维护要求。

任务描述:

本节主要内容包括 CPⅢ 网复测对平面、高程、成果选用、成果报告要求及 CPⅢ 网的维护要求,要求学生重点掌握。

相关知识:

一、CPⅢ网复测

CPⅢ 网测量完成与后续各工序(轨道基准点的测量、铺板和轨检)开始进行的时间不宜相隔太长,以减少桥梁或路基可能发生沉降对 CPⅢ 点精度的影响。

1.平面

(1)平面控制网复测构网方式与建网测量时保持一致。

(2)复测的段落划分应尽量与建网测量时保持一致,当不能和建网测量保持一致时,复测的段落两端也应该预留 6 对 CPⅢ 点作为搭接,且应有一个 CPⅡ 加密点位于预留的 6 对 CPⅢ 点中间。

(3)联测上一级控制点 CPⅠ、CPⅡ 的方法和数量应该与原测网相同。

(4)相邻测段衔接测量时,重复观测的 CPⅢ 点对应与原测相同,数据处理方法与原测相同。

(5)不同投影带处的衔接测量,重复观测的 CPⅢ 点对应及联测的 CPⅠ、CPⅡ 控制点应与原测相同。坐标系统换带处 CPⅢ平面网计算时,应分别采用相邻两个投影带的 CPI、CPⅡ

坐标进行约束平差,并分别提供相邻两个投影带两套CPⅢ网平面坐标成果。两套坐标成果都应该满足CPⅢ测量精度要求,提供两套坐标的CPⅢ测段长度不小于800m。

(6)CPⅢ平面网复测精度应满足表10-27的要求。

CPⅢ平面网复测坐标比较 表10-27

测 量 方 法	相邻点相对点位中误差 (mm)	同精度复测坐标较差(mm)
自由测站边角交会	±1	±3

2. 高程

CPⅢ高程控制网复测应在平面网复测完成后进行,高程网复测按精密水准测量方法和技术指标进行,且应符合以下条件:

(1)高程控制网复测水准路线与建网测量时保持一致。

(2)联测上一级水准点的方法和数量应该与原测网相同。

(3)相邻测段衔接测量时,重复观测的CPⅢ点对应与原测相同,数据处理方法上同原测相同。

(4)外业观测限差在仪器里设置,观测超限时自动提示,并进行重测。

CPⅢ高程控制网挂观测完毕应对外业数据作质量检核,主要包括往返测高差不符值、水准路线环闭合差、每公里水准测量偶然中误差和每公里全中误差的检验,限差满足表10-28要求。

精密水准测量精度要求表(mm) 表10-28

水准测量 等级	每千米水准测 量偶然中误差 M_Δ	每千米水准测 量全中误差 M_W	限 差			
			检测已测段 高差之差	往返测 不符值	附合路线或 环线闭合差	左右路线 高差不符值
精密水准	≤2.0	≤4.0	$12\sqrt{R_i}$	$8\sqrt{K}$	$8\sqrt{L}$	$4\sqrt{K}$

注:表中 L 为往返测段、附合或环线的水准路线长度,单位为 km。

在上述各种限差满足要求后,采用与原测相同的软件和方法进行严密平差,约束平差后两次测量的CPⅢ点高程较差应小于±3mm。

3. 成果选用

CPⅢ网复测与原测成果的坐标较差应不大于±3mm,相邻点的复测与原测坐标增量较差应不大于±2mm。较差超限时应结合线下工程结构和沉降评估结论进行分析判断,并根据分析结论采取补测或重测措施。坐标增量较差按下式计算:

$$\begin{cases} \Delta X_{ij} = (X_j - X_i)_{复} - (X_j - X_i)_{原} \\ \Delta Y_{ij} = (Y_j - Y_i)_{复} - (Y_j - Y_i)_{原} \end{cases} \tag{10-3}$$

CPⅢ点复测与原测成果的高程较差应不大于±3mm,且相邻点的复测与原测高程成果增量较差应不大于±2mm。高程增量较差应按下式计算:

$$\Delta H_{ij} = (H_j - H_i)_{复} - (H_j - H_i)_{原} \tag{10-4}$$

复测完成后,应对CPⅢ网复测精度进行评价,满足要求后,对复测数据和原测数据进行对比分析和评价,对超限的点位认真进行原因分析。确认复测成果无误,为保证CPⅢ点位的相对精度,对超限的CPⅢ点应按照同精度内插的方式更新CPⅢ点的坐标。最终应选用合格的复测成果和更新成果进行后续作业。

4.成果报告要求

复测成果报告应包括以下内容：

(1)任务依据、技术标准。

(2)测量日期、作业方法、人员、设备情况。

(3)复测控制点的现状及数量、复测外业作业过程及内业数据处理方法。

(4)复测控制网测量精度统计分析。

(5)平面观测的距离和方向残差的统计。

(6)水准测量测段间往返测较差、附合水准路线高差闭合差、水准路线每千米高差偶然中误差统计。

5.复测与原测成果的对比分析

(1)平面控制网复测与原测坐标成果较差；

(2)坐标增量较差计算；

(3)相邻水准点复测与原测高差较差；

(4)高程成果增量较差。

6.复测后成果

略。

7.需说明的问题及结论、建议

略。

二、CPⅢ网的维护

由于CPⅢ网布设在桥梁防撞墙和路肩接触网基础上，受线下工程的稳定性等原因的影响，为确保CPⅢ点的准确、可靠，在使用CPⅢ点进行后续轨道安装测量时，每次都要与周围其他点进行校核，特别是要与地面上稳定的CPⅠ、CPⅡ点进行校核，以便及时发现和处理问题；同时应加强对永久CPⅢ点的维护，为客运专线建成后的养护维修提供控制基准。

(1)由于CPⅢ成果为无砟轨道铺设及后期运营、维护的基准，各标段必须根据自身情况制定CPⅢ、加密CPⅡ、加密二等水准点保护措施，在施工过程中应经常加强CPⅢ标志的保护和维护工作。

(2)CPⅢ控制桩立柱施工时应作好防护工作，防止混凝土立柱遭到碰撞破坏。

(3)安装接触网杆时，应作好对CPⅢ控制桩立柱的防护工作，严禁吊装作业时碰动立柱。

思考题

1.什么是CPⅡ控制网的加密？如何实施CPⅡ控制网的加密？

2.什么是CPⅢ控制网，其作用是什么？

3.简述CPⅢ平面控制网和高程控制网的布网形式。

4.简述CPⅢ控制点的布设方法和编号方法。

5.CPⅢ平面测量和高程测量所使用的仪器设备有哪些？

6.简述CPⅢ控制网数据处理的坐标转换平差算法原理。

项目十一 GRP 轨道基准网测量

任务一 轨道基准网的布设及其点位标志

学习目标：

(1)了解轨道基准点设计坐标的计算与放样。

(2)掌握轨道基准点的埋设及其点位标志的要求。

(3)掌握轨道基准网的主要精度要求。

任务描述：

本任务，要求学生重点掌握轨道基准点设计坐标的计算与放样，基准点的埋设及其点位标志的要求，轨道基准网的主要精度要求。

相关知识：

一、轨道基准点设计坐标的计算与放样

由于 CRTS II 型无砟轨道板精调施工，需要同时布设轨道板定位点和轨道基准点，因此在正式测量前需要对轨道板定位点和轨道基准点进行设计坐标的计算、放样以及埋设工作。

轨道基准点埋设之前，首先需要利用相应铁路线路的设计参数，计算直线段、圆曲线段和缓和曲线段上预埋轨道基准点的设计里程和设计坐标，计算时要考虑圆曲线段和缓和曲线段超高对轨道基准点设计位置的影响，以保证后续轨道基准点放样、埋设和测量工作的顺利开展。

在混凝土底座板或支承层施工完成后，依据轨道控制网 CP III，采用全站仪自由设站极坐标法测设轨道板定位点和轨道基准点。自由设站观测的 CP III 控制点不宜少于 1 对。更换测站后，相邻测站重复观测的 CP II 控制点不宜少于 2 对。

轨道板定位点和轨道基准点放样时自由设站的精度应满足表 11-1 所示要求。

轨道板定位点和轨道基准点放样时自由设站的精度要求　　　　　　表 11-1

项　目	X	Y	H	方向
中误差	≤2mm	≤2mm	≤2mm	≤3″

自由设站测量完成和精度满足要求后,控制点的坐标残差还应满足表11-2 的要求。

轨道板定位点和轨道基准点放样时控制点坐标残差限差要求　　表 11-2

项　　目	X	Y	H
控制点残差	≤2mm	≤2mm	≤2mm

若 CPⅢ控制点坐标残差不满足表一的要求时,在保证 CPⅢ控制点不少于两对的前提下,应剔除超限的 CPⅢ点并重新自由设站,直到自由设站的精度满足要求为止。

在自由设站精度和 CPⅢ点残差值均满足要求的前提下,可对轨道板定位点和轨道基准点进行坐标放样,放样时应满足以下三个要求:

(1)放样距离不应大于 100m;

(2)轨道板定位点平面定位允许偏差不应大于 5mm;

(3)轨道基准点平面定位允许偏差不应大于 5mm。

二、轨道基准点的埋设及其点位标志

在轨道板定位点和轨道基准点放样后,应按要求对其进行埋设,轨道板定位点和轨道基准点应埋设于混凝土底座板或支承层上,其连线应垂直于轨道中线,并分别向左和向右偏离轨道中线。

轨道板定位点的位置应以轨道中线为基准,垂直于钢轨顶面连线,投影到混凝土底座板或支承层表面上。曲线地段轨道基准点应设于轨道中线的内侧,轨道板定位点设于轨道中线的外侧。直线地段应将轨道板定位点与轨道基准点分设于线路中线两侧,一般应位于线路中线的同一侧。当直线段前后的轨道基准点不在同一侧时,应在直线段予以变换调整,不得在曲线段上进行调整。

在轨道基准点埋设后,便可按要求对其进行编号。轨道基准点的编号分左右线分别进行,编号时顾及轨道板板号,保证位数统一。具体规则为:8(左线)/9(右线) + ×××××(五位数板号)。

三、轨道基准网的主要精度要求

在轨道控制网测量和评估通过后,方可进行轨道基准网的测量工作。轨道基准网三维坐标的测量,应采用平面坐标和高程分开施测的方法进行,其相邻轨道基准点间相对精度应满足表11-3 的要求。

相邻轨道基准点间相对精度要求　　表 11-3

精度评定项目	相邻点间相对点位中误差
平面网精度	±0.2mm
高程网精度	±0.2mm

表 11-3 是大部分相邻轨道基准点间可以达到的要求,由于轨道基准点的数量较多,当个别点不符合上述精度要求时可以将其删除。因为高速铁路工程中主要考虑的是线路平顺性,所以,所有的精度要求是指相邻点间的相对精度。

任务二　轨道基准网测量方法

学习目标:

(1)掌握平面网坐标测量方法。

(2)掌握高程网外业测量方法。

任务描述:

本任务要求学生重点掌握平面网坐标测量方法、高程网外业测量方法。

相关知识:

一、平面网坐标测量方法

轨道基准网平面网测量应该在底座板张拉锁定完成后进行,以避免张拉锁定过程对测量结果的影响。

轨道基准网平面网测量方法:采用高精度测量机器人进行测量,左、右线分开分别测量,仪器自由设站在左线或右线的轨道中心线上,用正镜位半测回测量,多次重复观测,单向后退测量,测站间进行搭接。

1.平面网坐标测量标志

轨道基准网的平面网坐标测量时,既要对 CPⅢ 控制点进行观测,又要对轨道基准点进行观测。测量时,控制点的平面网坐标测量标志,可采用国产化的 CPⅢ 专用测量标志。轨道基准点的平面网坐标测量标志,则可采用带有强制对中功能的专用基座和专用棱镜。

在进行轨道基准网平面网坐标测量时,为保证相邻轨道基准点间坐标测量的相对精度,原则上一个测站只用一个精密基座和棱镜进行,并在测量前需对所使用的精密基座的气泡进行校正。若两个同型号精密基座和棱镜的可重复性和互换性精度能达到不大于 0.1mm 的要求,则可用两个精密基座和棱镜同时进行测量,以提高平面网坐标测量的效率,但同一测站同一点位每次测量需要固定基座和棱镜,甚至固定同一基座的两个支点的位置,以尽量避免不同基座间的系统误差和不同支点的偶然误差影响。

2.平面网坐标测量施工组织

轨道基准网平面网测量采用智能型全站仪,配合使用 CPⅢ 精密棱镜和轨道基准点精密基座,每个测量组需配备的设备及其精度要求如表 11-4 所示。

轨道基准网平面网测量设备及其精度要求　　　　　　　　　　　表 11-4

设备类型	精度指标	精度
全站仪	方向标称精度	≤1″
	测距标称精度	≤1mm + 2ppm

设 备 类 型	精 度 指 标	精　　度
CPⅢ棱镜组件	重复性与互换性 安装精度	X 和 Y ≤0.4mm H ≤0.2mm
温度计 气压计 CPⅢ专用棱镜 轨道基准点专用基座、棱镜 木质脚架	温度读取精度 气压读取精度	≤0.5℃ ≤0.5hPa 10个 各1个 1个

轨道基准网平面网测量每个测量组至少需要以下人员:

(1)司镜员1名,负责全站仪的架设及目标观测;

(2)操作员1名,负责采集软件操作与数据采集;

(3)跑镜员1名,负责轨道基准点测量时依次挪动精密基座。为保证测量精度和效率,跑镜员应进行专业培训,培训内容包括基座的架设与调整。

3.平面网坐标测量方法

轨道基准点平面网坐标测量的外业观测,是指采用全站仪自由设站极坐标法分别控制点和轨道基准点进行坐标测量。轨道基准点平面网坐标测量的特点和相关技术要求如下:

(1)测站内左、右线轨道基准点的平面网坐标测量,应分别设站观测。

(2)全站仪的自由设站点应尽量靠近各轨道基准点的连线方向。

(3)同一测站观测的CPⅢ控制点应不少于4对,观测的轨道基准点宜为11~14个(包括与上一测站搭接的轨道基准点),且最近的轨道基准点距设站点距离应大于10m。

(4)在进行正式测量前,应通过本测站4对CPⅢ控制点进行自由设站检查,其精度应满足表11-5的要求。

轨道基准点测量时自由设站点精度要求　　　　　　　　　　表11-5

项　　目	X	Y	H	方向
中误差	≤0.7mm	≤0.7mm	≤0.7mm	≤0.2″

注:连续桥、特殊孔跨桥自由设站点中误差可放宽至1.0mm。

自由设站测量完成和精度满足要求后,应检测CPⅢ控制点的坐标不符值,此项检测同样应满足表11-2的要求;若不满足,在保证CPⅢ控制点数量不少于3对的情况下,应将超限点剔除后重新进行自由设站,直到自由设站精度和检测CPⅢ精度均满足要求后,方可进行平面网坐标测量工作。

(5)同一测站的CPⅢ控制点和轨道基准点的坐标测量,应采用全站仪正镜位进行多次观测。为保证外业数据质量,外业观测应采用专业软件对CPⅢ控制点进行全自动观测,对轨道基准点进行半自动观测。具体观测顺序为先观测所有CPⅢ点,再由远及近观测所有轨道基准点。轨道基准点的观测次数应不少于3次,CPⅢ点的观测次数应不少于4次,即采用CPⅢ控制点→轨道基准点→CPⅢ控制点→轨道基准点→CPⅢ控制点→轨道基准点→CPⅢ控制点的观测顺序。

(6)同一测站每次轨道基准点的坐标测量都应由远及近依次地进行观测。

（7）测站离最近的 CPⅢ 控制点要保持 15m 左右距离,以确保 CPⅢ 控制点的测量精度。

（8）每一测站重复观测上一测站的 CPⅢ 控制点不应少于两对,重复观测上一测站的轨道基准点不应少于 3 个。

（9）为保证搭接精度,测站间采取单向后退模式进行搬站,即搬站的方向与轨道基准点测量的方向一致。

二、高程网外业测量方法

轨道基准网的高程网测量应该在轨道板初铺之后进行,以避免后期荷载对轨道基准点的高程造成影响。

为保证高程网测量的精度,应采用高精度电子水准仪和一把配套条码水准尺施测,施测时采用附合水准路线和中视法支水准测量路线相结合的方法进行。

1. 高程网测量标志

轨道基准网的高程网测量,既要在控制点上立尺测量,又要在轨道基准点上立尺测量。测量时,控制点的高程网测量标志可采用棱镜组件中的水准杆。

轨道基准点的高程网测量标志可采用条码水准尺配合适配器。测量时,适配器的尖端直接放置在轨道基准点的标志上。适配器出厂时应精确测量其高度,并在后期使用中定期或不定期用千分尺进行测定,精确到 0.1mm。

2. 高程网测量施工组织

轨道基准网高程网测量应采用电子水准仪与配套钢瓦尺进行,每个测量组需配置的设备及其精度如表 11-6 所示。

轨道基准网高程网测量设备及其精度要求　　　　　　　　　　　　　　　表 11-6

设备类型	精度指标	精度要求
电子水准仪	M_Δ	≤0.5mm/km
水准标尺	整体铟钢条码水准标尺	
水准尺适配器	1 个	
CPⅢ 水准杆	1 个	
木质脚架	1 个	

轨道基准网高程网测量每个测量组至少需要以下人员:

（1）司镜员 1 名,负责水准仪的架设及读数。

（2）跑尺员 1 名,负责安放水准标尺。

3. 高程网测量方法

轨道基准网高程网测量方法:采用高精度电子水准仪和一把配套的条码水准尺,左右线分开分别测量,以附合水准路线和中视法支水准路线相结合的方法,分别对点和轨道基准点进行测量,即电子水准仪的测量模式应设置为"后视（CPⅢ点）→中视（轨道基准点）→中视（轨道基准点）→前视（另一个 CPⅢ点）",同一条附合水准路线应该进行往返观测,相邻的附合水准路线之间应进行搭接。之所以用一把水准尺测量,是为了消除常规精密水准测量两把水准尺的零点误差对相邻轨道基准点之间高差测量的影响;之所以采用中视法测量,是为了提高轨道基准网高程网测量的效率。

轨道基准网高程网测量的特点和相关技术要求如下：

（1）路线内左线与右线的轨道基准网高程原则上应分别测量。

（2）轨道基准网高程网通常沿线路 300m 左右作为一条附合路线，以该路线内左线或右线的首尾控制点为基准进行附合水准测量，同一路线应进行往返测。

（3）同一路线内左线（或右线）其余 CPⅢ 控制点均作为转点，路线内所有轨道基准点均作为中视点。若同侧部分 CPⅢ 控制点被破坏，也可采用对侧 CPⅢ 控制点代替，但往返测须联测相同控制点在坡度较大处也可以采用轨道基准点作为转点，但往返测须采用相同的转点。

（4）观测过程中，水准仪设站点应尽量位于相邻两个 CPⅢ 控制点之间，每一测站的技术要求如表 11-7 所示。

轨道基准网高程网测量主要技术要求 表 11-7

测站前后视距差	测段前后视距累计差	视线高度	测量模式
≤2m（对 CPⅢ 点）	≤4m（对 CPⅢ 点）	≥0.3m	后—中—中—前（BF）

（5）相邻路线间搭接时，本路线起始控制点必须为上一路线结束的控制点。

（6）相邻路线间重复观测的轨道基准点不应少于两个。

任务三 轨道基准网数据处理方法

学习目标：

（1）掌握平面网数据处理方法。

（2）掌握高程网数据处理方法。

（3）掌握轨道基准网的资料整理。

任务描述：

本任务要求学生重点掌握平面网数据处理方法、高程网数据处理方法、轨道基准网的资料整理。

相关知识：

一、平面网数据处理方法

轨道基准网平面网数据处理采用测站内平差计算、测站间坐标搭接的数据处理模式，主要包括坐标均值计算、坐标平差计算和坐标搭接计算等。

1. 控制点和轨道基准点多次坐标均值计算

假设测站内各 CPⅢ 控制点和轨道基准点的坐标分别为：

$$\begin{cases} (x_{ij}^{CPⅢ}, y_{ij}^{CPⅢ}) \\ (x_{mn}^{GRP}, y_{mn}^{GRP}) \end{cases} \tag{11-1}$$

式中：$(x_{ij}^{CPⅢ}, y_{ij}^{CPⅢ})$——第 i 个 CPⅢ 控制点第 j 次坐标观测值；

i——测站内各控制点的编号，$i=1,2,3\cdots$；

j——测站内各控制点的观测次数；

$(x_{mn}^{GRP},y_{mn}^{GRP})$——第 m 个轨道基准点第 n 次坐标观测值；

m——测站内各轨道基准点的编号，$m=1,2,3\cdots$；

n——测站内各轨道基准点的观测次数。

则测站内各 CPⅢ 控制点和轨道基准点的坐标均值为：

$$\begin{cases} \bar{x}_i^{CPⅢ}=\dfrac{1}{J}\sum_{J=1}^{J}x_{ij}^{CPⅢ} \\ \bar{y}_i^{CPⅢ}=\dfrac{1}{J}\sum_{J=1}^{J}y_{ij}^{CPⅢ} \\ \bar{x}_m^{GRP}=\dfrac{1}{N}\sum_{N=1}^{J}x_{mn}^{GRP} \\ \bar{y}_m^{GRP}=\dfrac{1}{N}\sum_{N=1}^{J}y_{mn}^{GRP} \end{cases} \tag{11-2}$$

式中：$\bar{x}_i^{CPⅢ},\bar{y}_i^{CPⅢ}$——第 i 个 CPⅢ 控制点多次 x、y 坐标观测值的均值；

$\bar{x}_m^{GRP},\bar{y}_m^{GRP}$——第 m 个轨道基准点多次 x、y 坐标观测值的均值；

J——CPⅢ 控制点实际参与计算的次数，不同点取值不同；

N——轨道基准点实际参与计算的次数，不同点取值不同。

2. 平面网测站内坐标平差计算

(1) 平面网测站内坐标平差计算的原理

平面网测站内坐标平差计算，就是以 CPⅢ 控制点为公共点，采用在本测站站心坐标系中观测的各 CPⅢ 控制点多次观测的坐标均值 $(\bar{x}_i^{CPⅢ},\bar{y}_i^{CPⅢ})$ 作为观测值，利用本测站联测的各 CPⅢ 控制点在铁路工程独立坐标系中的已知坐标 $(x_i^{CPⅢ},y_i^{CPⅢ})$ 作为起始值，采用最小二乘间接平差的方法，求解本测站站心坐标系和铁路工程独立坐标系间的坐标转换参数，再根据由此得到的坐标转换参数对各轨道基准点在本测站站心坐标系中的坐标均值 $(\bar{x}_m^{GRP},\bar{y}_m^{GRP})$ 进行坐标转换，从而得到本测站各轨道基准点在铁路工程独立坐标系中的坐标 (x_m^{GRP},y_m^{GRP})。

由于目前控制网的坐标投影面为边长投影变形小于 10mm/km 的抵偿面，而轨道基准网的测量面就是线路轨道的高程面，为了使 CPⅢ 控制网的投影变形误差不至于影响轨道基准网的测量精度，使上一级网的误差对轨道基准网的影响降低到最小，以确保轨道基准点间相对点位的高精度，平面坐标转换采用三参数的坐标转换公式，把各轨道基准点的站心坐标系坐标转换到铁路工程独立坐标系中。

三参数的坐标转换示意图如图 11-1 所示。

其转换公式为：

$$\begin{bmatrix} x_i^{CPⅢ} \\ y_i^{CPⅢ} \end{bmatrix}=\begin{bmatrix} \Delta x \\ \Delta y \end{bmatrix}+\begin{bmatrix} \cos\alpha\sin\alpha \\ -\sin\alpha\cos\alpha \end{bmatrix}\begin{bmatrix} \bar{x}_i^{CPⅢ} \\ \bar{y}_i^{CPⅢ} \end{bmatrix} \tag{11-3}$$

式中:Δx,Δy——两套坐标系间的平移参数;

　　　　α——两套坐标系间的旋转参数。

三参数坐标转换,由于不考虑 CPⅢ 控制网测量和轨道基准网测量的尺度差异,也可称该方法为置平坐标转换法。

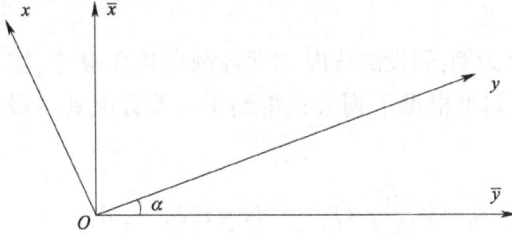

图 11-1　三参数坐标转换示意图

(2)平面网测站内坐标转换参数合理性验证

可以按照如下方法进行 3 个坐标转换参数 $\Delta \hat{x}$、$\Delta \hat{y}$ 和 $\hat{\alpha}$ 的合理性以及各 CPⅢ 控制点的精度及稳定性的验证。

首先,根据公共点求得的坐标转换参数 $\Delta \hat{x}$、$\Delta \hat{y}$ 和 $\hat{\alpha}$,按式(11-4)将本测站内 i 个 CPⅢ 控制点的站心坐标($\bar{x}_i^{\text{CPⅢ}}$,$\bar{y}_i^{\text{CPⅢ}}$),进行转换,得到转换后各 CPⅢ 控制点的铁路工程独立坐标系中的坐标($x_i^{'\text{CPⅢ}}$,$y_i^{'\text{CPⅢ}}$)。

$$\begin{bmatrix} x_m^{\text{GRP}} \\ y_m^{\text{GRP}} \end{bmatrix} = \begin{bmatrix} \Delta \hat{x} \\ \Delta \hat{y} \end{bmatrix} + \begin{bmatrix} \cos \hat{\alpha} & \sin \hat{\alpha} \\ -\sin \hat{\alpha} & \cos \hat{\alpha} \end{bmatrix} \begin{bmatrix} \bar{x}_m^{\text{GRP}} \\ \bar{y}_m^{\text{GRP}} \end{bmatrix} \tag{11-4}$$

这样便计算得到平面网测站内各轨道基准点的坐标。

3.平面网测站间轨道基准点的坐标搭接处理

平面网测站间轨道基准点的坐标搭接处理主要分三步进行:

(1)将相邻两个测站各搭接轨道基准点在铁路独立坐标系中的坐标,转换到搭接区线路坐标系(线路里程方向为轴、垂直线路方向为 q 轴)中;

(2)在搭接区线路坐标系中采用余弦函数平滑处理的方式对各搭接轨道基准点进行平滑处理;

(3)将平滑处理后的各搭接轨道基准点,在搭接区线路坐标系中的坐标转换成铁路独立坐标系中的坐标,得到搭接轨道基准点用于轨道板精调的最终坐标。

二、高程网数据处理方法

轨道基准网高程网数据处理,采用路线内往、返测平差计算,路线间搭接处理的模式,主要包括闭合差计算与检核、往返测高程数据处理和高程网路线内轨道基准点高程值计算等。

1.高程网路线内闭合差计算与检核

在平差计算前,首先应对外业采集的往、返测数据质量进行检核。以往测为例,假设路线起始 CPⅢ 控制点的已知高程为 $H_{起}$,结束 CPⅢ 控制点的已知高程为 $H_{终}$,实测高差为 $\sum h$,则可以求得本路线高差闭合差 f_h 为:

$$f_h = \sum h - (H_{终} - H_{起}) \tag{11-5}$$

当轨道基准网往、返测附合水准路线闭合差均满足要求后,方可进行轨道基准网高程网测量的数据处理。

2. 高程网路线内往、返测高程数据处理

高程网路线内往、返测高程观测数据分开分别处理,首先对作为转点的控制点进行平差计算,然后再对各轨道基准点高程进行计算。

(1)CPⅢ转点高程计算

以往测水准路线解算为例,假设路线内 CPⅢ控制点共有 M 个,实测的相邻 CPⅢ控制点高差依次为 $h_1,h_2,\cdots,h_{M-1}$,则可根据下列公式得到闭合差分配到各段高差的改正数 $v_1,v_2,\cdots,v_{M-1}$,即

$$v_i = -\frac{f_h}{\sum L} \times L_i \qquad (i=1,2,\cdots,M-1) \tag{11-6}$$

或

$$v_i = -\frac{f_h}{\sum n} \times n_i \qquad (i=1,2,\cdots,M-1) \tag{11-7}$$

式中:L_i、n_i——相邻控制点间的路线长、测站数;

$\sum L$、$\sum n$——附合水准路线的总长和测站总数。

相邻 CPⅢ控制点间改正后的高差 $h_1,h_2,\cdots,h_{M-1}$ 可由式(11-8)解求。

$$\hat{h}_i = h_i + v_i \qquad (i=1,2,\cdots,M-1) \tag{11-8}$$

则各转点处 CPⅢ控制点的高程 $H_{转}$ 为:

$$H_{转} = H_{起} + \sum \hat{h}_i \tag{11-9}$$

(2)轨道基准点高程计算

假设路线内第 i 测站第 j 个轨道基准点的高程为 h_{IJ}^{GRP},则可以求得各轨道基准点的高程为 H_{ij}^{GRP},其与后视点的高差为 h_{ij}^{GRP}。

$$H_{ij}^{GRP} = \begin{cases} H_{起} + h_{ij}^{GRP} + v_i, & i=1 \\ H_{转i-1} + h_{ij}^{GRP} + \dfrac{v_i}{2}, & i>1 \end{cases} \tag{11-10}$$

返测水准路线闭合差满足要求后,也按与上述往测相同的方法计算各测站各中视轨道基准点的返测高程。

3. 高程网路线内轨道基准点高程值计算

假设高程网路线内某轨道基准点往测高程为 $H_{往}^{GRP}$,返测高程为 $H_{返}^{GRP}$,则 $H_{往}^{GRP}$ 和 $H_{返}^{GRP}$ 应满足以下要求:

$$\begin{cases} |H_{往}^{GRP} - (H_{往}^{GRP}+H_{返}^{GRP})/2| \le 0.3\text{mm} \\ |H_{返}^{GRP} - (H_{往}^{GRP}+H_{返}^{GRP})/2| \le 0.3\text{mm} \end{cases} \tag{11-11}$$

即该点往、返测高程与其均值的高程较差应小于 0.3mm,满足要求后,该轨道基准点的高程值 H^{GRP} 为:

$$H^{GRP} = \frac{1}{2}(H_{往}^{GRP} + H_{返}^{GRP}) \tag{11-12}$$

这样便计算得到高程网路线内各轨道基准点的高程值。

三、轨道基准网的资料整理

测量完成后应提交以下资料：

（1）轨道基准网测量技术设计书。

（2）轨道基准网测量成果报告。包含内容：技术总结、CPⅢ点三维坐标、原始测量数据、平差计算文件、测量精度统计表、联测示意图。

（3）轨道基准网测量成果。在测量完成之后，应该对测量成果进行整理，并报监理审核之后执行。

思考题

1. 轨道基准点进行坐标放样时应满足什么要求？

2. 轨道基准点的编号方法是什么？

3. 如何进行平面网坐标测量施工组织？

4. 轨道基准点平面网坐标测量的特点和相关技术要求是什么？

5. 如何进行高程网测量施工组织？

6. 轨道基准网高程网测量的特点和相关技术要求是什么？

7. 平面网测站内坐标平差计算流程？

8. 简述高程网数据处理方法。

9. 轨道基准网的资料整理有哪些要求？

10. 简述轨道基准网的主要工作。

项目十二　无砟轨道施工精调作业

任务一　无砟轨道结构形式及结构特点

学习目标：

(1)掌握无砟轨道的优缺点。

(2)掌握国外无砟轨道结构形式。

任务描述：

本任务要求学生重点掌握无砟轨道的优缺点、国内外无砟轨道结构形式。

相关知识：

一、无砟轨道的优缺点

高速铁路的轨道结构从总体上可分为两类:一类为传统的有砟轨道;另一类为无砟轨道无砟轨道是以混凝土或沥青混合料等取代散粒道砟道床而组成的轨道结构形式。

与有砟轨道相比,无砟轨道具有以下优点:

(1)轨道稳定性好、平顺性高、舒适性好

无砟轨道结构的几何形位能持久保持,横向阻力较高,轨道稳定性好,增加了运营的安全性;无砟轨道长波不平顺小,平顺性高;无砟轨道可通过轨道刚度的合理匹配,提高乘坐舒适性,尤其是通过不同结构物过渡段和道岔区的舒适性。

(2)养护维修工作量少,使用寿命长

随着列车运行速度的不断提高,有砟轨道道砟粉化及道床累积变形的速度加快,为了满足高速铁路对线路的高平顺性、稳定性的要求,必须通过轨道结构的强化及频繁的养护维修来保持轨道的几何状态。与有砟轨道相比,无砟轨道养护维修工作量小,结构耐久性好,轨道使用寿命长。

(3)初期土建工程投资相对较小,节省工程总造价

无砟轨道在圆曲线地段可实现超出有砟轨道高达25%的超高,这就有可能在保持规定

188

速度的情况下选择较小的曲线半径,同时无砟轨道可以采用较大的线路纵坡,提高线路平纵断面对地形、地物的适应性,减少对景观的破坏,缩短桥梁、隧道结构物的长度,减少投资;结构高度低,自重轻,可减少桥梁二期恒载、降低隧道净空,从而降低工程总造价。

(4)整洁美观,利于环保

无砟轨道道床整洁美观,解决了有砟轨道在列车高速运行下道砟飞溅带来的一系列问题,有利于环保。

但无砟轨道也有其不足之处:

①初期建设投资相对较大;

②基础变形要求高,必须建于坚实、稳定、不变形或有限变形的基础上,无砟轨道的高低调整能力有限(主要通过扣件系统),一旦下部基础变形下沉超出其调整范围,可能会导致上部轨道结构裂损,其修复困难;

③道床面相对平滑,轮轨产生的辐射噪声较大。

基于无砟轨道的特点,其适于铺设的范围和条件主要有:

①基础变形相对较小、维修作业困难的长大桥梁、隧道区段;

②维修作业频繁、路基基础坚实的道岔区段;

③减振降噪与环境要求高的区段;

④优质道砟短缺、人工费用高的国家和地区。

二、国外无砟轨道结构形式

国外铁路无砟轨道的发展历史:数量上经历了由少到多,技术上经历了由浅到深,品种上经历了由单一到多样,铺设范围上经历了由桥梁、隧道到路基、道岔的过程。无砟轨道已成为高速铁路的发展趋势。

1.日本无砟轨道结构形式

日本是发展无砟轨道最早的国家之一。早在20世纪60年代中期,日本就开始无砟轨道的研究与试验并逐步推广应用,无砟轨道比例越来越大,成为高速铁路轨道结构的主要形式。据统计,日本高速铁路无砟轨道比例,在20世纪70年代达到60%以上,而90年代则达到80%以上。

日本定型的板式轨道包括A型、框架型轨道板,适用于土质路基上的RA型轨道板和特殊减振区段用的防振G型轨道板,构成了适用于不同使用范围的轨道板系列。

日本在大量铺设板式轨道的同时,还开发了B型弹性轨枕直结轨道,在东北、上越新干线上都有铺设。为了扩大铺设,必须降低造价。最后,开发了简化结构的D型弹性轨枕直接轨道,造价为B型的3/4,减振性能比防振G型板式轨道还略有改善;同时解决了原结构部件更换困难的问题,更适合推广。

2.德国无砟轨道结构形式

德国也是研究无砟轨道较早的国家之一。德国铁路开展无砟轨道的研究始于20世纪60年代末,1972年首次在Rheda车站试铺了无砟轨道结构(故称"Rheda"型)。

由Bögl公司开发的博格板式无砟轨道结构由预制轨道板组成,轨道板结构高度(从水硬性材料支撑顶面到钢轨顶面)474mm,分为标准预制板、特殊预制板和补偿预制板三种形式,标准板的外形尺寸为 6450mm × 2500mm × 200mm,轨道板之间用钢筋连接,板底充填水泥沥青砂浆层。与现场浇筑的混凝土轨道板相比,博格板具有工厂化生产,加工精度高,固化时间短,不需要费时、费工的现场制模和浇筑,必要时可进行轨道板高程调整等优势,但厂房和设备等一次性投入较高。

三、国内无砟轨道结构

国内对无砟轨道的研究始于 20 世纪 60 年代,与国外的研究几乎同时起步,主要有以下几种形式:

1. 长枕埋入式

长枕埋入式无砟轨道由预应力混凝土轨枕、混凝土道床板和混凝土底座组成。其结构内没有易受环境或温度影响的橡胶、乳化沥青等材料,结构整体性和耐用性较好。混凝土枕制造和现场灌注混凝土的技术和设备均是成熟、配套的。采用我国较成熟的"钢轨支撑架"法自上而下施工,能适应曲线区段超高、超高顺坡和竖曲线区段顺坡等的铺设要求,道床板分块长度与桥梁跨度的匹配较为灵活,轨道维修主要是扣件涂油、调整等少量作业。

道床板和底座均为就地灌注而成,故现场施工量较大,施工进度相对较慢。混凝土表面为人工抹面成形,外观平整度不如板式。如在道床板下设弹性垫层,则施工较为复杂。

2. 弹性支承块式

弹性支承块式无砟轨道由弹性支承块(混凝土支承块、块下弹性垫层和橡胶靴套)、混凝土道床板、混凝土底座等组成。其结构组成与长枕埋入式类似。由于支承钢轨部分采用弹性支承块,轨道的垂直刚度由轨下和块下双层弹性垫板提供,通过双层垫板刚度的合理选择,使轨道的刚度满足使用要求。橡胶靴套提供轨道的纵、横向弹性变形,使轨道在承载、动力传递和能量吸收方面更接近于有砟轨道,产生低振动效应。

弹性支承块的现场混凝土施工量大,进度较慢。在露天条件下使用时雨水流入靴套内只能靠轮载的挤压排除,但其对轨道的正常使用以及对橡胶耐久性等的影响尚有待考证,故一般将其限制在隧道内使用。

3. 板式

板式无砟轨道由预制的轨道板、CA 砂浆填充层、混凝土底座和轨道板之间的凸形挡台组成。其轨道结构高度低、自重轻,可减小桥梁的二期恒载。轨道板为预制件,质量容易控制。现场的施工量少、施工进度较快,CA 砂浆的灌注日进度可达 200m。对需要减振的地段,采用减振型轨道板,因在工厂已完成板下弹性垫层的粘贴,故不增加现场的作业量和难度。道床外表美观,轨道稳定、维修工作量小。

按照轨道板进行分类,无砟轨道可以分为板式无砟轨道和双块式无砟轨道。目前,我国主要采用的无砟轨道类型有 CRTS Ⅰ 型板式无砟轨道、CRTS Ⅱ 型板式无砟轨道、CRTS Ⅲ 型板式无砟轨道、CRTS Ⅰ 型双块式无砟轨道、CRTS Ⅱ 型双块式无砟轨道。

(1)CRTSI 型双块式无砟轨道

双块式无砟轨道在日本新干线率先得到施工应用,CRTS Ⅰ 型双块式无砟轨道技术作为我国较早引用的高速铁路无砟轨道结构技术,在我国武广线、温福线、石武线、兰新线等先后采用。

CRTS Ⅰ型双块式无砟轨道是将预制的双块式轨枕组装成轨排,以现场浇筑混凝土方式将轨枕浇入均匀连续的钢筋混凝土道床内,并适应 ZPW-2000 轨道电路的无砟轨道结构形式。

CRTS Ⅰ型双块式无砟轨道结构由下部支承结构、道床板、钢轨和扣件系统组成。下部支承结构路基上为水硬性支承层,桥梁上为混凝土保护层(含凸台),隧道内为混凝土找平层;道床板为钢筋混凝土结构,轨道结构超高设置在路基上通过路基基床表层来实现,桥梁上则通过道床板自身结构尺寸实现;轨枕采用双块式轨枕;钢轨采用 60kg 轨。双块式无砟轨道结构具有稳定性高、刚度均匀性好、耐久性强、维修工作量少、高度低、荷载小和道床整洁美观等优点。

(2)CRTS Ⅰ型板式无砟轨道

CRTS Ⅰ型板式无砟轨道由钢轨、WJ-7B 型弹性分开式扣件、充填式垫板、轨道板、水泥乳化沥青砂浆调整层、混凝土底座、凸形挡台及其周围填充树脂等组成。目前在我国哈大线、武广线、沪宁线等客运专线得到广泛应用。轨道板分为 CRTS Ⅰ型预应力框架板、预应力平板等两种类型,预应力框架板铺设在限速区段。

CRTS Ⅰ型板式无砟轨道是将预制轨道板通过水泥沥青砂浆调整层,铺设在现场浇筑的具有凸形挡台的钢筋混凝土底座上,并适应 ZPW-2000 轨道电路的单元轨道板无砟轨道结构形式。轨道板长度可分为 4962mm、4856mm、3685mm、5500mm,宽度为 2400mm,厚度为 200mm,承轨台厚 20mm。

(3)CRTS Ⅱ型板式无砟轨道

以现场浇筑混凝土方式将预制的双块式轨枕通过机械振动法嵌入均匀连续的钢筋混凝土道床内,并适应 ZPW-2000 轨道电路的无砟轨道结构形式。

CRTS Ⅱ轨道板分标准板和异型板。标准板长 6.45m、宽 2.55m、厚 0.2m,为预应力混凝土结构。标准板纵向分 20 个承轨道台,承轨台设计适应于有挡肩扣件(VOSSLOH 扣件),经过打磨后确定了其在线路上唯一位置属性,所以每一块板都有各个的顺序编号。异型板包括补偿板、特殊板、小曲线半径板以及道岔板,其中补偿板、特殊板、小曲线半径板均在标准板的基础上发展变化而来,与标准板有着类似的结构特点,分别用于补偿调整线路长度、道岔前后过渡、曲线半径小于 1500m 的地段。道岔板是单独设计道岔区。

(4)CRTS Ⅲ型板式无砟轨道

CRTS Ⅲ是将预制轨道板通过水泥沥青砂浆调整层,铺设在现场摊铺的混凝土支承层或现场浇筑的钢筋混凝土底座(桥梁)上,并对每块板限位,适应 ZPW-2000 轨道电路的连续轨道板无砟轨道结构形式。CRTS Ⅲ型轨道板是综合 CRTS Ⅰ型轨道板和 CRTS Ⅱ型轨道板板型及调板方式的各项特征,经过研究创新,研发出来的一种新型轨道板。CRTS Ⅲ型轨道板采用 Ⅰ型轨道板的尺寸规格和支撑,具有 Ⅱ型板精确打磨过的承轨槽。

CRTS Ⅲ型无砟轨道分为 P5350 和 P4856 两种类型,P5350 型轨道板长 5350mm、宽 2500mm、厚 190mm,每块板布置 8 对扣件节点。

CRTS Ⅲ型板式无砟轨道的特点:

①与 CRTS Ⅰ型板式无砟轨道相比,取消了凸形挡台,将轨道连为整体,定位销或水平限位挡块在铺板后施工,可减少原设凸形挡台对施工的干扰,提高铺轨进度。路基及隧道地段底座为普通混凝土支承层,可降低建设成本,同时还减少钢筋网对信号轨道电路参数的

影响。

②与 CRTS Ⅱ 型轨道相比,轨道板不需打磨,可简化生产过程、降低成本,轨道精调通过扣件及充填式垫板调整完成。

任务二　无砟轨道精调作业简述

学习目标:

(1)掌握无砟轨道的静态调整。

(2)了解无砟轨道的动态调整。

任务描述:

本任务要求学生重点掌握无砟轨道的静态调整及无砟轨道的动态调整。

相关知识:

无缝线路铺设完成,长钢轨应力放散、锁定后即可开展轨道精调工作。轨道精调可分为静态调整和动态调整两个阶段,轨道精调的目的就是依据静态检测和动态检测的手段,通过静态调整和动态调整对线形的进一步优化,使静态精度及动态指标满足设计要求,最终达到 350km/h 及以上高速行车条件。

(1)轨道静态调整:是在联调联试之前根据 AMBERG GRP1000S 轨检小车对钢轨几何状态进行静态数据的采集,通过 DTS 精调处理软件对采集数据进行分析,并由模拟适算表确定轨道调整的位置和调整量,对轨道线形(轨向和轨面高程)进行优化调整,合理控制轨距变化率和水平变化率,使轨道静态精度满足 350km/h 及以上高速行车条件。依据调整数据表人工对应现场位置对轨道进行调整。

(2)轨道动态调整:是在联调联试期间根据轨道动态检测报告和分析检测波形图,找出影响行车安全和旅客舒适度的局部或区段,通过用轨检小车、塞尺、弦线等对轨道进行测量评价,确定调整位置和调整量,对钢轨进行调整,对轨道线形进一步优化,使轮轨关系匹配良好,进一步提高高速行车的安全性、平稳性和乘坐舒适度。目前主要的动态检测手段:低速(≤160km/h)轨道检测车、高速(250~350km/h)轨道检测车、高速轨道动力学检测车、动态车载式添乘检测仪。

一、静态调整概述

在无砟轨道施工阶段有针对轨道板、钢轨等的调整,但是光靠此阶段的调整并不能使无砟轨道达到规范要求的精度标准,由此,在无砟轨道施工结束后有必要再专门进行一次系统的轨道精调,我们常常说的轨道精调就是指此次的精调过程。轨道精调决定了无砟轨道的精度,无砟轨道能否满足"高平顺"的要求由轨道精调质量的高低决定,轨道精调是无砟轨道建设中必不可少的重要环节。轨道精调通常都是在无砟轨道施工结束后(即轨道板、钢轨铺设之后)进行,通过特定的工具(当前基本都是采用轨检小车)进行轨道的外业数据采集,采集数据之后对数据进行处理得到轨道的平顺性信息,然后根据这些得到的信息找到轨道的问题区段进行调整,使轨道平顺性达到规范的要求。在轨道调整方面,无砟轨道和有砟轨道有一个明显的区别:有砟轨道是轨枕根据平顺性要求整体移动,一般是通过捣固来实现;无砟轨道必须两股钢轨分别调整,一般通过扣件系统的调整来实现。无砟轨道在调整时要尤其注意轨面和线形,轨面受到高低和超高的影响,线形受到轨距和轨向的影响。

无砟轨道的精度主要分为绝对精度和相对精度。绝对精度是指现场实际测到的轨道中线位置、高程与原先设计好的中线位置、高程的差值,又称绝对偏差,绝对偏差越小,绝对精度就越高;相对精度是指表示轨面和轨道线形的那些几何参数的变化率和偏差,这些几何参数一般表示轨道的尺寸和线形。由绝对精度与相对精度的定义可知:绝对精度强调的是实测与设计的偏差,所以绝对精度常用于控制调整无砟轨道的铺设位置和高程,常用轨道高低和轨向平顺性等来表示绝对精度;而相对精度常用于控制调整轨道的尺寸和线形,常用轨道的高低变化率和轨距变化率等来表示相对精度。轨道平顺性指标一般都是指轨道高低、轨向、轨距和高低变化率等,轨道高平顺性需要通过同时调整绝对精度和相对精度来实现。

前面已阐述,轨道调整分为施工阶段调整和施工后阶段轨道精调,现主要阐述后阶段的无砟轨道精调。后阶段的无砟轨道精调是从施工后开始要一直持续到联调联试结束,此过程可分为两部分,依次为静态调整和动态调整。

1.静态调整的含义及意义

无砟轨道静态调整是在轨道施工完成后就开始进行,此时并没有高速列车在轨道上测试运行,而是利用轨道检测小车采集轨道静态的外业数据,然后对这些采集到的轨道数据进行处理,得到轨道静态平顺性的相关信息。根据这些信息找到轨道的问题区段,最后把这些区段轨道的几何尺寸和线形偏差等调整到规范允许的范围之内,使轨道达到"高平顺"的状态。静态调整常使用轨道高低、轨向、轨距等这些参数来控制调整。

轨道的平顺性调整包括静态平顺性调整和动态平顺性调整。其中,静态调整是动态调整的基础,静态调整的质量高低决定了动态调整时采集到的数据的质量和动态调整的工作量;而且静态调整的调整量比动态调整大很多,如果静态调整没有调整充分,动态调整几乎不可能成功,所以静态调整是轨道调整的核心内容,决定了整个轨道调整质量的好坏。

2.无砟轨道的几何不平顺分类

轨道几何不平顺包括的内容很多,一般是指轨道的形状、大小、中线位置和高程等与原先设计好的轨道(又称正常状态下的轨道)形状、大小、中线位置和高程等的差值,又称几何偏差。比如,直线形轨道不够直、有弯曲或者折角,曲线形轨道的半径过大或者过小,轨道的轨距没有达到规范要求等都是属于轨道几何不平顺。在探讨研究哈大高速铁路工程中的无砟轨道精调施工技术之前,由于轨道几何不平顺有很多种,所以非常有必要说明一下轨道几何不平顺的分类,一般是依据对车辆激扰的方向和轨道不平顺波长来分类。

(1)按激扰方向分类

轨道某处不平顺会引起列车之间的作用力,此作用力的方向就是轨道对车辆的激扰方向。轨道对车辆的激扰方向主要可分为垂向、横向和复合方向(即垂向和横向的混合)三种,具体详细分类方式如表12-1所示。

按对车辆激扰方向分类的轨道几何不平顺 表12-1

不平顺类型		不平顺的含义
垂向不平顺	高低不平顺	沿钢轨方向,在垂向的凹凸不平钢轨截面上,左右两轨顶面高差的变化、左右两轨顶面相对轨道平面的扭曲轧制校直时,轨身垂向周期性弯曲
	水平不平顺	
	扭曲不平顺	
	新轨轨身垂向周期性不平顺	
横向不平顺	轨道方向不平顺	沿钢轨方向,轨道内侧面横向凹凸不平两钢轨最小内侧距离相对标准的偏差轧制校直时,轨身横向周期性弯曲
	轨距偏差	
	轨身横向周期性不平顺	
复合不平顺		同时存在垂向和横向不平顺

(2)按轨道不平顺波长分类

轨道几何不平顺还可以按照波长进行分类,这里的波长是指偏差达一定值时两个测点之间沿钢轨方向的距离。其波长范围非常广,最短的只有几毫米,最长的可长达几百米,波长范围广究其原因是因为不平顺是随机出现的。其具体分类如表12-2所示。

按对车辆激扰方向分类的轨道几何不平顺 表12-2

不平顺类型	波长的范围	可能的幅值范围	包括的常见不平顺
短波不平顺	几毫米到几十毫米	1mm 以内	擦伤、剥离掉块、焊缝、轨面不平顺、波纹磨耗波浪形磨耗、轨枕间距不平顺
	几百毫米	2mm 以内	
中波不平顺	$1 \sim 3.5$mm	$0.1 \sim 1$mm	新轨轨身不平顺高低、轨向、扭曲、水平、轨距
	$3 \sim 30$mm	$1 \sim 35$mm	
长波不平顺	$30 \sim 150$mm	$1 \sim 60$mm	高低、轨向不平顺

(3)静态调整中轨道平顺性的控制方法

轨道静态平顺指标包括很多内容,常见的比如高低、方向和轨距,等等。轨道静态调整就是希望通过一些控制方法来控制调整这些平顺性指标,对轨道进行平顺调整。在这些需要控制的平顺性指标中,高低和方向是重中之重,我国控制这两个平顺性指标主要是采用10m 弦法和30/300m 弦法,其中10m 弦法是利用其正矢差来控制这两个指标,而30/300m弦法是利用其相隔的5/50m 两个测点的校核值来控制这两个指标。

我国高速铁路建设和运营时间还太短,没有很多平顺性控制的经验,其中10m 弦法是以前国内普通铁路采用的平顺性控制方法,此方法有较多地方不适合于高速铁路无砟轨道,而30/300m 弦法是从国外引进的平顺性控制方法,这个方法并没有被规范录入,但是有少数工程会采用这种控制方法,因为它更适合于高速铁路的无砟轨道。

3.无砟轨道静态调整技术

(1)静态调整控制标准及测前准备

对轨道进行静态调整时,首先要知道评估和控制轨道平顺性的指标有哪些,目前我国主要有高低、轨向和轨距等若干个指标。早在我国开始大规模发展高速铁路之前,铁道部就公布了有关高速铁路无砟轨道静态调整的技术标准。但是那个时候,国内还没有足够的高速铁路施工和精调的实践与经验,只能根据以前国内普通铁路(那时国内几乎全是有砟轨道)的施工和调整经验制定了这个技术标准,在这个技术标准里就规定了采用10m弦法进行平顺控制,并且轨道水平和轨距的平顺性允许偏差制定为±1mm。10m弦法有很多局限性并且在对无砟轨道平顺性的控制上有很多不兼容的地方,再者水平和轨距的允许偏差范围过小,很多高铁客运专线做不到这个偏差范围。随着更多新型的无砟轨道被应用于工程中和不断引进国外先进的设备和技术,现在很多客运专线都是采用德国的一些技术标准和精调方法。轨道几何状态静态平顺允许偏差见表12-3,此表是通过我国各客运专线的精调经验。

轨道几何状态静态平顺性允许偏差 表12-3

项　　目		平顺性允许偏差
轨距		±2mm
高低	弦长30m	2mm/5m
	弦长300m	10mm/150m
轨向	弦长30m	2mm/5m
	弦长300m	10mm/150m
扭曲(基长3m)		3mm
水平		±2mm
轨距变化率		1/1000

(2)静态调整施工工艺

静态调整施工工艺如图12-1所示。

(3)轨道调整

轨道是以轨枕编号进行定位的,找出需要调整的区段的轨枕编号,并带上相应的扣件装备去这个区段,到了要调整的轨道区段处,不要直接对轨道进行调整,要先对调整量计算表进行复核,因为调整量计算表只是软件模拟计算出来的,实际中调整量表中标示要调整的数据很多在轨道处其实都不用调整,并没有偏差,所以现场复核是非常有必要的。复核的手段就是采用传统的钢轨测量方法,由人工操作道尺和弦绳进行复核。

复核后,如果发现调整量表中的偏差是确实存在的,那么就要开始调整该处的轨道。在调整之前,首先要在被调整的轨道处留下调整标识。先调整基本轨,所以首先在基本轨上留下相应的调整标识,标识做完后,即开始调整。基本轨的调整通过添加、抽出或者更换扣件系统的垫片来实现。

基准轨调整完成后,就固定好基准轨,然后开始调整非基准轨。非基准轨在调整前也要复核调整量表,然后将相应的调整量标识在被调整轨道的相应位置。标识做完后,即开始调整非基本轨。非基本轨的调整同样是利用扣件系统的垫片来实现。最后做好现场记录,包括采用的扣件型号、测具型号等。

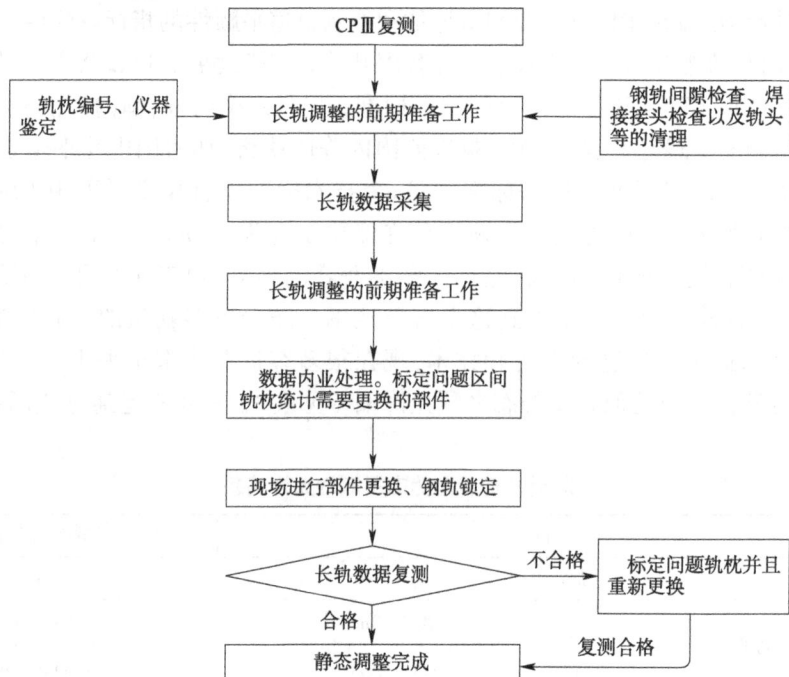

图 12-1　静态调整施工工艺流程图

(4)轨道复测

静态调整完成后,应对轨道进行复测,复测不合格的,要重新调整。

二、动态调整概述

静态调整结束后,轨道精调就进入动态调整阶段,动态调整的开始意味着联调联试的开始,整个动态调整都是在联调联试中完成的,动态调整完成后,则联调联试也结束。动态调整是轨道精调的最后一步,动态调整验收后,则轨道可以通车。动态调整首先要采集轨道的动态外业数据,然后对这些外业数据进行处理与分析,找出有问题的局部或整体区段轨道,对其进行调整。但是注意动态调整是对轨道进行微调和线形优化,而且动态调整考虑了轮轨荷载,所以动态调整更具有综合性,尤其是要对很多动力学指标进行调整,以提高轨道动态精度。

1.动态调整的意义

动态调整的第一步就是轨道的动态外业数据采集,这一步骤也称为轨道的动态检测。轨道的动态检测非常重要,可以为轨道的调整提供调整指导和找出轨道的病害类型和位置,并且动态检测数据在后期维修养护轨道时,也可以作为维修养护的指导资料。静态调整毕竟是在没有高速列车跑轨的情况下进行轨道检测和调整,但是轨道最终是要通车投入运营的,所以轨道的动态检测非常必要,只有通过动态检测数据调整好轨道,这样轨道通车才万无一失。目前轨道动态检测主要是靠高速动检车综合检测车、低速轨检车和一些其他设备执行。

动态调整主要是微调轨道的一些局部缺陷,通过动态检测得到的数据,分析出轨道的问题区段,然后针对问题区段进行调整。在调整前,首先要把问题轨道的病害内容搞清楚,包括病害类型和病害原因等都要分析出来。因为动态调整不只是一个调整量的问题,还考虑了很多指标,所以动态调整是个综合的过程,针对病害找出主要原因,并且确保调整后不会导致轨道其他部位发生不良的变化;动态调整还包括轨道整体调整,以使轨道更加平顺。动态调整的结果直接影响轨道的使用性能,所以动态调整至关重要。一般动态调整先让低速轨检车跑轨,检测出低速的外业数据,然后调整轨道直到其具备高速行车的能力,此时可以在轨道上运行高速动检车,进行动态调整的最终调试。

动态调整其实是对静态调整进行查漏补缺和改正静态调整中的一些失误,因为静态调整只是根据调整量来调整具体的轨道,至于因此步调整引起的轨道其他变化无法处理,而动态调整就可以把静态中的这些失误修正过来。同时动态调整考虑轮轨荷载,所以动态调整会使轨道和列车之间的匹配更加完善,并且能对轨道的线形等进行进一步的优化,使轨道的平顺性等更上一层楼。动态调整是轨道精调的最后一步,也是决定性的一步,动态调整的结果好坏直接决定轨道是否能够通车,动态调整的数据是无砟轨道精调工作好坏的根本表现和唯一指标。

2.动态检测项目和标准

动态调整中(即联调联试期间)采用的动态检测手段主要有:速度低于160km/h的低速轨检车、速度在250km/h以上的高速动检车及其他一些检测设备。

(1)轨检车检测项目

轨道检测车(简称轨检车)一般是低速列车,其检测的项目不仅包括轨道几何平顺指标,还包括行车加速度等项目。现在世界上的轨检车基本都是采用惯性基准测量原理来进行项目检测。

①轨道几何参数

轨道几何参数主要是反映轨道位置、形状以及大小等的参数,主要包括轨道高低、轨向等。

②曲率

曲率是指单位长度的弦长对应的曲线的圆心角,这是一个描述线路弯曲程度的参数。在轨道工程中,由于现在不少工程都是采用30m弦法来控制轨道的平顺性,所以对曲率的定义有所变化,不再是单位长度的弦,而是30m的弦所对应的曲线轨道的圆心角,单位为°/30m。可知对应的圆心角的度数越大,曲率自然就越大,线路的弯曲程度就越大,说明线路的半径小;反之亦然。曲率的测量很简单,当轨检车经过弦的起终点时,用全站仪记录轨检车方向的改变值。

③车辆振动加速度

轨道如果不平顺的话,车辆在轨道上跑轨时,就会引起车辆的振动颠簸,这种振动的加速度会影响乘客的舒适性,如果振动严重的话,甚至会影响行车安全。这种振动加速度就称为车辆振动加速度,车辆振动加速度的方向有横向和纵向,但是由于此加速度的成因可以是各种轨道不平顺,所以无法通过这个加速度判断轨道不平顺的类型,并且振动加速度的大小还与行车速度有关,所以这个参数一般不单独作为评定轨道状态的指标。此指标可以辅助检测轨道的复合不平顺。

(2)动检车检测项目

高速铁路动力学检测车(简称动检车)的检测项目和轨检车差不多,检测项目有轨道几何平顺指标、行车加速度,等等,但是动检车在有这些检测项目的基础上,还增加了一些其他检测项目,并且动检车一般都是高速列车。

①轨道几何参数

动检车检测的轨道几何平顺性指标与轨检车差不多,主要包括高低、轨向等。

②动力学指标

在轨道上运行的列车和轨道之间存在复杂的作用力,尤其是高速列车,与轨道之间的作用力对列车和轨道来说都是影响巨大。所以,动检车增加了动力学指标的检测项目,列车与轨道之间的轮轨作用力不仅影响轨道的维修养护,更是能影响到行车安全,列车脱轨是非常严重的安全事故,而轮轨作用力如果没有处理好,列车很有可能会脱轨,所以检测轮轨作用力是非常有必要的。在所有动力学指标中,有两个指标尤为重要,即脱轨系数和减载率。其中脱轨系数是钢轨横向力和垂向力的比值,用横向力除以垂向力,此值若超过规范要求,则列车有可能会脱轨;减载率是用钢轨垂向力的改变值除以钢轨原来的垂向力,这是一个反映钢轨垂向力变化的参数,这个参数也对列车是否脱轨影响很大。

③轨距变化率等检测项目

沿着钢轨长度方向,在单位长度钢轨上发生的轨距变化值,即为轨距变化率;由于轨道的轨向不够平顺,导致行车横向加速度产生一些变化,即为横加变化率;还有一些其他的检测项目,等等。

需要注意的是,虽然轨检车和动检车的检测项目不一样,但是输出的数据分析结果是一样的,都是波形图和检测报告。

(3)动态检测标准

在轨检车和动检车对轨道开始动态检测后,必须有轨道动态评判标准,这样才能对轨道各个项目指标进行评分和超限判定。动态调整中的检测标准,可见表12-4、表12-5。

轨道不平顺动态管理值　　　　　　　　　　表12-4

项 目		作业验收	计划维修	舒适度	临时补修	限速200km/h
偏差等级		—	I	II	III	IV
验收等级		验收I级	验收II级	—	—	—
42m波长	高低(mm)	3	5	8	10	11
	轨向(mm)	3	4	5	6	7
120m波长	高低(mm)	4	7	9	12	15
	轨向(mm)	4	6	8	10	12
轨距(mm)		+3/-2	+4/-3	+6/-4	+7/-5	+8/-6

项　目	作业验收	计划维修	舒适度	临时补修	限速200km/h
水平(mm)	3	5	6	7	8
三角坑(基长3m)(mm)	3	4	5	7	8
车体垂向加速度(m/s²)	—	1.0	1.5	2.0	2.5
车体横向加速度(m/s²)	—	0.6	0.6	1.5	2.0

轨道质量指数管理值 表12-5

项　目	高低(mm)	轨向(mm)	轨距(mm)	水平(mm)	扭曲(mm)	TQI(mm)
波长1.5~42m	0.82	0.7×2	0.6	0.7	0.7	5.0
波长42~120m	2.0×2	1.5×2	—	—	—	—

动态调整有很多检测项目,但是如果想要综合评价一段轨道的整体质量,这些项目都不能做到,必须将若干项目进行综合整理,创造出一个综合性的指标,用来评价轨道整体上的状态好坏。由此,从国外引进了轨道不平顺质量指数,简称 TQI,它是由高低、水平及轨距等7 个项目综合出来的指标,可以用来评价轨道的整体质量。TQI 值越小越好,其值越小,说明轨道越平顺。TQI 是一个统计值,反映轨道各种不平顺的分布情况,其值越大,说明轨道的不平顺状态越复杂,或者说越不平顺。TQI 的计算式为:

$$TQI = \sum \sigma_i \tag{12-1}$$

$$\sigma_i = \sqrt{\frac{1}{n}\sum_{j=1}^{n}(x_{ij}^2 - x_i^2)} \tag{12-2}$$

$$x'_i = \frac{1}{n}\sum_{j=1}^{n}x_{ij} \tag{12-3}$$

式中:σ_i——各指标的几何不平顺的标准差,其中 $i = 1、2、3、4\cdots7$,分别代表左轨高低、右轨高低、左轨轨向、右轨轨向、轨道轨距、轨面和扭曲;

　　　x_{ij}——在某一区段内各指标几何不平顺的幅值,其中 $i = 1、2、3\cdots7$,$j = 1、2、3、4\cdots n$;

　　　n——采样点的个数。

表 12-6 是动态调整中各种动力学指标的评判标准,这个标准是为确保列车行车安全而制定的,并且主要针对动检车的检测项目。

车辆动态响应加速度检测评判标准 表12-6

检测项目	评价标准	检测项目	评价标准
轮轴横向力(kN)	≤48.03	横向平稳性	优:≤2.5,良:2.5~2.7,合格:2.75~3.0
脱轨系数 Q/p	≤0.80	垂向平稳性	优:≤2.5,良:2.5~2.7,合格:2.75~3.0
轮轴减载率 $\Delta p/p$	≤0.80(双峰)		

注:表中"Q""p"和"Δp"分别代表钢轨横向力、垂向力和垂向力改变值。

3. 动态调整目标值和工艺流程

(1)动态阶段的目标值

动态调整的检测项目非常多,这样首先会使动态检测的数据量很大,还会导致关检测项目的标准会很多,这些标准一多,就很难找到一个调整的目标,不知道调整是要让哪些参数合格,并且这些参数合格的标准是多少,等等。这时就需要为动态调整制定目标值,那么目标值如何制定？现在国内很多客运专线都是通过积累工程经验来不断完善目标值的制定。

（2）动态调整工艺流程

动态调整工艺流程为：慢速轨检车检测→高速轨检车检测→高速动检车检测→动态轨检数据收集→动态轨检数据处理→动态轨检数据理论分析→超限点的现场复查和局部阶段动态调整处理→轨道的整体阶段动态调整→轨道的动力学指标动态调整→验收合格→交付运营。

4.轨道动态不平顺调整

（1）轨道局部不平顺分析与调整

动态调整中，首先进行局部不平顺调整，然后进行整体不平顺调整，最后进行动力学指标的调整。轨道局部区段上的缺陷，即为局部不平顺。超限报告表里Ⅰ、Ⅱ、Ⅲ、Ⅳ级超限点属于局部不平顺，波形图中幅值特别大或者波形突然变形的点也属于局部不平顺，还有动力学指标（此处动力学指标只是指加速度超限的点），也属于局部不平顺。当然局部不平顺还包括很多其他内容，在这里只是列举了最常见的三个。在对局部不平顺进行调整前，必须先把局部不平顺的位置和类型弄清楚，此时可依据检测数据来查找和分析局部不平顺。

到现场对轨道进行调整时，要复核检查轨道的几何形状，还要检查轨道的结构是否损坏，如扣件有没有被破坏，接头有没有松掉等，因为很多时候通过波形图和报告表分析出来有局部不平顺，但是到现场复核检查轨道几何尺寸时检测不到不平顺，往往这种不平顺都是轨道结构损坏导致的，不能忽略；在检查轨道时，还要注意将现场轨道情况与波形图和报告表结合起来，准确分析出局部不平顺的类型、原因和调整的关键；再者，不仅要检查轨道看得到的部分，还要检查看不到的部分；最后，要注意复合病害，不能针对一处超限，就调整一个病害，往往很多超限点是复合病害，在调整前，必须依据波形图等资料，在现场用工具确定其是不是还有其他病害，如果是复合病害，必须升级处理。

局部不平顺分析及调整主要针对的是几何不平顺等级超限点的处理，先是动态检测数据的理论分析，判别出不平顺的类型，找出全部的关键不平顺的部位；然后进行实际调查调整。

（2）轨道整体不平顺分析与调整

局部不平顺的调整完成后，即开始进行整体不平顺调整。轨道整体上的平顺不足，即为整体不平顺。TQI值超标的轨道区段属于整体不平顺，连续多点是Ⅰ级超限点的轨道区段也属于整体不平顺，还有在波形图中有连续多波不平顺存在的轨道区段也属于整体不平顺。当然整体不平顺还包括很多其他内容，在这里只列举了最常见的三个。在对整体不平顺进行调整前，必须先把整体不平顺的位置和类型弄清楚，此时可依据检测数据来分析整体不平顺。

轨道整体不平顺反映的是轨道整体的质量，那么检测数据也必须是对轨道整体状态的一个分析，调整轨道整体不平顺就是对轨道执行一个全面系统的调整，不是对轨道某一处进行调整，而是对轨道某一段进行调整。此时就需要一个评价轨道整体质量的指标，哈大工程中采用的就是TQI值，用TQI来评价轨道的整体不平顺。TQI值越大，整体平顺性越差。

轨道整体不平顺分析及调整主要针对的是值超标的处理，先是动态检测数据的理论分析（TQI值报告表和轨道状态图）、判别出区段整体不平顺的类型、找出整体不平顺的TQI值降低的关键单项指标，然后分析各个单项指标的关系，并进行实际调查调整。

（3）动力学指标超标的调整

动力学指标数据基本全由动检车给出，动检车给出的动力学指标数据是与动力学指标标准放在一起,超限的指标用红色注明,动力学指标主要依据动力学指标标准来进行调整,找出动力指标超标的原因,然后使超标的项目值降到标准范围之内,以满足标准要求。

　　通过动力学指标超标分析调整发现,动力学指标的数据信息很简单,只是对照标准,然后用红色注明超标的指标,但是动力学指标超标的处理,首先必须找出超标的原因,原因通常在局部不平顺中,也有少部分会在整体不平顺中,通过动力学指标超标表的提示,找到相应位置的局部不平顺的波形图和超限报告表,寻找动力学指标超标的原因,然后调整,使动力学指标降入标准值范围之内。所以动力学指标的分析调整是对局部和整体不平顺分析调整的完善、查漏。动态调整结束后,还必须对轨道执行全面复测,确定轨道精度满足标准要求后,才可开通线路。

任务三　CRTS I 型板式无砟轨道精调方案

学习目标:

(1)掌握施工准备的基本内容。
(2)掌握轨排粗调的作业方法。
(3)掌握轨排精调的作业方法以及精度要求。

任务描述:

　　本任务要求学生重点掌握CRTS I 型板式无砟轨道精调,关于施工准备的基本内容,以及轨排精调的作业方法和精度要求。

相关知识:

一、施工准备

1. 人员配置
施工人员应结合实际施工情况、设备、工期要求进行合理配置,通常每工作面配置测量人员 3 人、调整人员 4 人,见表 12-7。

人员配置表(单作业面)　　　　　　　　表 12-7

项目名称	工　种	人数(个)	备　注
轨排精调 (7人)	仪器操作	3	全站仪、小车操作,棱镜安装等
	精调操作	4	轨排平面、高程调节

2. 设备配置
通常每个精调工作面配置轨检小车 1 台、全站仪 1 台,具体配置见表 12-8。

轨排精调设备表(单作业面)　　　　　　　　表 12-8

序　号	设　备	数　量	用　途
1	轨道几何状态测量仪	1 套	测量轨道几何状态

序　号	设　　备	数　量	用　　途
2	全站仪	1台	自动测量轨道几何状态测量仪上的棱镜
3	CPⅢ目标棱镜	8个	全站仪自由设站边角交会的目标
4	气象量测仪器	1套	用于测距温度、气压改正
5	螺杆支撑调整体系	1组	调整轨排
6	测力扳手	若干	紧固扣件

二、轨排粗调

轨排粗调采用全站仪配合轨检小车进行,按照先中线后水平的顺序循环进行,中线调整时采用开口扳手对轨向锁定器进行调整,高程调整时采用套筒扳手对竖向螺杆进行调整,竖向螺杆每旋转120°将升降1mm。粗调后的轨道位置误差控制在中线±3mm、高程(-3~0)mm以内。

轨排粗调时应注意:①先对偏差较大部位进行调整,分多次进行,避免钢轨出现硬弯;②粗调完成后将鱼尾板螺栓拧紧,钢轨接头处应平顺,不得有错牙;③要防止每榀框架就位带来的纵向错位误差,每就位一榀就要量出该榀框架纵向就位误差,在下一榀框架就位时抵消该误差。

粗调时全站仪采用自由设站法定位,设站时至少观测附近4对CPⅢ点基准控制点棱镜,设站间距不得大于70m,两次设站至少重叠观测2对CPⅢ点。

三、轨排精调

(1)准备工作

①轨排精调基本条件:同一孔梁上的其他施工必须暂停,禁止车辆通行,特别是轨行龙门吊必须停止施工,精调作业完成后方可施工。

②精调开始前,清扫钢轨和精调小车的轮子,确保钢轨及精调小车轮子清洁干净,清扫完成后,严禁任何人踩踏。

③负责轨排精调的测量人员必须固定。

④扣件应安装正确,无缺少、无损坏、无污染,扭力矩达到设计标准,弹条中枝部与轨距挡板凸出部分应密贴,最大空隙不应大于0.5mm。

(2)精调流程

CRTS Ⅰ型双块式无砟轨道精调施工流程如图12-2所示。

(3)仪器检校

全站仪每班使用前,或在精调测量中出现偏差较大时,需对全站仪进行检核:

①补偿器检核:仪器转动180°后水准气泡显示数值应在

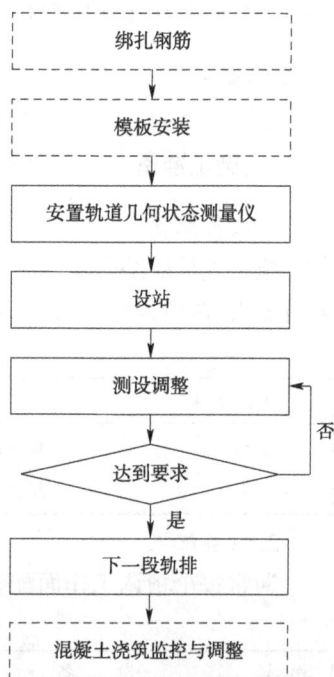

图12-2　无砟轨道精调作业流程图

5 以内；

②正倒镜测量同一点的检核：竖直角和水平角相加或相减与 360°或 180°较差应在 3″以内。

若检核指标合格，可直接进行设站；若检核指标超限，应对全站仪进行校正，在气象条件较好的条件下对全站仪进行组合校准和水平轴倾角误差校准，检查全站仪 ATR 工作状态是否良好。直至检核指标合格后，方可进行设站。

每天精调测量开始时，或环境温度急剧变化后，应对精调小车的倾角传感器进行校核，校核后正反两次测量的超高、轨距偏差应在 0.3mm 以内。

（4）全站仪设站

采用高精度全站仪观测 4 对连续的 CPⅢ点，自动平差、计算确定设站位置，如偏差大于 0.7mm 时，删除精度最低的 CPⅢ点后重新设站。站点前后必须有一个 60m 以上的控制点参与设站。全站仪设站位置应选在待调轨道线路中线，且与最近处 CPⅢ点距离不宜小于 15m。

改变测站位置后，必须至少交叉观测后方利用过的 6 个控制点，并复测至少已完成精调的一组轨排，如偏差大于 2mm 时，重新设站。轨排精调全站仪设站如图 12-3 所示。

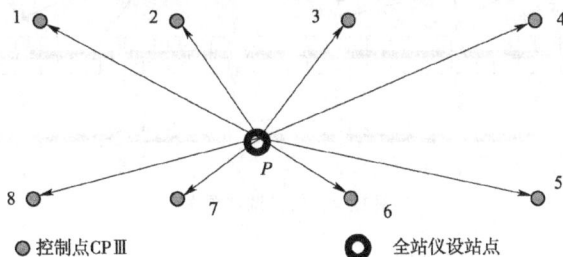

图 12-3　轨排精调全站仪设站示意图

（5）测量轨道数据

全站仪设站完成后，使用全站仪测量轨道状态测量仪棱镜。小车自动测量轨距、超高、水平位置，接收观测数据，通过配套软件，计算轨道平面位置、水平、超高、轨距等数据，将误差值迅速反馈到轨道状态测量仪的计算机显示屏幕上，指导轨道调整。

将小车推至与全站仪 60m 以内的位置，待小车稳定后，多次采集数据查看数据是否处于稳定状态，如果不稳定，则将小车再往前推一段距离重复上述工作，直到稳定的工作距离位置，在环境状态稳定的情况下，将此距离作为一测站的工作距离。

测量时轨检小车应由远及近靠近全站仪的方向进行测量，以减小全站仪随着设站时间延长产生的精度降低的影响。轨检小车推到采集位置时应等数据显示稳定后，方可进行保存并进行下一点的测量，严禁数据显示跳动很大时进行采集。采集过程中对测量点的编号应顺序输入，避免重复。

（6）轨排调整

用轨检小车和全站仪逐一检测每根轨枕处的轨顶高程、轨道中线位置、钢轨间距、方向、水平等几何形态，并进行调整。精调过程最少分 3 次进行：第一次是粗略调整，将误差控制在 2mm 以内；第二次精调整，将误差控制在高程 0～−0.5mm，左右轨轨面相对高差 ±0.2mm，中线位置 0mm；最后一次微调并采集数据，确保最终精调结果满足相邻轨枕的中线和高程绝对值变化率不大于 1‰。

①平面调整

采用与横向调节杆上螺母配套的开口扳手调节左右轨向锁定器,调整轨道中线,一次调整2组,左右各配置2人同时作业。在调整过程中,全站仪一直测量轨道状态测量仪棱镜,接收观测数据,通过配套软件,将误差值迅速反馈到轨道状态测量仪的计算机显示屏幕上,直到误差值满足要求后调整结束;紧扣一侧将中线调整到位,在仪器监控下拧紧松扣一侧,在此过程中,不得扰动已调整好的中线。

②高程调整

粗调后顶面标高略低于设计顶面标高。采用配套扳手,旋转竖向螺杆,调整轨道水平、超高(旋松超高调整器,调整轨排倾角,使轨排框架至设计标高,旋紧两侧竖向螺杆,使竖向螺杆与地面垂直)。调整后人工检查螺杆与混凝土是否密贴,保证螺杆底部不悬空。调整螺柱时要缓慢进行,旋转90°为高程变化1mm。精调顺序为:1→4→5→8→2→3→6→7→1→2→3→4→5→6→7→8。轨排调整顺序见图12-4。

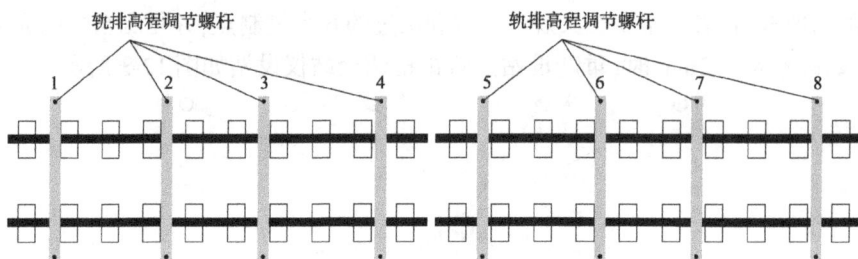

图12-4 轨排调整顺序

四、精调标准

在精调测量完成后,质检工程师、技术员、测量工程师及时检查数据,合格后报监理工程师。轨排精确调整后其几何形位允许偏差应符合表12-9。

轨排几何形位允许偏差 表12-9

序 号	项 目		容许偏差	备 注
1	轨距		±1mm	相对于标准轨距1435mm
			1/1500	变化率
2	轨向		2mm	弦长10m
			2mm/测点间距8a(m)	基线长48a(m)
3	高低		2mm	弦长10m
			2mm/测点间距8a(m)	基线长48a(m)
4	水平		2mm	不包含曲线、缓和曲线上的超高值
5	扭曲(基长3m)		2mm	包含缓和曲线上由于超高顺坡所造成的扭曲量
6	轨面高程	一般情况	±2mm	
		紧靠站台	0~2mm	
7	轨道中线		2mm	
8	线间距		0~5mm	

五、注意事项

(1)顺接过渡方法。前一站调整完成后,下一站调整时需重叠上一站调整过的8~10根轨枕。在CPⅢ点精度、设站精度、全站仪精度、测量小车精度符合规范要求的情况下,两设站点测量同测点的绝对偏差值中线不大于0.5mm、高程不大于2mm;若偏差大于以上数据,则需要查找分析原因,首先是检查设站点1和设站点2的设站精度,如设站精度没有问题,则需要对CPⅢ控制点进行复测,以确保CPⅢ点的整体精度;过渡段从顺接段后的第一个轨排架开始,每枕的数据递减值宜小于0.2mm,直到绝对偏差约为零为止。

(2)所有测量仪器必须按相关标准实行定期检定。

(3)测量区域停止其他施工作业。

(4)轨排精调后采取设置围栏(彩色三角旗),并悬挂"精调区域,禁止跨越"标识牌等防护措施,确保轨排不被踩踏和撞击。

(5)轨排精调后尽早浇筑混凝土,如果轨排受到外部扰动,或放置时间过长(12h),或环境温度变化超过15℃时,必须重新检查确认合格后,方能浇筑混凝土。

(6)轨排组装用的工具轨应采用与正线轨型相同的钢轨,工具轨应无磨损、变形、损伤、毛刺等。

(7)精调完成后应锁定侧向支撑装置,固定轨排;轨排固定装置应有足够的强度、刚度和稳定性,确保混凝土浇筑时轨排不会发生位移和变形。

任务四 CRTSⅡ型板式无砟轨道精调方案

学习目标:

(1)掌握施工准备的基本内容。

(2)掌握轨排粗调的作业方法。

(3)掌握轨排精调的作业方法以及精度要求。

任务描述:

本任务内容包括:CRTSⅡ型板式无砟轨道精调,关于施工准备的基本内容,以及轨排精调的作业方法和精度要求。

相关知识:

一、CRTSⅡ型板精调前的准备工作

Ⅱ型板精调前期的准备工作包括精调设备的选择、人员的组织及培训、GRP基准点的接收、精调测量数据的计算等。

1.精调设备的选择

CRTS Ⅱ型板精调用到的主要设备见表12-10。

主 要 设 备 列 表

表 12-10

序　号	设备名称	数　量	单　位	可选配置
1	数据传输电台	2	部	无线传输/电缆连接
2	工控机	1	台	笔记本电脑/PDA
3	全站仪	1	台	测角≤1″，测距精度≤(1+1.5)mm
4	后视棱镜	1	个	配强制对中基座
5	标准标架	1	部	—
6	测量标架	4	部	—
7	分屏显示器	6	部	—
8	强制对中基座	2	个	与标架系统配套
9	倾斜传感器	2	个	置于测量标架上
10	车辆	1	部	设备人员运输

2.人员的组织及培训

Ⅱ型轨道板精调测量人员每班组配置一名测量组长，负责设备仪器的保养、现场工作及调板结果的确认；一名测量工，负责仪器架设、标架安装，辅助测量组长工作；调整工人6名，负责根据软件显示偏差调整轨道板，辅助测量人员进行板的调整。测量人员和调板工人须经过专门的培训后方可上岗作业，一般可要求设备厂商对测量人员进行现场的培训。测量人员需对整个精调系统有全面了解，熟悉软件的应用及设置，避免因系统设置或对系统的不了解产生调板系统错误；调板工人可由测量人员培训，避免调板工人左右不协调拉裂轨道板或损坏板上锯齿纹。

3.GRP基准点的接收

GRP基准控制网控制点作为控制轨道平面及高程的基准点，因此要严把基准网控制点精度关。GRP基准控制网一般由GRP测量单位独立完成，并在内业进行数据的检核和平差作业，板精调测量单位要对GRP平差文件进行复核效验，复核无误后方可采用。

4.精调测量数据的计算

精调测量数据的计算主要依据板厂的打磨偏差数据及设计线形计算出的设计理论坐标值。由于高速铁路、客运专线对行车的平稳性、舒适性有很严格的要求，因此要求轨道具有高平顺性。而铁路建设过程中受混凝土养护时间、工后沉降、二期荷载、外界温度、桥跨长度及活载的影响不可避免地会对轨道结构平顺性构成影响。因此要综合考虑这些因素的影响，确定一个权值，才能使建成后的轨道达到高平顺性的要求。

(1)施工布板软件的使用

布板软件计算分路基和桥梁两种类型，两者之间的不同点主要是梁体在温度、收缩、徐变、桥面二期恒载以及活载等因素影响下将发生变形，这就需要将这些即将发生的变形量预先考虑到各种计算的理论坐标中，使结构在完成后最终处于一种较理想的状态。而路基上的各种理论数据计算不需考虑变形，直接计算即可。

布板软件数据处理流程如图12-5所示。

(2)数据处理流程

首先建立里程文件，里程文件包含桥墩编号(根据桥墩编号附加字母区别桥名)及里程；

206

建立区段桥梁分布分别定义桥墩,包含梁号、前墩号、后墩号、梁长、跨度、沉放系数、梁型及浇筑日期;定义断面后即可计算桥梁上任意里程或任意轨道板缝处断面点的三维坐标。

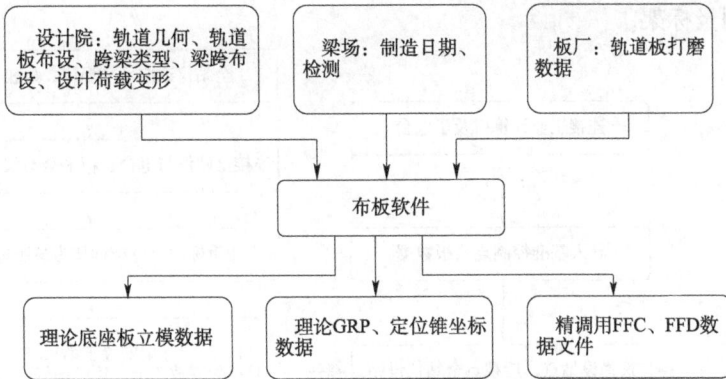

图 12-5　布板软件数据处理流程

　　设置完成后即可进入断面坐标计算界面,设置断面,路基段选择无变形计算、桥梁段选择有变形计算,启动计算后程序会自动提示选择打磨数据 FFS 文件,将打磨偏差考虑到精调数据中去。生成板精调数据文件板、精调系统文件和板精调系统棱镜配位文件。对于异形板可在板精调系统棱镜配位文件更改棱镜配位位置即可使用。

　　精调数据的计算结果有棱镜配位文件 FFD 以及板的支点坐标文件 FFC(显示板号、板类型、坐标编号、东坐标、北坐标、高程、代码、基点高、轨距打磨偏差等)。

二、CRTSⅡ型板精调的主要技术要求

　　CRTSⅡ型板(博格板)精调的基础:每块 CRTSⅡ型板结构上具有 10 对在工厂经过精确打磨过的承轨槽;CRTSⅡ型板调板时控制点为相对精度能够达到平面 0.2mm、高程 0.1mm 的基准 GRP 点。全站仪架设在基准点上,通过测量安置在承轨槽上测量标架的棱镜,利用轨道板精调软件计算实测值与理论值的偏差,进而进行调整,直到横向和高程达到相对板内误差 0.3mm,板间误差 0.4mm 精度,完成轨道板的精调板精调测量,采用平面坐标和高程同时施测的方法进行,全站仪设于待调轨道板前一块轨道板端基准点上,测区范围控制在 6.5～19.5m 内。

三、CRTSⅡ型轨道板精调作业流程

　　CRTSⅡ型轨道板精调主要包括:轨道板精调前准备、全站仪及精调标架检校、全站仪设站、安装精调标架、标架棱镜测量、轨道板偏差调整、重复测量棱镜。超限则重新进入轨道板偏差调整步骤,合格则采集保存测量数据。

　　CRTSⅡ型轨道板精调详细流程见图 12-6。

四、CRTSⅡ型轨道板精调

1.精调前的准备

(1)定义以下设置和输入:数据文件夹;控制点文件-GRP;轨道板数据文件夹(＊.FFC、＊.FFD);记录文件夹(＊.LOG,＊.FFE);定向方法。

（2）确定轨道板铺设方向和增量。

（3）检查棱镜设置。

（4）检校测量标架。

```
┌─────────────────────┐        ┌───────────────────────────┐
│连接工业计算机及子电台│        │全站仪适应环境温度、检校全站仪│
└─────────────────────┘        └───────────────────────────┘
           ↓                                 ↓
┌─────────────────────┐        ┌───────────────────────────┐
│导入基准控制点及板数据│        │连接全站仪与电台、精平全站仪及后视棱镜│
└─────────────────────┘        └───────────────────────────┘
           ↓                                 ↓
                                ┌───────────────────────────┐
                                │测量标架以标准标架为参照进行校准│
                                └───────────────────────────┘
                                             ↓
┌──────────────────────┐       ┌───────────────────────────┐
│选择设站点，后视点全站仪设站│←──│1、2、3标架安置于第1、5、10枕上，4│
└──────────────────────┘       │号标架安放于上一块已铺好的板最后一根│
                                │枕上搭接                     │
                                └───────────────────────────┘
           ↓
┌─────────────────────┐
│打开倾斜传感器读取传感器参数│
└─────────────────────┘
           ↓
┌──────────────────┐        ┌──────────────────┐
│测量1号、8号点，调整轨道板的│    │测量3号、6号点调整轨道板│
│方向和高程          │        │的方向和高程        │
└──────────────────┘        └──────────────────┘
           ↓
┌──────────────────┐
│测量2号、7号点调整高程│
└──────────────────┘
           ↓
┌─────────────────────────┐
│测量1、4、5、8号4点，再次调整板平面及高程│
└─────────────────────────┘
           ↓
        ◇完整测量◇ ──不合格──→
           │合格
           ↓
┌─────────┐        ┌─────────┐
│下一块板  │←───────│保存数据  │
└─────────┘        └─────────┘

┌──────────────────┐
│搬站，全站仪、后视棱镜精平│
└──────────────────┘
```

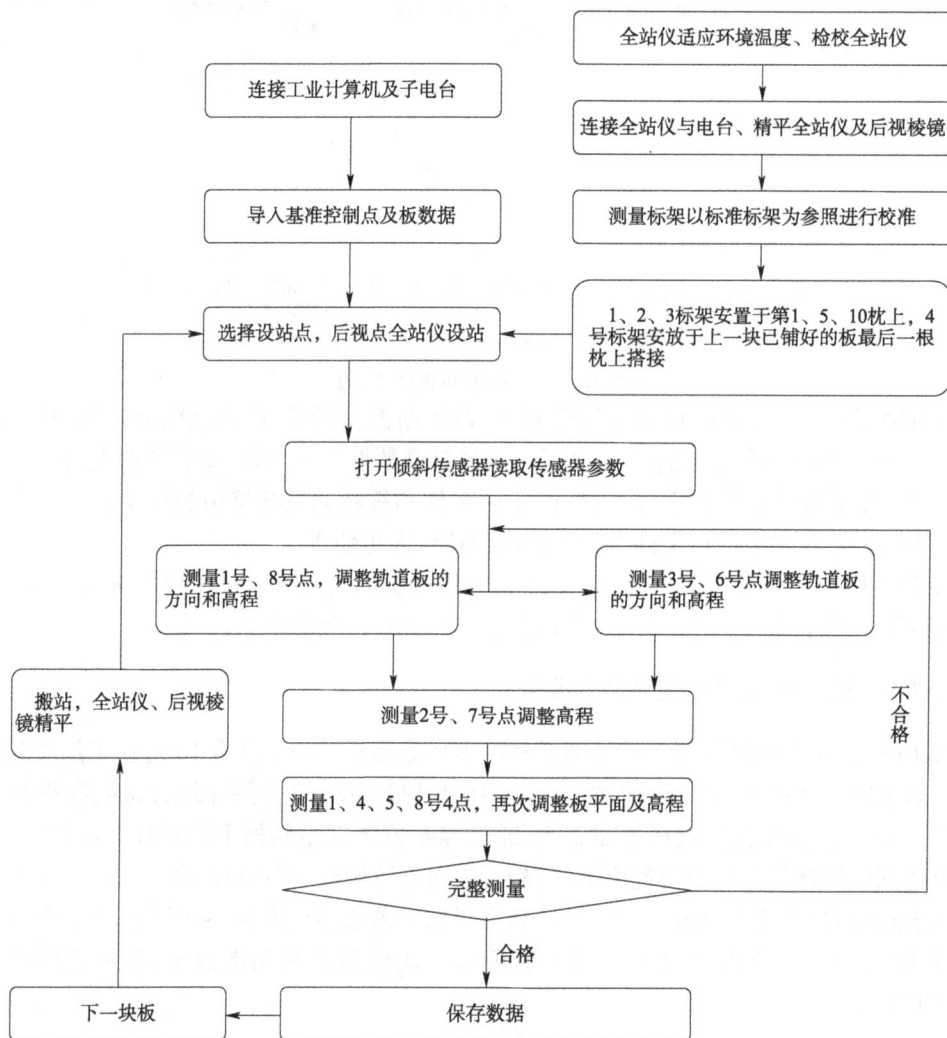

图 12-6　CRTS Ⅱ 型轨道板精调流程

2. 精调标架校核

先将标准标架放在下一块板上任意位置，全站仪方向看标架左侧，放入 0 号棱镜（0 号棱镜放在固定端），全站仪手动照准左棱镜后点击开始测量，全站仪测完后软件会提示手动照准右棱镜，这时将标准架旋转 180°后照准右棱镜（棱镜垂直旋转对准全站仪），点击开始测量，然后依次放入作业标架进行检校，全站仪将自动测量，可获得对应棱镜的改正数。在检测过程中如各标架检测值与标准标架的差超过 0.3mm，则必须重新检测（检测标架需在直线段检测）。

3. 全站仪设站

在已测设完成的 GRP 控制点上按间隔三块板的距离，采用强制对中三脚架架设全站仪及后视点棱镜。采用已知后视点的设站方式进行全站仪定向。全站仪的定向在利用基准点作为定向点观测后,还必须参考前一块已铺设好的轨道板上的最后一对支点,以消除搭接误差。若精调为第一区段,前后无搭接则无参考上一轨道板。

4.安放精调标架

将1~3号精调标架按调板方向依次安放在板的第1、5、10号承轨台上,4号棱镜放在已经调整完成板的第10号承轨台上做搭接处理,搭接处理的目的是为了使轨道的相对精度满足列车运行平顺性的要求。

5.轨道板调整作业

(1)搭接区处理

调整搭接端,将当前调整板和已调整好的板设置为大体一致。根据设站情况,如果下一站与上一站设站精度满足,则工人可根据现场情况调整下一测区的轨道板与上一区段的最后一块板相吻合;如果搭接处不能满足设站的精度要求,则可重新定义远端后视点,如果仍不满足设站精度,则需对上一测区重新设站调整。

(2)调整轨道板头尾方向和标高

启动精调软件,软件指挥全站仪观测轨道板的头、尾的水平、竖向位置,得出偏差数据进行精确调整。轨道板头尾调整时同一断面的工人操作时要相互协调,避免轨道板两边受拉或者受压,在同一断面的工人应一个拉,一个压,否则或破坏轨道板结构。在调整的过程中如果螺杆达到极限,则需起板垫上木块,重新回位千斤顶后落板重新调整。

(3)调整中部轨道板的竖向支撑

通过全站仪对中部的棱镜进行测量,消除轨道板中部的弯曲误差。此处应仅有上下移动,没有平面移动(板两头安装双向精调千斤顶,中部安装竖向精调千斤顶)。

(4)精调千斤顶精调整方法

千斤顶螺杆每旋转一周调整量为0.8mm,工人先根据第一次测量偏差量计算调整圈数调整,一次调整完后根据第二次调整量进行微调。

(5)调整原则

调整顺序一般为先高程,后平面。所有测量结束后,完整测量精调标架,检查调整结果是否满足规范要求,由组长决定是否要继续调整。满足要求后,对精调后数据进行存储。

(6)测量数据记录

成果记录做好后,转入下一轨道板的调整。

6.精调作业操作要求

每次工班作业前必须对全站仪及精调标架进行校核操作,保证其工作状态良好。精调前,分别在待调轨道板的首端第1条承轨槽、板中央第5条承轨槽、板末端第10条承轨槽以及已经调好的上一轨道板首端第1条承轨槽上架设已检校好的精调标。

全站仪应架设于距待调轨道板端基准点上,全站仪距待调轨道板的距离应在6.5~19.5m范围内。

为保证板与板之间的平顺过渡,除安置第一板轨道板的全站仪定向工作应依据轨道基准点进行,其余轨道板安置的全站仪定向应采用相邻的已精调好的轨道板首端第1条承轨槽上的精调标架定向。

全站仪测量安装在待调轨道板 3 个标架的棱镜,求得实测值与设计值之间的较差,通过精调支架对轨道板进行横向和竖向的调整。

每次设站调整的轨道板应不大于 2 块,测量条件较差时一般只调整一块。

对于不同标段及工区搭接地段,要注意不同单位测设的 GRP 点的顺接问题,包括点号及采用成果必须统一,对已经调好的板要进行平滑搭接处理。

任务五　CRTS Ⅲ型板式无砟轨道精调方案

学习目标:

(1)掌握施工准备的基本内容。
(2)掌握轨排粗调的作业方法。
(3)掌握轨排精调的作业方法以及精度要求。

任务描述:

本任务要求学生重点掌握 CRTS Ⅲ型板式无砟轨道精调,关于施工准备的基本内容,以及轨排精调的作业方法和精度要求。

相关知识:

一、仪器设备

CRTS Ⅲ型板式无砟轨道精调作业主要的设备清单见表 12-11。

主要设备清单　　　　　　　　　　　　　　　　表 12-11

序　号	名　称	数　量	备　注
1	全站仪	1	TCA2003、LeikaTCRP1201 + 等
2	工控机	1	松下 CF-19
3	测量标架	6	
4	标准标架	1	
5	小棱镜	7	
6	徕卡圆棱镜	8	CP Ⅲ 设用站
7	数据传输电台	2	
8	电缆线	1	通信,链接全站仪和数据传输电台
9	供电系统	2	大容量锂电池组
10	精调软件	1	

二、施工工艺

1.精度指标

轨道板精调作业各项精度指标需满足表 12-12 要求。

轨道板精调作业精度指标　　　　　　　　　　表 12-12

序　号	调 整 项 目	允许偏差（mm）
1	高程	±0.5
2	中线	0.5
3	相邻轨道板接缝处承轨台顶面相对高差	0.3
4	相邻轨道板接缝处承轨台顶面平面位置	0.3

2. 准备精调数据

将通过平差的 CPⅢ数据导入全站仪中，用于精调设站。

用精调软件生成精调工程文件，并将轨道板设计文件导入"Slabs"文件夹中。

在工程文件夹里面存放有 4 个子目录和一个 Project. xml 工程文件。"Project.xml"里面存放的是该工程的配置信息；Control Points 子目录里面存放 CPⅣ控件点文件。

Slabs 子目录里面存放设计板文件，可以把所有的设计板文件放到里面，程序将读取所有设计板的数据信息。

Check Line Type 子目录：该目录里存放有两个子目录，即 Points 子目录和 Report 子目录，在 Points 子目录里面存放的是采集点的坐标文件；在 Report 子目录里面存放的是平顺性检测的成果文件，有两种类型的成果文件：

①CRTS Ⅲ型轨道板几何位置检查记录表。在该表中用户可以查当前段板的整体偏差情况及超限的状况等信息。

②CRTS Ⅲ型轨道板平顺性检测表。程序用内差的方法把板上的各轨座的偏差求出，然后生成平顺性检测及动态调整表。

高程的平顺性信息：用户也可以对高程进行动态调整，调整量（扣件量）实时计算并显示。

平面位置的平顺性信息：用户也可以对平面位置进行动态调整，调整量（扣件量）实时计算并显示。

3. 设站

全站仪架设在精调线路中线附近，后视前后 8 个 CPⅢ点，进行自由设站。在换站过程，保证有 4 个 CPⅢ网点与上一测站重合，CPⅢ控制点自由设站精度要满足表 12-13 的要求，以保证站与站的平顺过渡。自由设站见图 12-7。

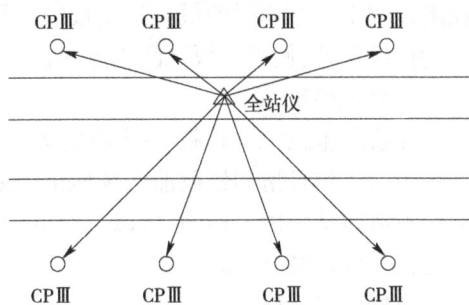

图 12-7　自由设站

CPⅢ自由设站精度　　　　　　　　　　表 12-13

X	≤0.7mm	Y	≤0.7mm
H	≤0.7mm	定向精度	≤2″

自由设站测量完成和精度满足要求后，CPⅢ控制点的坐标不符值限差应满足表 12-14 的要求。

CPⅢ控制点的坐标不符值限差　　　　　　　　表 12-14

X	$\leqslant 1.5\text{mm}$
Y	$\leqslant 1.5\text{mm}$
H	$\leqslant 1.5\text{mm}$

若 CPⅢ控制点坐标不符值限值不满足表 12-14 的要求,在保证 CPⅢ控制点数量不少于 3 对的情况下,应将超限点剔除后再重新进行自由设站。

在自由设站精度与 CPⅢ精度满足要求后,方可继续进行轨道板精调工作。

4. 选板

线路的理论三维线形参数事先导入软件中,根据线路里程情况,可对轨道板及板上的棱镜进行编号,通过数据传输电台控制全站仪的操作。在设站完毕之后,可对轨道板上相应的棱镜进行测量,测量结果通过数据传输电台,传输到调板机具旁上的工控机上。

在菜单里,点击[测量]—[选板]或在工具栏里直接点击选板按钮,弹出选板对话框 。

选板:选择要测量的板,在选择板名称下拉列表中选择当前要调的板。

按里程搜索板名称:如果不知道当前要调的板名称,但知道所处的里程,可以将该板处的一个里程值输入到当前板所在里程文本框内,单击"搜索"按钮,即可把当前板选择上。

温度:由温度传感器自动写入温度值,也可以人工对温度值进行修改。

操作者:输入操作者的姓名。

5. 定向

当全站仪位于新的测站时,要进行定向,以确定全站仪位置、方位及角度改正数。在菜单里,点击[测量]—[定向]或在工具栏里直接点击定向按钮,弹出定向对话框。

板上 3 号、4 号棱镜参与定向:换站时,如果正精调的轨道板上一块轨道板已精调,则需选中板上 3 号、4 号棱镜参与定向,站内不选;选中板上 3 号、4 号棱镜参与定向,则利用全站仪继续测上一站调得的最后一块板的 3 号、4 号棱镜,会对定向进行改正,从而消除站与站之间的搭接误差,使板与板之间平顺过渡。

6. 检校标架

在菜单里,点击[检校]—[检校架]或在工具栏里直接点击检校标架图标,该项工作是在每个新工作日精调作业前必须做的准备工作,对标架的变形进行改正。因为制造出来的标架不可能是一模一样的,所以,此功能用来确定各棱镜在平面和高程上所拥有的改正值,以达整个板精调过程的一致。

检校标架流程:

(1)首先将标准标架放置在现场认为比较标准承轨台上,先放置轨道板左侧承轨台上,将固定端放入轨道板外侧螺旋孔,手工照准标准标架上的棱镜,开始测量。

(2)将标准标架翻转 180°放到轨道板另一侧对应的承轨台上,固定端放入轨道板外侧螺旋孔,手工照准标准标架上的棱镜,开始测量。

①标准标架测量完后,移开标准标架,将需检测的标架都放到标准标架处的左侧承轨台上,并将固定端放入轨道板外侧螺旋孔。

②对放置好的标架进行测量,测量完成。

③点击"保存"按钮,将保存该标架检校的结果。点击"继续"按钮则弹出检校标架对话

框,继续检校标架;点击"关闭"按钮,则退出检校标架。

7.调整

每次设站测量4块板,调整3块板,搭接一块板以消除错台误差。调板机具上的操作人员,可以通过显示器看到待调的轨道板的偏差,进而进行调整,直至合格。调整完成后,全站仪进行复测,直到轨道板达到:绝对误差2mm、板内相对误差高程0.5mm、横向0.5mm、纵向10mm的精度;板间误差高程0.5mm、横向0.5mm的要求,保存完整测量成果,转入下块板调整。

保存完测结果:当完整测量完成后,右侧的保存完测结果按钮变蓝,这时可以保存完测的结果。

任务六　南方轨道精调系统使用简介

学习目标:

(1)了解南方轨道精调系统软件的界面属性。

(2)掌握南方轨道精调系统如何运行。

任务描述:

南方高铁生产的轨道测量仪适用于各种板型(CRTS Ⅰ、CRTS Ⅱ、CRTS Ⅲ型轨道精调及双砭式)无砟轨道施工、轨道板调整及通车后的运营管理。目前南方高速铁路轨道测量仪已成功应用于成灌、哈大、京沪、沪宁、广珠、沪杭等铁路建设中。接下来介绍南方轨道精调系统的使用。

相关知识:

一、进入软件

为了软件的安全性,进入软件时需要登录,默认的用户名是"管理员",默认密码为空,点击确定进入软件。

二、项目

新建项目:本软件采用项目管理的形式,每次进行测量工作前,必须确认项目。

点击文件,新建项目,弹出新建项目对话框。

项目名:填写本次工作的名称,将生成一个"＊.prg"文件,该文件将保存重要的测量工作参数信息。

施工单位:填写施工单位或小组的名称。

负责人:填写测量负责人的姓名。

保存路径:本次工作项目的保存路径。

创建日期:读取的计算机系统日期。

创建时间：读取的计算机系统时间。

确定后进入软件主界面，如图 12-8 所示。

图 12-8　软件主界面

打开项目：打开已经建立的项目，继续上一次的测量工作。打开选择指定路径下的 ＊．prg 文件。

三、文件菜单

1. 新建与打开项目

新建项目：见图 12-8。

打开项目：见图 12-8。

2. 保存与另存为

保存：将本项目保存，改变的项目的基本参数将被保存在项目文件中。

另存为：将本项目保存在其他的指定路径中。

3. 控制点文件及坐标的操作

(1)导入控制点文件

本项目需存储控制点坐标的文件，文件类型为：＊．dpu，如图 12-9 所示。

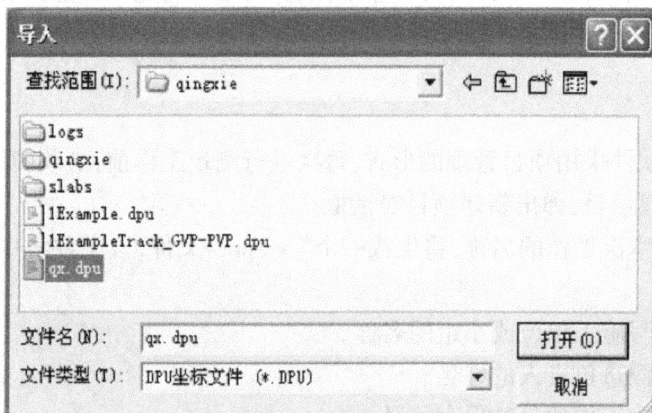

图 12-9　导入控制点文件

文件格式:

实例:900570;24997.556000;58617.215000;8.468000。

说明:点名 ;Y(东)坐标;X(北)坐标 ;高程。

(2)输入控制点

将新的控制点的坐标添加到控制点文件中,如图 12-10 所示。

(3)查看控制点

查看选定坐标文件中的控制点坐标,并可以进行编辑、删除和增加的操作,如图 12-11 所示。

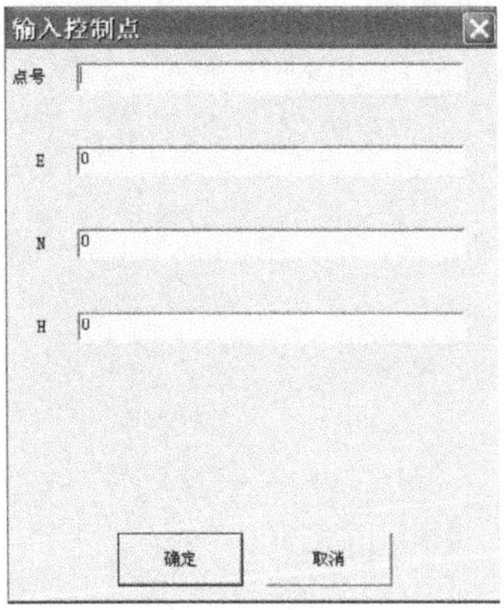

图 12-10　输入控制点

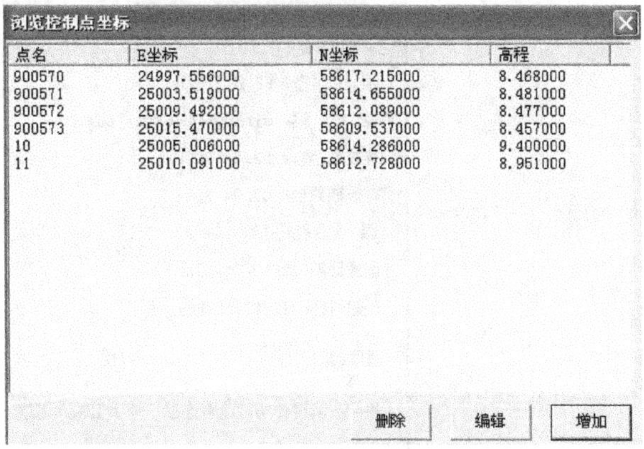

图 12-11　查看控制点

(4)项目属性

显示本次项目的属性,项目名、施工单位、负责任、保存路径、时间,只可查看,不可修改,如图 12-12 所示。

(5)配置

对本次测量作业的各项目参数进行配置,详见配置菜单,如图 12-13 所示。

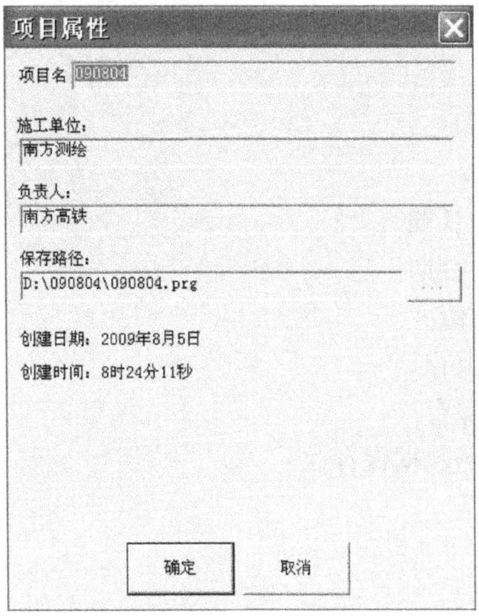

图 12-12　项目属性

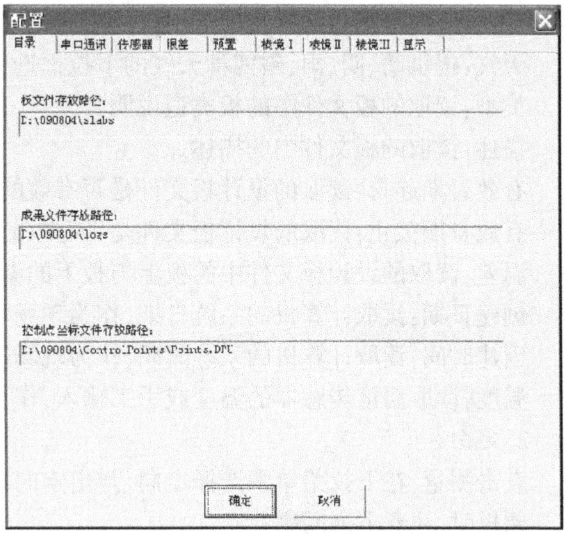

图 12-13　配置

四、测量菜单

1.选择精调板号

其用于确定现场需要调节的板号,读取板文件的参数,并将现场的天气、温度和时间信息记录下来,如图 12-14 所示。

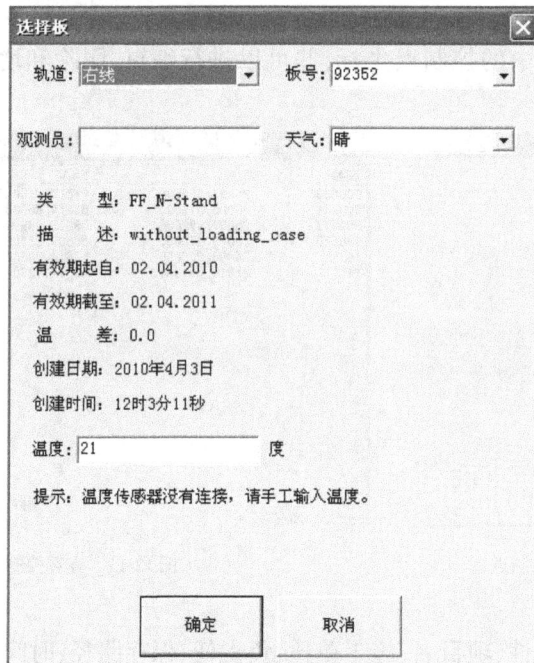

图 12-14　选择精调板号

轨道:分为左轨和右轨,以里程增加的方向来区分左、右轨。

板号:设计的板文件的编号。

观测员:现场测量的工程师名字。

天气:提供晴、阴、雨、雪四种天气的下拉框选择。

类型:读取的板文件中的板类型说明。

描述:读取的板文件中的描述。

有效日期起自:读取的设计板文件是否有效的开始日期。

有效日期截止:读取的设计板文件是否有效的终止日期。

温差:读取的设计板文件中的板上与板下的温度差值。

创建日期:读取计算机的系统日期,作为现场数据保存。

创建时间:读取计算机的系统时间,作为现场数据保存。

温度:读取温度传感器的温度或手工输入,作为现场数据保存。

2.定向

点击测量,在下拉菜单中选择定向,弹出定向界面。

调板时,注意下列问题:

①根据实际情况选择相应的架站点,定向点。

②根据大三角上面的高程及全站仪高度输入相应仪器高和棱镜高。仪器高和棱镜高一般为(600±0.15)mm。

③如果所选板为该工作面第一块板,最下一排单选框,选控制点定向,如果所选板不是该工作面第一块板,则需要选板上4号和5号参与定向,如图12-15所示。

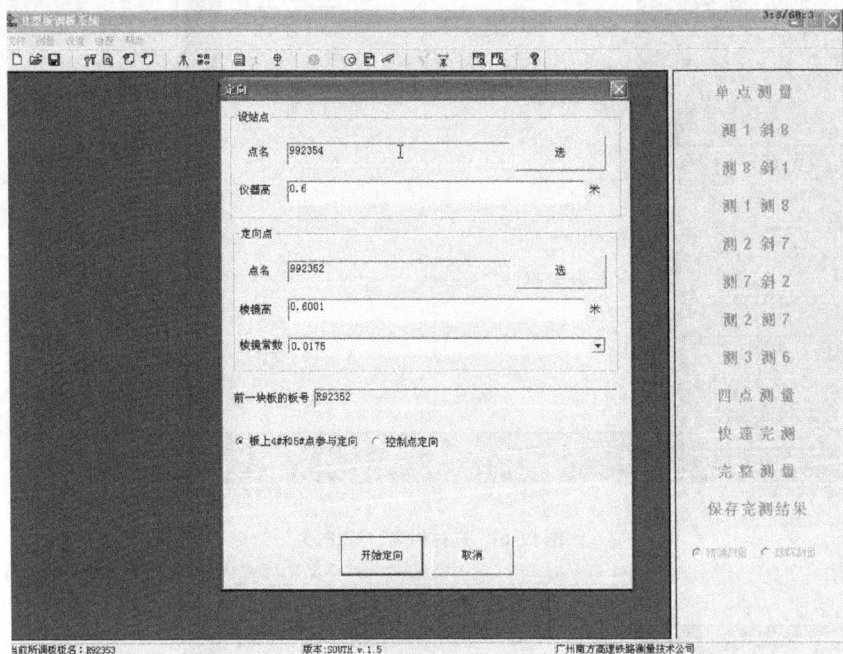

图12-15　定向

点击选点按钮,从导入的控制点列表中选择相应的GRP点,如图12-16所示。

弹出控制点列表,选择相应GRP点数据,点击确定,如图12-17所示。

选择好定向点,然后输好仪器高,棱镜高,棱镜常数。其中,仪器高=架站用大三角标称高度+全站仪高度;棱镜高=后视大三角标称高度。当选用徕卡全站仪(1200系列、1800系列、2003、TS30等)时,棱镜常数为0.0175,根据是否为第一块板选好复选框,如图12-18所示。

点击开始定向弹出相应仪器定向测量菜单,如图12-19所示。

如果程序计算得到的两个控制点的相对精度没有达到限差的精度要求,则会弹出定向超限,需要重新定向。可能引起超限的原因大致有以下几点:

①GRP精度不够导致横向或高程超限。

②粗铺精度不够导致纵向超限。

③全站仪气泡没有在10之内,或者没有校准。

④仪器高或棱镜高输入不正确。

⑤限差设置过小。

如果程序计算得到的两个控制点的相对精度达到限差的精度要求,则会弹出定向成功,并得定向结果,如图12-20所示。

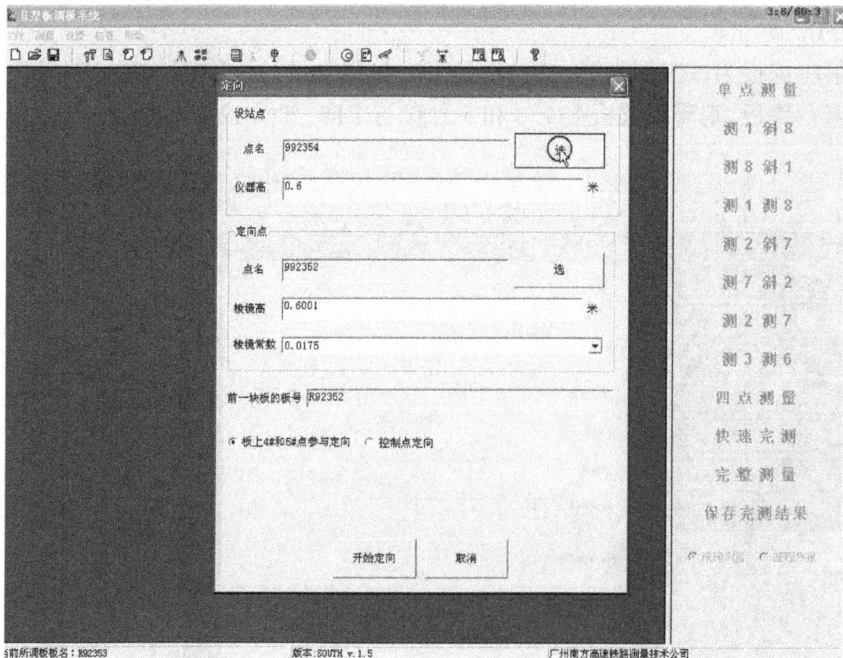

图 12-16　选择相应的 GRP 点

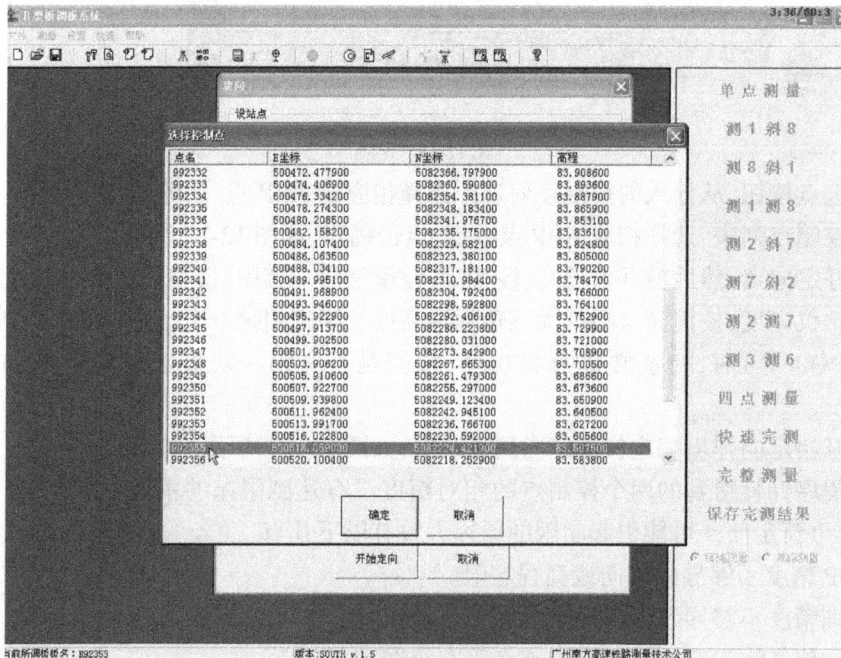

图 12-17　选择 GRP 点数据

3.单点测量

如测量 1 号棱镜(图 12-21),测量后得到的成果如图 12-22所示。如果采用跟踪测量,测量成果将随着调解实时变化。其他单点测量类似。

218

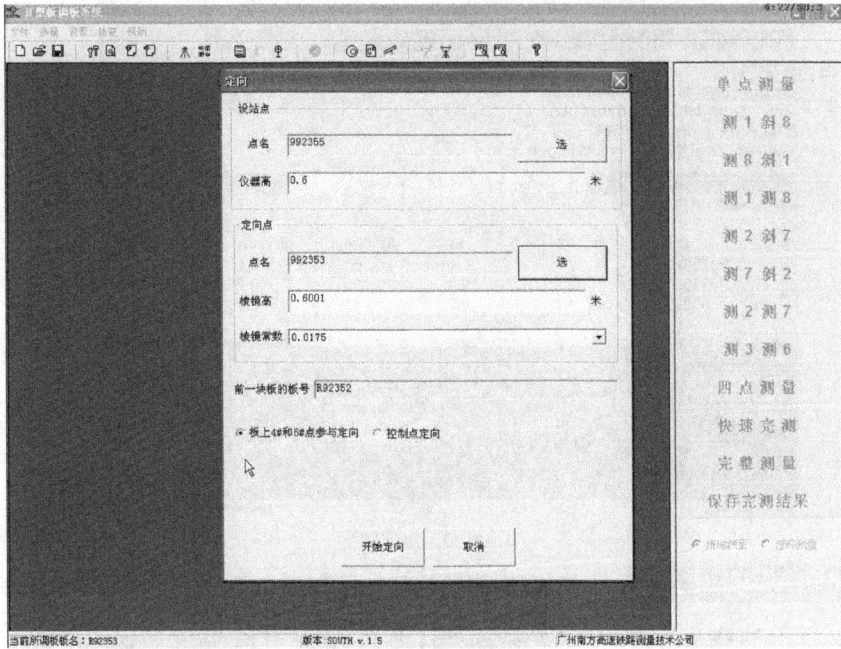

图 12-18 常数输入

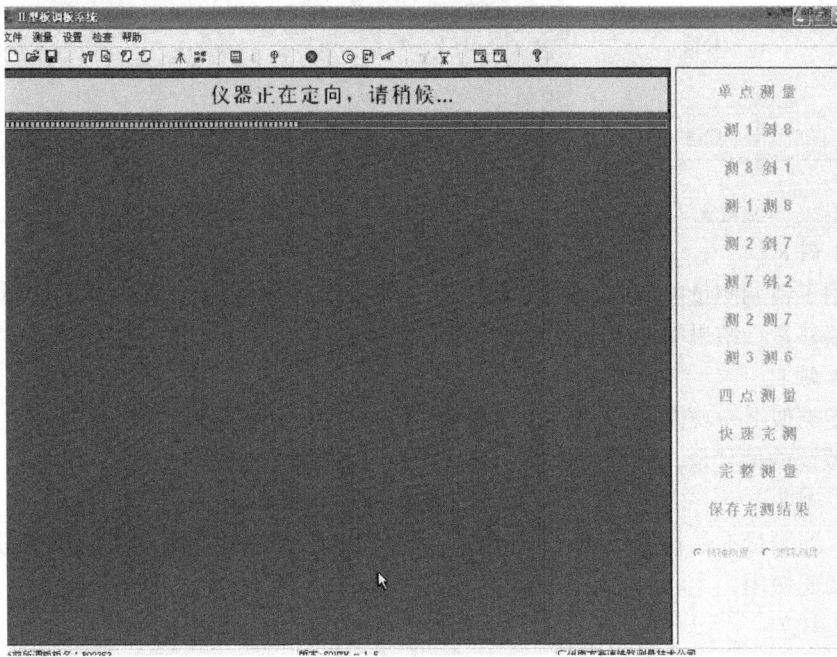

图 12-19 开始定向界面

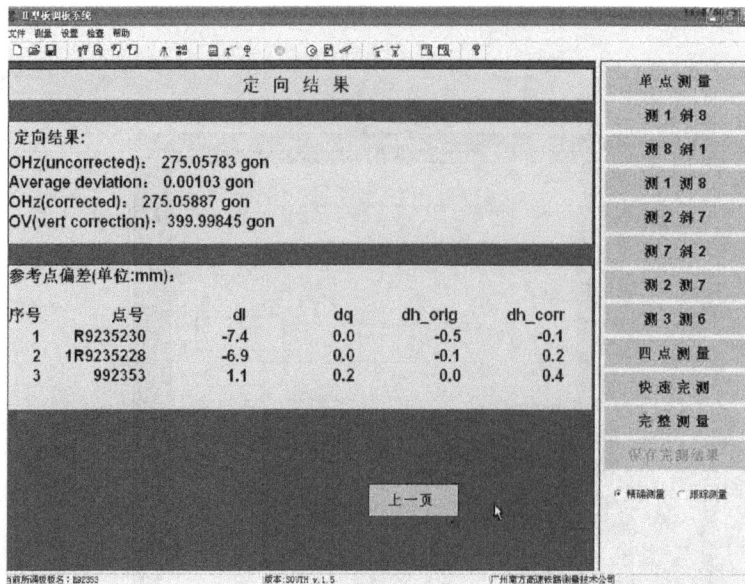

图 12-20　定向结果

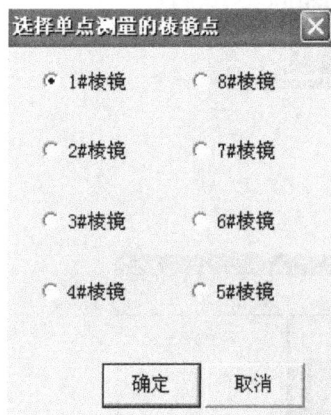

图 12-21　单点测量

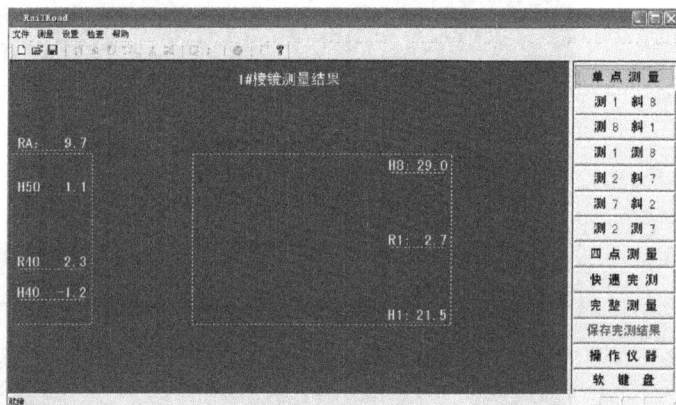

图 12-22　单点测量界面

4. 测 1 斜 8

主要用于精调测量前期,全站仪测量 1 号棱镜的偏移量,并快速通过倾斜传感器得到 8 号棱镜的偏移量。结果类似单点测量的 1 号棱镜测量。

5. 测 8 斜 1

此功能类似上一功能,但是全站仪主要测量 8 号棱镜的偏移量,并快速通过倾斜传感器得到 1 号棱镜的偏移量。结果类似单点测量的 8 号棱镜测量。

6. 测 1 测 8

全站仪即测量 1 号棱镜,也测量 8 号棱镜的偏移量,此功能在倾斜传感器失效时,作为一种补充功能使用。

7. 测 2 斜 7

此功能在轨道板两端调整好后,对板的中间进行调整时使用,全站仪测量 2 号棱镜的偏移量,7 号棱镜的偏移量通过倾斜传感器快速获得。

8. 测 7 斜 2

此功能作用类似上一功能,不同之处是,全站仪测量 7 号棱镜的偏移量,2 号棱镜的偏移量通过倾斜传感器快速获得。

9. 测 2 测 7

此功能作用类似上两项功能,不同之处是,全站仪即测量 2 号棱镜的偏移量,2 号棱镜的偏移量通过倾斜传感器快速获得。

10. 四点测量

此功能全站仪测量 1、3、6、8 棱镜,用于确定当前调节板上四个角点上的偏差值是否符合要求,如图 12-23 所示。

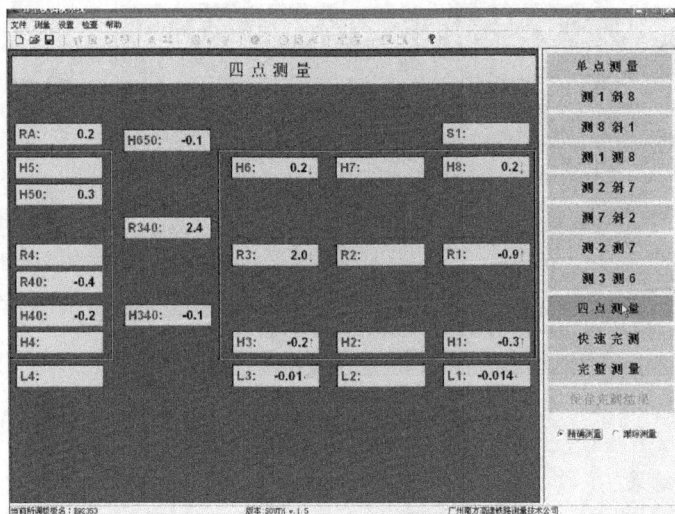

图 12-23 四点测量

11. 快速完测

通过测量 1、2、3 号棱镜,快速得到板整体的大致情况,如图 12-24 所示。

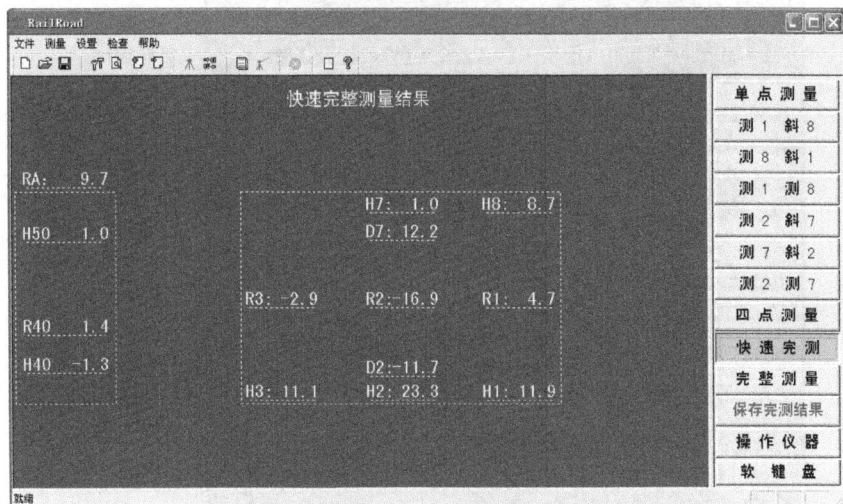

图 12-24 快速完测

12. 完整测量

点击完整测量,对所有 1~8 号棱镜进行测量,如图 12-25 所示。通常在刚开始调一块板时对该板进行完整测量,获取该板整体的位置,以确定精调顺序。在最后保存完测结果前,同样需要进行完整测量。

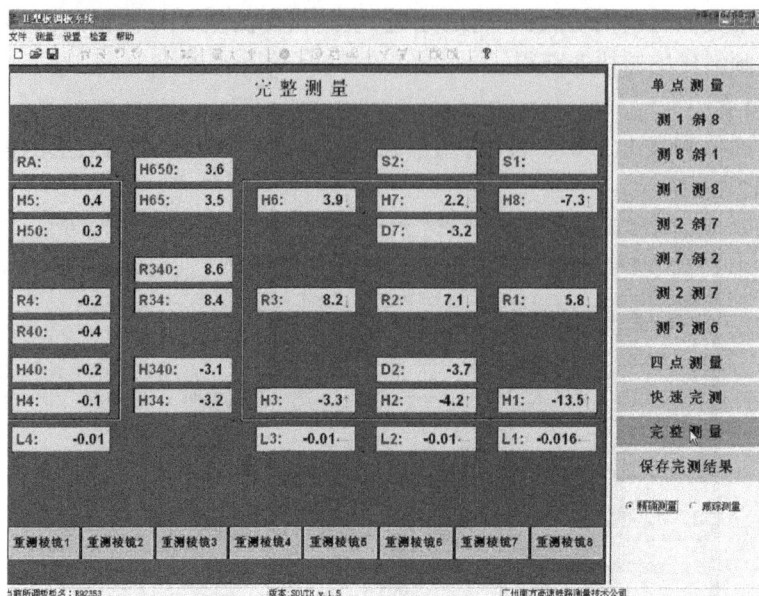

图 12-25　完整测量

13. 保存测量结果

如果测量值超过限差,将出现说明提示,在保存理由项中写入理由,结果才能被保存;如果测量值不超限,成果直接保存,如图 12-26 所示。

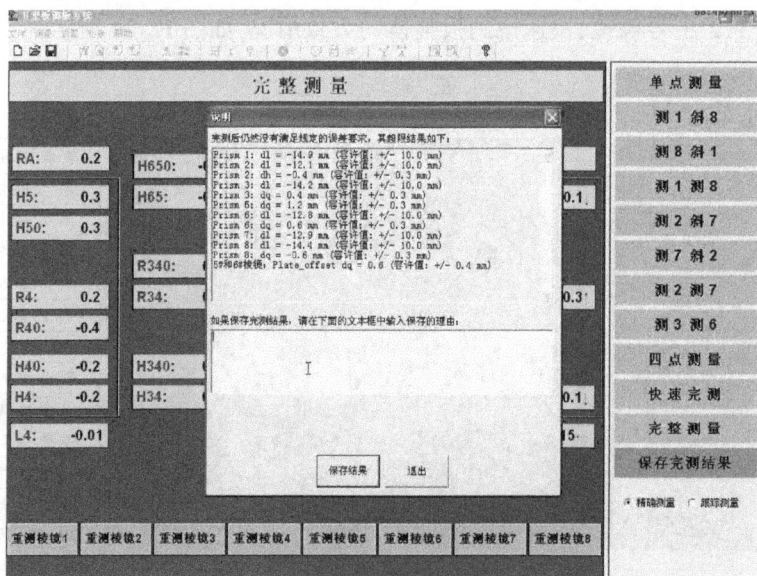

图 12-26　测量结果保存

任务七　精调系统常见问题及质量控制要点

学习目标：

(1)了解精调系统常见问题及解决方案。

(2)掌握轨道精调质量控制要点。

任务描述：

本任务要求学生重点掌握精调系统常见问题及解决方案,以及轨道精调质量控制要点等内容。

相关知识：

一、精调系统常见问题及解决方案

(1)开启软件提示通信建立错误,串口已被其他程序打开和初始化端口失败。原因是开启软件时,通信还尚未连接,在通信设置中设置好后,便可连接成功,点击右下角"连接"按钮便可以连接成功。

(2)在启用布板后,选板时总是提示全站仪不在设计中心线附近。原因可能是布的板不在里程范围内,在工具板位置中把所要调的板设置在里程范围内即可;还有可能是数据输入有误,导致全站仪不在设计里程范围内。

(3)开启软件时总是提示2号传感器打开失败,但是点击获取2号传感器数值,还能获取数据。原因是在开启软件时获取的频率较快,导致一时获取不到2号传感器数据,但是提示完后会马上获取到。

(4)有时测出的数据出现很大的纵向偏差。原因可能是起始里程号输入有误。

(5)测的时候偶尔会出现测量超时的原因,是否重新测量:原因可能是在测某一棱镜时出现大气折射等影响,或者测量时周围环境不好,有震动影响;重新测一次就可以。

(6)在测量时全站仪转向相反方向。原因是施工方向选择不正确。

(7)在测量时全站仪指向地下很低的地方或者很高的地方或者全站仪不动。原因是数据中高程可能输入有误,重新检查一下数据输入是否有误。注意线形数据的单位都是米(m)。

(8)打开传感器总是提示开启失败。原因可能是由于设备搞混乱,不是同一系统内,则获取不到相应传感器数据,在传感器和电台上有相应的系统号,对应分开。

(9)能获取到仪器气泡却在检校标架时提示错误代码27。原因是仪器的GEOCOM端口没有开通。

(10)电缆损坏、棱镜旋转过度、棱镜污浊、天气因素如阳光直射导致频繁的重复测量,大雨对仪器的测量精度影响很大,因温度变化导致标架长度发生变化及风、震动等导致量测值不稳定等。

（11）在建站时出现"dl"超限，如果显示出的数据是板长的倍数，可能是输入文件数据错误需重新输入数据；如果显示出的数据为小超限时，可能是粗放时板的纵向位置偏移，需要前后移动标架。

（12）在测量的界面下方出现"$L=0.65$"等字样时，那么是该标架放错了轨座，将该标架放到正确的位置。

（13）在测量时，如果界面上显示4号、5号棱镜"dq"超限，那么需要重新后视或是累计超限，需要到退到上块板或上几块板重新调整，以便减少累计差。

（14）在测量时，如果测定出所有数据为99.9，那么全站仪的测距头出现故障，需要修理校准全站仪。

（15）如果板与上块已调好的板出现明显的错位而完测数据都在限值内，那么可能是全站仪没调平或没放在GRP点上，或是后视棱镜没放在GRP点上或没有调平，需要检查全站仪和后视棱镜，或者查看标架的接触端是否接触承轨台倾斜面，需要将标架接触端与承轨台倾斜面良好接触。

（16）在使用倾角传感器时，如果测1号斜8号测出的数据与测8号斜1号的数据出现大偏差时，那么是传感器出现问题，需要校准倾角传感器。

（17）在测量时，两次测量同一个棱镜的数据偏差很大，那么可能是标架出现问题，需要校准标架。

二、轨道精调质量控制要点

无砟轨道精调是一项非常精细的工作，既是铁路前期建设工程质量的集中反映，又是铁路后期高速、安全运营的基础和保证。因此，必须要求客运专线建设各方高度重视，在施工组织、技术培训、资源配置、安全质量把控等方面制定切实可行的措施，尤其是要配置高精度、工况良好的测量设备和相关工具，更要配置素质高、业务精的管理、测量和施工人员。同时又要合理安排作业面，确保在有限的时间内完成全部精调工作。

（1）长轨应力放散锁定后利用轨检小车对轨道进行测量，测量前，认真核对CPⅢ坐标、轨道设计线性要素数据输入是否正确，确保测量仪器设备校核无误。钢轨、扣件干净、无污染物，轨与板间无杂物，扣件的扣压力达到设计要求。

（2）对测量资料汇总整理并制订调整方案，再形成书面文件。根据调整文件报表，现场核对调整位置和调整项目，确认无误后，方可进行方向偏移调整及更换相应种类的调整垫板。

（3）扣件更换结束后，按规定扭力矩上紧螺栓，同时检查轨道调整效果和平顺性是否达到要求。

（4）测量一般选在阴天或夜间进行，严禁在高温、雨天、大雾、大风等气象条件下进行测量作业，避免测量误差过大，严禁出现假数据。

（5）测量数据调整前，必须保证数据的真实、可靠性。调整原则："先轨向、后轨距，先高低、后水平"。基准轨的确定：平面位置以高轨（外股）为基准，高低以低轨（内股）为基准，直线参考前方曲线。

（6）轨向及高程调整前，认真核对现场轨道实际情况，找准需调整扣件的轨道所在位置，并做出相应标识,再用弦绳和道尺做必要的复核。

（7）轨向及高程调整时,每次拆除扣件不得连续超过 5 个（防止胀轨）,有时还需扩大调整范围,按照"先轨向后轨距、先高程后水平"原则进行调整。调整时必须分工明确,一组人员调整平面基准轨的轨向,一组人员调高程基准轨的高低,一组人用精密电子道尺调整非基准轨的轨距和超高。调整好后用扭力扳手将螺栓和弹条螺栓按照规定的扭力矩拧紧,再用道尺检查轨距和超高,如还不满足要求则重新调整,并及时总结经验教训,以改进轨道精调工艺。

（8）轨向及高程调整结束后,及时核对调整量和垫板规格,确认无误后再回收调整下来的材料以及工件,打扫干净道床表面。

（9）现场技术员应再次用轨检小车复核调整效果,确保轨道精调的正确无误。

（10）轨下微调垫板不得放在轨下垫板上,放入轨下微调垫板厚度不得大于 6mm,总数不得超过两块。在铁垫板下弹性垫板和轨道板承轨面间垫入铁垫板下调高垫板,应从承轨台侧面成副放入,垫板的圆弧凸台应安放在轨道板承轨槽底脚的凹槽内。铁垫板下调高垫板每副由两片组成,钢轨相对正常状态的调高量大于 15mm 时,应采用 S3 型螺旋道钉。

（11）数据采集以及外业调整过程中注意温度的影响,超过锁定轨温 20℃ 时即停止作业,数据采集和道尺检验需在适宜温度下进行,防止发生胀轨。

（12）通过复测后的数据发现轨向存在部分不均匀缓和弯曲的现象,其中大部分的波峰和波谷极值在 1mm 以内,影响了线形的平顺以及视觉效果。通过试验研究认为是由于扣压力不均匀致使侧向挡块间存在不同程度的离缝,最后在温度的影响下,使钢轨出现这种缓和的弯曲现象。

思考题

1.简述我国常见的几种轨道板的特点。
2.无砟轨道精调作业主要包括哪些工作?
3.简述 CRTS Ⅰ 型板式无砟轨道精调方案。
4.简述 CRTS Ⅱ 型板式无砟轨道精调方案。
5.简述 CRTS Ⅲ 型板式无砟轨道精调方案。
6.论述无砟轨道精调作业的重要性。

参 考 文 献

[1] 中华人民共和国行业标准. TZ 216—2007　客运专线铁路无砟轨道铁路工程施工技术指南[S]. 北京:中国铁道出版社,2007.

[2] 中华人民共和国行业标准. TB 10601—2009　高速铁路工程测量规范[S]. 北京:中国铁道出版社,2009.

[3] 中华人民共和国国家标准. GB/T 18314—2009　全球定位系统(GPS)测量规范[S]. 北京:中国标准出版社,2009.

[4] 中华人民共和国国家标准. GB/T 12897—2006　国家一、二等水准测量规范[S]. 北京:中国标准出版社,2006.

[5] 谢燕. 工程测量[M]. 北京:人民交通出版社股份有限公司,2015.

[6] 解宝柱,蒋伟. 工程测量[M]. 成都:西南交通大学出版社,2009.

[7] 王劲松,李士海. 轨道工程测量[M]. 北京:人民交通出版社,2013.

[8] 王霞. 工程测量[M]. 北京:清华大学出版社,2010.

[9] 赵玉肖,布亚芳. 工程测量[M]. 北京:北京理工大学出版社,2012.

[10] 钟孝顺,聂让. 测量学[M]. 北京:人民交通出版社,2003.

[11] 邹永廉. 工程测量[M]. 武汉:武汉大学出版社,2000.

[12] 顾孝烈,鲍峰,程效军. 测量学[M]. 上海:同济大学出版社,2000.

[13] 杨昊. 无砟轨道运营阶段CPⅢ控制网复测方法优化研究与应用[D]. 大连:大连交通大学, 2015.

[14] 李书亮. 高速铁路轨道基准网测量及其数据处理方法的研究[D]. 成都:西南交通大学, 2011.

[15] 王新鹏. 无砟轨道CPⅢ控制测量数据处理方法研究[D]. 合肥:合肥工业大学, 2012.

[16] 宋运辉. 高速铁路轨道基准网测量技术的研究[D]. 成都:西南交通大学, 2012.

[17] 夏冰. 高铁测量控制网及无砟轨道精调施工研究[D]. 镇江:江苏科技大学, 2014.